小林俊之［著］
Kobayashi Toshiyuki

実践！
コーポレー
ファイナン

**強いCFOと財務部が
企業価値を高める**

中

はじめに

　企業の優劣は売上や利益で測られます。それは,「増収増益」や「○期連続で史上最高益を更新」などの言葉で企業の優秀さが表現されていることからもわかります。しかし,日本の会計制度において,利益には少なからず判断が入り込む余地があります。このため,順調に利益を計上してきた企業が,ある時期に大幅な赤字に陥ることがしばしば起こります。「利益は意見,キャッシュは現実」といわれます。そのため判断の余地の残る「利益」よりも,誰の目にも明らかなキャッシュフローによって企業を判断しようとする流れが徐々にできつつあります。

　ファイナンス理論では,企業が生み出す将来キャッシュフローの現在価値の合計を「企業価値」と呼びます。MBA コースなどでは企業価値について事例研究などを通じて学ぶ取り組みが盛んに行われています。しかし,実務経験のない大学生がリアリティーを持ってファイナンス理論を深く理解することは難しいと感じています。そこで,そのような学生のために,企業実務とファイナンス理論を融合したような教科書が書けないものかと考えていました。つまり,企業がキャッシュとどのように向き合っているかを実務的に理解し,そのうえでその背景にある企業金融やファイナンス理論の基礎を学べるような教科書を執筆したいと考えたのです。

　ところで,企業はなぜキャッシュを重視し,管理しないといけないのでしょうか。それは,第 1 にキャッシュが不足して企業が資金決済できないという事態を防ぐためです。企業は利益が上がっていてもキャッシュが不足することがあります。いわゆる「黒字倒産」といわれる状況です。資金決済ができないと企業は信用を失いますので,これを回避するために資金繰り管理は実務的に欠かせません。第 2 に外部からの資金調達を検討するためです。キャッシュに不安がある場合,企業は銀行から借入を行わなくてはいけません。また,今後の事業拡大のために外部から資金調達を行うケースもあります。そのために,企業は資金調達に関するタイミングや調達額を適切に判断しなくてはいけません。

そして，第3にキャッシュフローの観点から企業価値を高めていくためです。将来キャッシュフローが増えれば企業価値は高まります。企業，特に上場企業はこのような企業価値に関する情報を投資家や株主に開示することが求められるようになっています。株主が企業価値の向上を確信すれば，安定的に株式投資を続けてもらえるでしょうし，企業も資本コストを低めることができます。

　企業の中でキャッシュに関する実務や企画立案を行う部署が「財務部」です。そこで，本書は財務部の業務に焦点を当て，財務部が業務遂行に必要な知識や理論を学ぶというスタイルを取ります。財務部の業務は，企業によって守備範囲にばらつきがあるかもしれません。例えば，経理部が財務的な業務を行っていたり，経営企画部が企業価値に関する財務マネージメントを行っていたりします。本書では，キャッシュに関するすべての業務を財務部が所管するという前提で話を進めます。

　また，財務部を統括する役員として，「CFO（Chief Financial Officer）」が置かれています。CFOの役割は，企業トップであるCEO（Chief Executive Officer）を補佐しながら，企業の経理・財務業務を推進し，社外的にはIR（Investor Relations）を担当して投資家や株主への説明や対話を行うこととしています。CFOの役割も企業によって違いがあるでしょうが，本書では，CFOは企業の経理や財務面の統括者として経営上重要な役割を演じるポストとしています。

　世の中にはファイナンスやコーポレートファイナンスに関する本がたくさん出版されていますが，その内容は資金調達に関するものであったり，ファイナンス理論であったりと，ファイナンスをどう解釈するかでばらつきがあります。本書では，財務部が行う業務全般をコーポレートファイナンスとします。企業実務を前面に出して話を進めると，説明すべき範囲がどうしても広範囲に及んでしまい，ファイナンス理論などに割ける紙幅は制限されてしまいます。しかし，それでも読者がコーポレートファイナンスを身近なものとして感じてもらえるのであれば，それは筆者にとっては望外の喜びです。このような考えから，本書のタイトルを「実践！コーポレートファイナンス」とし，サブタイトルを「強いCFOと財務部が企業価値を高める」としました。本書はもともと学生向けの教科書を意識して執筆しましたが，企業で財務活動に従事するビジネス

マンや，企業価値の向上に関心をお持ちの企業経営者にも参考にしていただけるものとしました。なお，以下ではキャッシュを「資金」と言い換えます。

　本書は次のような3部構成とします。第Ⅰ部は，「資金管理の実務と財務諸表」です。企業における資金の流れとそれを管理する財務部の役割を概説し（第1章），資金決済と子会社の資金管理（第2章），および，資金の流れとそれを把握するための「資金繰り管理」を説明します（第3章）。また，企業の財務状況を把握するうえで欠かせない「財務諸表」の読み方を説明します（第4章〜第6章）。第Ⅱ部は，「資金調達」です。企業が外部から資金を調達する場合，銀行借入（第7章，第8章），債券発行（第9章），株式発行（第10章）の3つがありますので，それぞれについて概説します。そして第Ⅲ部は，「企業価値と財務マネージメント」です。本書では財務マネージメントを，企業価値を高めていくためのマネージメント手法とします。まずは，ファイナンス理論の中心的なテーマである「企業価値」について学んだうえで（第11章），企業価値を高めるための方策について考えます（第12章）。また，企業価値を高めるうえで重要と思われるESG金融（第13章），M&A（第14章）を説明したうえで，最後に財務マネージメントを遂行するための組織について触れます。また，財務部で働くスタッフに必要とされるスキルや資質，およびCFOの役割についても考えます（第15章）。

　筆者は現在，大学教員として金融や国際問題で教鞭をとっていますが，それ以前は約30年間銀行に勤務し，資金を貸す側としてコーポレートファイナンスに関わってきました。また，2017年からは人材サービス企業で，資金を借りる側としてコーポレートファイナンスに携わってきました。ここで，企業がコーポレートファイナンスや財務マネージメント機能を発揮し，将来を見据えた体制作りを行っていくことの重要さ，難しさを体験してきましたが，このような経験をベースに本書を執筆しました。また，各章の終わりに，「取引銀行の視点」というコラムを配しました。これは，それぞれのテーマについて銀行が企業をどのように見るかという切り口で書いたものです。企業の視点だけではなく，銀行の視点を加えることで，よりリアリティーを感じていただければと思います。

　本書執筆にあたっては，同じ大学の教員，銀行や企業勤務時の上司や同僚，

取引銀行の担当者などから，さまざまなディスカッションを通じて貴重なアドバイスをいただきました。帝京平成大学の大崎慎一氏，阿部廉氏，諸藤加寿代氏，パソナグループの日野佳成氏からは本書内容についてコメントやアドバイスをいただきました。また，パソナグループCFOの仲瀬裕子氏からはCFOの役割や財務部の課題についてご教示をいただきました。さらに，中央経済社学術書編集部の納見伸之編集長には，本書出版の機会をいただきました。納見氏にはかつてアジア経済に関する書籍の出版でお世話になりましたが，17年ぶりに改めてお目にかかり本書出版の機会を与えていただきました。このように，多くの方々に支えられて本書を纏めることができましたことに，格別の感謝の意を表したいと思います。

2021年8月

中野キャンパスの研究室にて

小林　俊之

目　次

はじめに

第Ⅰ部　資金管理の実務と財務諸表

第 I 部

資金管理の実務と財務諸表

第1章
企業と資金，そして財務部の役割

(1)　企業が動けば資金が流れる

①　資金の入出金に関わる実務

　企業が動けば，その裏側で必ず資金が流れます。例えば，営業部の担当者が取引先に自社製品を売れば，企業は売り先から売上代金として資金を受け取ります。また，営業部の部長が取引先を接待し飲食をすれば，企業はサービスを受けたレストランに食事代やサービス代を支払います。このように，企業の活動に合わせ，モノやサービスと反対方向に資金が流れます。

　基本的に，企業はこのような資金の支払いや入金を銀行口座経由で行います。支払いの場合，担当者が資金の立て替え払いを希望することがあるかもしれませんが，通常，企業は立て替え払いを望みません。記録の残らない現金取引はコンプライアンスの面で好ましいものとはいえず，しばしば不正の温床となるからです。銀行口座を通じて資金の入出金を行えば，銀行口座上にその取引履歴が明細として記録されます。そして，そのように記録された銀行口座の入出金履歴は，企業の内部監査やトラブル対応，さらには税務調査等で大事な役割を果たします。どの支払いが後日確認を要するものになるかは支払いの時点ではわかりません。しかし，いつ確認を求められてもすべての取引を明らかにできるよう，企業は資金の流れをできるだけ銀行口座を通して行うようにします。

　企業が自社製品を売る場合について，その流れを詳しく見てみましょう。企業は製品を売った段階で売り先に請求書を送付します。請求書にはいつまでにいくら入金してほしいと記載されていますが，送付先名や金額に間違いがない

かを事前にしっかりと確認する必要がありますので，請求書発行事務はかなり煩雑です。また，売上代金を請求し，その金額が入金されるまでの間，その分は会計上「売掛金」として処理されます。売掛金とは，売上として認識されても代金の入金が行われていない場合に使われる費目です。通常，売上代金の入金日はその月の月末だったり，翌月の月末だったりと，企業によってさまざまな期日が設定されていますが，企業はその期日が来るまで売上代金の入金を待つことになります。

　売り先から売上代金が入金されると，今度は売掛金を消し込む作業をします。請求書に記載された通りの金額が入金されているかを確認して売掛金を消し込みますが，売り先は多岐にわたりますので，企業はこの消し込み作業に大変な時間と労力を費やします。また，売り先の事務ミスで消し込むことができない売掛金も発生することがあり，その場合は個別に売り先に問い合わせたり，金額相違の場合は適正な金額での再送金を依頼したりします。さらに，事務的なミスではなく，売り先が事情によって代金を払えないような状況になるケースもあります。その場合，企業の営業担当者は売り先に早期の振り込みを要請することになりますが，それでも入金されないような場合には，売り先に対して交渉し，場合によっては弁護士を交えてやり取りをしなくてはいけないケースも起こり得ます。このような状況が発生することがないよう，営業部の担当者は日ごろから売り先の経営状況には細心の注意を払う必要があります。

　一方，資金の支払いについては，入金以上にいろいろな事務や手続きが発生します。一度資金を支払ってしまうと，それをキャンセルすることは実務的に難しいので，支払いを行う前に厳しくチェックを行います。出張旅費の支払いを例にとってみましょう。営業部の担当者が商談のために地方に出張したとします。たいていの企業では，旅費規程などが定められていて，その中で支払額の上限や旅費として認められる範囲がルールとして決められています。例えば，宿泊費は 1 泊いくらまで，新幹線を使う場合はグリーン車を使ってはいけない，などです。したがって，このようなルールに沿って支払いが行われているかをまずはコンプライアンスの観点からチェックします。また，お土産代など少額な資金を社員が立て替えて支払いを行っている場合もあるでしょう。本来，立て替え払いは好ましくはないのですが，どうしても避けられないような場合に

は必ず支払いを証明できるような領収書などを提出する必要があります。この場合でも，領収書の宛先が「上様」では支払いが認められないようなケースもありますので，領収書の内容も厳しくチェックされます。これらは担当の営業部でまずはしっかりと確認し，そして，最終的な支払の段階で再度財務部がチェックします。

　このように，社内のルール通りに支払いが行われているかどうかをチェックすることは大変重要です。それがいい加減に行われていると，不正や不法行為を招くことがありますので，このプロセスはコンプライアンスの観点からも重要です。さらに，支払いは遅れることが許されません。例えば，企業は自社製品を作るために原材料を仕入れたり，従業員に給料を支払ったりしなくてはいけませんが，その際に支払いを延ばしてほしいというわけにはいきません。もし，仕入れ先に対して原材料費の支払いが滞るようなことになれば，販売先はそのような企業との取引を打ち切るでしょう。また，従業員は企業から払われる給料で生活していますので，給料日に給料が受け取れなければ従業員の生活に支障をきたすことになります。このように，支払遅延は円滑な企業活動を妨げることになりますし，最終的には信用を失墜することにも繋がります。一方，支払いは月末などの特定日に集中することが多いため，支払事務を円滑かつ堅確に行うことが企業にとって大変重要です。

　入金の場合，企業は銀行口座に資金が入金されるのを待っていればよいのですが，支払いの場合，企業が銀行に対して支払手続きを能動的に行わなくてはなりません。通常は振り込みという手続きを取りますが，件数が多い場合には，「総合振込」や「給与振込」という一括処理のための手続きを行います。特に，給与振込については，給与データを人事部から受け取り，そのあとに振り込みの手続きを行いますので，社内の連携が必要になります。給与に関するデータは，前月の勤務日数や残業代などを考慮して決められますので，月ごとに支払額が異なります。給与計算には相当の時間がかかりますので，支払遅延を起こさないためにも計画的な処理が必要です。

　売上代金が入金され，銀行の預金残が潤沢にあれば，支払いに支障はありません。しかし，入金よりも前に企業が支払わなくてはならない場合，どうすればよいでしょうか。その場合，企業は支払いのための資金を外部から調達しま

す。通常，銀行から借り入れることになりますが，このように入金よりも早い
タイミングで支払わなくてはならない資金を，「運転資金」と呼びます。この
運転資金を銀行から借り入れることで，企業は円滑な活動を継続することがで
きます。しかし，銀行から運転資金を借りたとしても，その金額が実際の支払
金額よりも少なかったり，期日を間違えたりして支払いが滞るようなことにな
ると，企業は支払遅延で信用を失墜してしまいます（逆に，多く借りてもその
分金利支払いがかさみ，貸借対照表の見栄えも悪くなります）。このため，企
業は資金の入出金の予定をしっかりと管理していなくてはいけません。これが
いわゆる「資金繰り」です。資金繰りの管理を行うためには，企業全体の資金
の入出金に関する情報を一元的に集約するような仕組みを作らなくてはなりま
せん。このように，支払いにかかる企業の負担は非常に大きいものです。

②　支払いに関する 3 分類

　資金の支払いは，大きく 3 つのカテゴリーに分けることができます。第 1 は，
日々の生産活動や営業活動に付随する支払いです。企業が売上を計上するため
に必要な支払いは多岐にわたります。原材料費の支払いや従業員への給与支払
いだけでなく，例えば，従業員の社会保険料の支払い，消費税の支払い，借入
利息，配当金，法人税の支払いなどがあります。これらは後で説明するキャッ
シュフロー計算書の中にある「営業活動によるキャッシュフロー」という項目
に集約されます。

　第 2 は，投資活動に付随する支払いです。投資活動とは，企業の将来的な競
争力を高めるために行う投資で，設備投資が代表的ですが，それ以外にも証券
投資などが含まれます。投資活動に付随する支払いには，例えば，工場の増設
や生産のための機械の購入などがあります。あとで説明しますが，固定資産を
購入すると減価償却費と呼ばれる費用が複数年にわたってかかります。企業は
減価償却費を上回る利益を計上しなくては投資をした意味がありません。投資
活動に関する支払いは金額も大きいため，複数回に分けて支払うようなケース
があります。このため，支払いのタイミングや金額を正確に把握しておかない
と，資金繰りや資金調達に影響を及ぼすことがあります。これらは，キャッ
シュフロー計算書の「投資活動によるキャッシュフロー」という項目に集約さ

れます。

　そして第3に，財務活動に付随する支払いです。営業活動，投資活動を通じて資金が余剰となれば，企業は借入金を返済することができます。また，子会社の株式取得や，自己株式を取得する場合にも支払いが発生します。銀行からせっかく資金を借りたのだから無理に返済しなくてもよいのではないかという声が聞こえそうですが，そういうわけにはいきません。余剰な資金を抱えることは財務上の見栄えを悪くするだけでなく，支払金利がかさみます。そのため，現金に余裕がある企業は借入を積極的に返済する必要があります。これらは，キャッシュフロー計算書の「財務活動によるキャッシュフロー」に集約されます。

　このように，企業の支払いにはさまざまなものがあり，それらは一元的に集約し，適切に管理する必要があります。

③　本書における財務部の位置づけ

　さて，これまで見たように企業では財務部が資金に関する管理を担当しますが，ここで一般的な企業の組織図で，財務部がどのような位置づけにあるのかを見てみましょう（**図表1-1**）。

図表1-1　　　　企業の建て付けと財務部の位置づけ

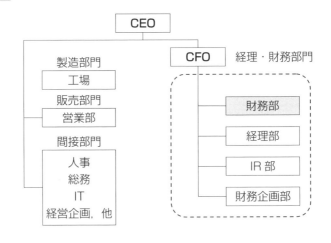

　本書における企業は，「製造業企業（メーカー）」をイメージしています。現場には製造部門（工場）と販売部門（営業部）があります。製造部門は原材料の仕入れ，工場での生産，製品の在庫の管理までを管轄します。そして，販売部門は工場で生産した自社製品を販売する役割です。新規・既存の売り先に自社製品を販売することが主な役割です。また，企業には日々のオペレーションを円滑に行うための間接部門があります。間接部門としては，人事，総務，IT，経営企画などを想定しています。

　これに対して，CFOが所管する部門として経理・財務部門があります。本書でフォーカスする財務部はこの部門に所属します。経理・財務部門には財務部のほかに，経理部，IR部，財務企画部があります。それらの役割については，第15章で詳述します。

⑵　資金の流れを財務部が管理

　企業で資金の流れに関係する部署には，「経理部」と「財務部」があります。それらの部署がどのような役割を担うかは企業ごとにばらつきがありますが，一般に経理部は英語で「Accounting Division」と表記され，会計を主たる業務としています。経理部は企業内の個々の取引について複式簿記の原理に基づいて「仕訳（しわけ）」を行い，帳簿に記帳します。例えば，売り先に自社製品を販売し，その代金を現金で受け取れば，借方に「（現金）〇円」と記載し，貸方に「（売上）〇円」と記帳します。そして，経理部はこのような会計上の仕訳をすべての取引について行ったうえで，それらを集計して財務諸表を作成します。財務諸表は貸借対照表，損益計算書，キャッシュフロー計算書の3つで構成されます。財務諸表は企業の財政状態や利益状況を示す公式な書類で，株主や投資家などへの開示資料や，税金計算の基礎資料となります。このため，財務諸表に間違いがあってはいけませんので，経理部はその正確性に常に目配りをします。

　企業規模にもよりますが，仕訳の分量は膨大です。そして，それぞれの仕訳は事務的に淡々と進められますが，その中には判断を要するものもあります。例えば，有形固定資産や株式を減損すべきかどうかは，取得時点で想定してい

たキャッシュフローと見比べて判断します。その判断如何によって利益の額に大きく影響を及ぼす可能性があるだけに，慎重な判断が求められます。経理部は常日ごろから監査法人などと連携を取りながら，正確な財務諸表の作成に努力しています。

　一方，財務部は英語で「Finance Division」と表記され，主に資金の流れを管理します。ただ，経理部と財務部の業務上の線引きを明確にしていない企業もあるようで，企業によっては，財務部と経理部を1つの部署にまとめて会計と資金管理を担当しているところもあります。但し，本書では財務部が資金に関する管理全般を所管するものとし，財務部の役割にスポットを当ててコーポレートファイナンスの実務を説明していきます。

　経理部と財務部の役割は図表1-2のように区分けすることができます。経理部は会計を主な業務とし，正確な財務諸表の作成に責任を負いますが，財務部は資金に関する管理全般を担当します。財務部の主たる業務は次の4つです。第1は，「支払事務」です。支払いについては企業が能動的に対応する必要がありますが，それを財務部の主たる業務と位置づけます。第2は，「資金繰り管理」です。企業全体の資金の過不足をモニタリングし，将来的な資金繰りの予想を行いながら，資金繰りを適切に管理します。第3は，「資金調達」です。

図表1-2　　　　　　　　　　　　**経理部と財務部の役割**

	経理部	財務部
英語表記	Accounting Division	Finance Division
主な業務	正確な財務諸表作成 （単体決算） （連結決算）	支払事務 資金繰り管理 資金調達 財務マネージメント
主な連携先	社内の各部署 監査法人	社内の各部署 銀行・証券会社
繁忙時期	決算期末 （四半期末，年度末）	月末月初 給与支払日

資金繰りに基づいて適切に資金調達を行います。そして第 4 は，「財務マネージメント」です。ファイナンス理論に基づいて自社の企業価値をモニタリングし，企業価値向上のための企画機能を担います。そして，経理部や財務部などを統括する役職が「CFO（Chief Financial Officer）」です。財務部は CFO をサポートすることも重要な役割です。

　財務部が支払事務まで行うのは役割としては過大ではないかと思われるかもしれません。確かに，支払い事務を財務部以外の部署が行っている企業もあるでしょう。支払いを行う際に会計上の仕訳を行わなくてはなりませんので，経理部の業務とすることも合理的です。しかし，支払事務は取引銀行と密接に連携しながら円滑に事務を進めていく必要があります。資金調達でも銀行との連携が必要となりますので，その意味で銀行と関係を持っている財務部が支払事務を一元的に行うほうが業務は円滑に進むでしょう。また，支払事務は銀行からの借入と連動している場合が多く，例えば，月末の借入金を原資に支払いを行わなくてはならないというようなケースは頻繁に発生するので，支払事務と資金調達は業務の親和性が高く，財務部が支払事務を行うほうが効率的でしょう。

(3)　財務部の業務内容

　財務部の基本的業務は，①支払事務，②資金繰り管理，③資金調達，④財務マネージメント，の 4 点ですが，それぞれの業務についてもう少し詳しく見てみましょう。

①　支払事務

　支払事務では，社内の支払いに関する振り込み事務を集中的に行います。このため，支払遅延を起こさないようにするために，堅確な支払事務の遂行が重要です。財務部は事務の堅確性を常に担保し，それをどのように高めていくかを模索し続けていかなくてはなりません。支払事務は企業の信用力の基礎となるものです。事務量は企業によって異なりますが，特に月末や給与支給日，そして年度末にはどうしても事務が集中するために，それに向けての体制整備に

注力します。

　しかし，多くの企業は人員をできるだけ収益部門に投入したいと考え，管理部門に人材を割けないという事情を抱えています。「支払事務を正確に行うより，儲ける部門に人材を投入し，1円でも利益を増やしたい」と多くの経営者は考えるでしょう。このため，支払事務の担当者を増員することは容易ではありません。このため，限られた人員で堅確な支払事務を遂行するために，「RPA（Robotic Process Automation）」や「AI（人工知能）」を導入するなど，いわゆる合理化投資を進めざるを得ません。支払事務のうち，どの業務が合理化投資に適し，どの業務に人手をかけて行うべきか，この選別と見極めは難しく，最も悩ましいところです。とりあえずは，銀行が提供する「インターネットバンキング」を業務フローに組み込み，セキュリティー面に十分配慮しながら，事務の合理化を進めていくことになります。そのうえで，さらなる合理化投資の手法についてコストとベネフィットを見極めながら，推し進めることになります。

②　資金繰り管理

　資金繰り管理は財務部にとって根幹となる業務です。資金繰り管理とは，企業にいつ，いくらの入金があり，また，いつ，いくらの支払いがあるかを総合的に把握することです。それによって，支払いのための資金が十分にあるかどうか，不足しているのであれば借入を実行する必要があるのかなどを判断することができます。資金繰りを管理するために，資金繰り担当者は企業の入出金に関する情報を一元的に収集します。例えば，給与支払日にいくらの支払いがあるかを，支払事務担当者や人事部の担当者と連携を取りながら事前に把握します。また，日々の入出金と同時に，銀行口座の残高をモニタリングします。

　また，資金繰り担当者は，資金繰りを管理するだけでなく，資金繰りに関する計画の策定，およびそのフォローアップを行います。資金繰り計画の策定にあたっては，企業全体の利益計画や管理会計（管理会計とは対外的に公表される財務会計ではなく，社内管理のために行う会計手法のことです）と整合性を取らなくてはなりません。通常，企業は年間の売上計画や利益計画を策定し，月ごとに進捗状況を管理します。資金繰り計画も，このような計画と平仄を合

わせて行う必要があります。例えば，利益計画上で4月に大口の売上計上が見込まれているのであれば，売掛期間などを考慮して，6月にその分の売上代金の入金を見込みます。

　さらに，資金繰り担当者は資金繰り計画に対して，入出金の実績を加味しながら資金繰り計画をアップデートしていきます。6月に大口の売上代金の入金が見込まれるとして，本当にそれが入金されたかどうかを銀行口座の移動明細などで確認します。当然，計画がずれ込むことや，売上そのものがキャンセルされるケースもありますので，その場合は現預金の見込みを修正する必要があります。このように，資金繰り管理は社内の資金に関するあらゆる情報を集約する必要があります。それができて初めて月末や期末の銀行預金残高を正確に見通すことができるとともに，資金調達や財務マネージメントを適切に行うことができるのです。

③　資金調達

　資金調達について，資金調達担当者は資金繰りの状況を見ながら，適切な時期に銀行借入などによる資金調達を実行します。資金調達は，資金繰りに応じて経常的な資金の不足を補う「運転資金借入」と，投資計画に応じて設備投資のための資金を借りる「設備資金借入」に分けられます。運転資金は期間に応じて短期の資金不足をカバーするための「短期運転資金」と，長期的な資金不足をカバーするための「長期運転資金」があります。例えば，月内の給与支払いが25日，売掛金回収が月末の場合，25日から月末までの間で資金が不足するかもしれませんが，その不足分が月末の売掛金の回収で埋められるのであれば，その期間だけ借り入れればよいわけです。ただ，短期間の借入であっても，このような資金不足は毎月発生し，また，金額も変動することから，事務的な煩雑さを排除するために当座借越やコミットメントラインを活用します（借入の種類については後述します）。これに対して，長期運転資金の場合は期間が長期に及びます。常に支払いが入金を上回っているような状況では，運転資金借入も長期に及びます。このよう場合，通常は証書借入で資金を調達します。

　企業が設備購入のために資金を借り入れることも想定されます。資金調達担当者は設備投資計画にゴーサインが出た段階で資金調達の検討に入ります。借

入金額をいくらにするか，借入期間を何年に設定するか（基本的には，設備の耐用年数や償却期間に合わせて借入期間を設定します），金利水準をどうするのか，などの検討を進めます。そのため，投資を実際に行う生産部門と連携しながら，資金調達計画を速やかに策定します。

資金調達を円滑に行うために，資金調達担当者は取引銀行と密接にコミュニケーションを取ります。借入を行う際，資金調達担当者は銀行に対して，資金繰りの状況や設備投資計画を説明しますが，それ以外の時にも，経営の方向性やさまざまなリスクなど，いろいろな情報について銀行と共有します。銀行も取引先企業とのこのような会話を通じて，貸出やその他のニーズを把握することができますので，日々のコミュニケーションは双方にメリットをもたらします。また，銀行と良好な関係を維持するために，資金調達担当者だけでなく，CEOやCFOなど，役員クラスも含め，あらゆる機会をとらえて銀行と意見交換を行います。このような銀行との円滑な関係を構築することも，資金調達担当者の役割です。

④　財務マネージメント

財務マネージメントとは，企業価値を向上させるための企画業務です。企業価値とは企業が生み出す将来キャッシュフローの現在価値の合計で，いわゆるキャッシュフローの創出能力を表します。前述の通り，投資家や株主は近年，企業価値の向上を強く求めるようになっています。そのような声に応えるために，財務マネージメントの担当者は企業価値のモニタリングや投資案件のチェックを通じて，企業価値向上に貢献することが求められます。基本的に，財務マネージメントはCFOの責任において行われることになりますが，CFO1人で財務マネージメントの細部まで目を配ることは不可能ですので，財務部がCFOをサポートすることになります。

財務マネージメントを行うために，財務マネージメント担当者は，ファイナンス理論の基礎を習得し，企業価値とはどのようなものであるかを理解しなくてはいけません。企業価値については後述しますが，企業の将来キャッシュフローをベースに算定します。従来，企業は売上や利益など過去の実績を重視し，投資家や株主に向けてそれらの情報を開示してきました。しかし，投資家が知

りたい情報は企業の過去の実績よりはむしろ，将来に関する企業価値に変わってきています。その意味で，企業もより未来志向で情報開示を進めていくことが求められるでしょう。また，それによって企業の情報開示の仕方や経営管理の在り方も今後大きく変わっていくかもしれません。

　企業価値向上の観点から財務マネージメント担当者が行う業務として，まず自社の企業価値をモニタリングします。そして，それに基づいて，企業価値を

図表1-3　　　　　　　　**財務部の業務内容**

項目	業務内容	業務運営上のポイント
支払事務	企業の支払業務全般を集約し，堅確な支払事務を実施	・支払内容の事前チェック ・支払いにかかる社内連携 ・振り込み円滑化のための銀行連携 ・支払事務の合理化・効率化
資金繰り管理	・社内の資金繰りをモニタリング ・資金繰り計画を策定 ・資金繰り計画をアップデート	・モニタリングは支払事務担当や社内の他部署と連携し，入出金情報を共有 ・計画策定は利益計画と平仄を合わせる
資金調達	・銀行借入の円滑な実施 ・銀行との良好な関係を構築	・資金繰り担当者との連携により，資金調達を計画 ・資金調達時の条件交渉，契約書の作成等，資金調達の手続きを進める ・銀行と自社の経営状況について情報を共有（役員等を含め，全社的に対応）
財務マネージメント	・自社の企業価値をモニタリング ・新規投資案件や既存業務を企業価値の観点からチェック ・CFOの活動サポート	・企業価値の重要性に関して社内に周知 ・新規投資案件，既存事業のチェックすべきポイントを社内で共有 ・CFOに対して定例的な情報提供

向上させるためにどのような施策を取るべきかを戦略的に企画します。例えば，企業が新規投資を行う場合，それがどの程度企業価値に貢献するのかという視点から牽制していくことが求められます。企業価値向上に貢献しないような新規投資に対して，財務部が強く「No」といえるような権限を持つことも必要でしょう。また，既存の事業についても，それが企業価値向上に貢献していないのであれば，撤退を進言するようなことも必要です。これらはあくまで進言であって，最終的な判断は取締役会などで審議されることになります。このような機能を財務部が持つことで，財務部は社内の「嫌われ役」になるかもしれません。しかし，企業が本気で財務マネージメントを行うとすれば，社内のエース級の人材を投入してでも，このような企画機能を充実・強化していく必要があります。

　このように，本書では財務部が上記4つの業務を行う部署と位置づけます（**図表1-3**）。それぞれの業務を遂行するにあたっては，知っておくべき知識や理論的背景などがありますので，これについては後述します。

(4)　CFO によるマネージメント機能

　CFO は企業の中でどのような役割を担うのでしょうか。CFO は組織上，財務部や経理部を統括する組織管理者としての役割があります。資金調達や財務マネージメントを通じて企業が企業価値向上を目指していくのであれば，CFO はより戦略的な立ち回りをする必要があります。CFO は財務部の機能を活用して企業価値向上のために率先垂範し，企業価値向上に対する結果責任が求められます。また，コーポレートファイナンス以外にも，会計の分野でも判断を必要とするような事項，例えば，固定資産の減損を行うのかどうかなどについても，CFO が最終的な判断を下すことになります。その意味で，CFO が果たすべき役割は決して小さくはありません。CFO は管理機能というよりはむしろ業務執行において積極的な役割を発揮することが期待されます。

　また，CFO は事業部門横断的に利益状況や業務の方向性，さらには企業全体が置かれている状況を知り得る立場にあります。財務マネージメントを効果的に推し進めるために，このような立場を利用して，社内を総合的にマネージ

し，企業トップである CEO を強力に補佐する必要があります。その意味で，CFO は企業における「軍師」の役割を担うポジションといえます。CFO は取締役会等の場で，企業価値に関する現状や問題点を役員間で共有しつつ，主要な経営陣に対して企業価値の重要性を啓発していく必要があります。企業がこれまでのように売上や利益を中心に考えるのではなく，企業価値向上に発想を転換していくように仕向けることも，CFO に期待される役割であるといえます。

　また，CFO は対外的には広告塔としての役割を演じることが求められます。企業が資本コストを低く抑えるために，投資家には安心して自社の株式に投資してもらうことが大事です。投資家が自社の株式投資に不安を感じると，投資家はリスクに見合うだけのリターンを期待します。そうなると，企業にとってはその分資本コストが上昇してしまい，企業価値を引き下げることになってしまいます。投資家が安心して株式投資できる環境を作り出すことも，企業価値の観点からは重要なことですので，CFO が率先して投資家や株主と十分な対話を行うことが必要です。例えば，決算説明会や株主総会などの機会に，企業の現状を投資家や株主に説明し，個別に行うアナリストやマスコミとの面談では，企業がいかに企業価値を高めるための努力を行っているか，今後の企業価値向上の見通し等をしっかりと説明する必要があります。投資家や株主がこのような IR 活動から安心感を得ることができれば，その結果，企業価値を高めることができます。

(5)　企業は利益と資金の両方を重視

　既にご紹介しましたが，よくいわれる格言に「利益は意見，キャッシュは現実」というものがあります。会計原則に基づいて算定される利益には判断が入る余地がありますが，資金には判断が入る余地はありません。企業における資金の増減は，銀行口座の預金残高の増減に一致しますので，その意味で資金は動かしようのない現実です。しかし，預金残高が多ければ多いほど企業にとってよいというわけではありません。資金はそのまま銀行口座に寝かせておいても利益を生むことはありません。現在のようなゼロ金利の状況下では，資金を定期預金に預けても金利収入を得ることは難しいです。企業は資金を投資に振

り向け，さらに企業価値を高められるような使い方を考えなくてはいけません。設備投資に資金を振り向けるでしょうか，借入金を返済するでしょうか。企業にはさまざまな選択肢がありますが，それをタイミングよく決めていかなくてはいけません。

　資金を使わずに銀行口座に貯めておくだけだとどうなるでしょう。企業としての支払能力に問題が発生することはありませんが，貸借対照表上の資産がだぶついて財務諸表の見栄えが悪くなり，投資家や株主がその企業に魅力を感じなくなるでしょう。総資本に対する純資産の割合を「自己資本比率」といい，財務の健全性を表す指標として利用されますが，余剰資金が増えると総資本が膨らみ，自己資本比率が低下します。自己資本比率を維持するためには，余剰資金で借入を返済するか，投資をして利益と純資産を増やすか，というような選択肢を検討する必要があります。

　このように，企業は資金について今まで以上に気を配らなくてはなりません。そのため，財務部の役割は重要なのですが，企業価値を向上させるために最も重視すべきは，本業の稼ぐ力を高めることです。その意味では利益を重視する企業の姿勢は不変です。利益を増やすことができれば，キャッシュフローを増やし，企業価値を高めることができます。利益を重視するか，資金を重視するかというような二者択一ではなく，企業は両方を重視しなくてはいけません。

👀【取引銀行の視点】

　銀行は，企業の財務部がしっかりと資金の流れをコントロールし，支払事務や資金繰りを管理していることに，信頼や安心を感じます。銀行が融資を行っていくためには，企業が売上を伸ばし，利益を安定的に計上していることがまずはその前提になります。これに加えて，財務部が銀行取引の窓口として，企業の経営情報を開示してくれることで，融資をさらにスムーズに行うことができます。その意味で，銀行にとって財務部による情報開示姿勢は信頼のベースとなるものです。

　銀行と企業の間にはどうしても情報面に格差があります。つまり，企業は自社の経営状況などに関する情報をよく理解していますが，銀行は企業の情報を財務部とのコミュニケーションでしか入手することができません。それが情報格差です。情報格差が埋まらない中で融資を行うと，担保や保証を要求するなど，企業に負担をお願いするような融資を行わざるを得ない場合があります。しかし，企業の財務部とのコミュニケーションを通じてさまざまな情報を開示してもらうことができれば，銀行は融資を円滑に行うことができます。

　銀行と企業の関係はバブル崩壊で大きく変わりました。バブル崩壊以前，メインバンクが金融取引のみならず人的な面を含めて企業を支えてきました。また，メインバンク以外の銀行はメインバンクの動向を注視してさえいれば，企業との取引を円滑に継続することができました。しかし，バブル崩壊以降，メインバンク制は実質的に大きく変質し，株式の持ち合いや企業との人的関係などは徐々に薄くなっていきました。銀行は今後，企業とどのような関係を構築すべきなのでしょうか。銀行は，この問題について，常に悩みながら対応しています。少なくとも，銀行は企業に対してより質の高い提案や情報を提供することで，他の銀行との差別化を図っていこうと考えています。メインバンクも従来の地位に安住することは許されなくなっていますので，銀行間の競争も熾烈になることが予想されます。銀行は企業に有益な情報を提供することで，さらなる取引拡大を進めていきます。

　銀行が今後力を入れていく分野として，預金や融資に加えて，手数料収入を狙えるような高度な金融取引を狙っていくことになります。例えば，M&A におけるフィナンシャルアドバイザリーや買収ファイナンスなどの組成は重要な分野です。但し，これを実現するためには，財務部を通じて企業ニーズを把握できるかどうかがカギとなります。企業がどのような分野に注力しているのかを知ることができれば，さまざまな提案を行うことができます。その意味で，銀行は財務部との関係を強化したいと思っています。

第 2 章
資金決済と子会社資金管理

(1)　資金決済（振り込み）の仕組み

　財務部にとって「支払事務」は重要な業務です。本節では資金決済について，内国為替と外国為替の基本的な仕組みを押さえておきます。

　離れた企業の間で現金を用いずに資金の受け渡しを行うことを「為替取引」といいます。例えば，企業が原材料を仕入れると，企業と仕入れ先との間に貸し借りの関係が発生します。企業はこの関係を解消するために，仕入れ先に代金を振り込みます。このように貸し借りの関係を解消する行為を「資金決済」といい，そのための手段として企業は通常，為替取引を用います。このため，支払事務の担当者は，為替取引の基本的な仕組みを理解しておく必要があります。

　為替取引には，日本国内で円をベースに資金決済を行う「内国為替」と，海外の企業と外貨をベースに資金決済を行う「外国為替」があります。まず，内国為替について見てみましょう。内国為替の流れは**図表 2 - 1**の通りです。送金人が受取人に資金を振り込みますが，送金人と受取人の口座が同一銀行の場合，取引銀行が両社の口座間で資金の振替を行うことで資金決済は完了します。

　一方，送金人の口座と受取人の口座で銀行が異なる場合，資金決済は「全国銀行資金決済ネットワーク（全銀ネット）」を介して，日本銀行（日銀）にある各銀行の当座預金の間で行われます。例えば，送金人 A 社が受取人 B 社に振り込みを行い，送金人 A 社の口座が X 銀行，受取人 B 社の口座が Y 銀行にあるとします。まず，A 社は X 銀行に対して振り込みの手続きを行います。

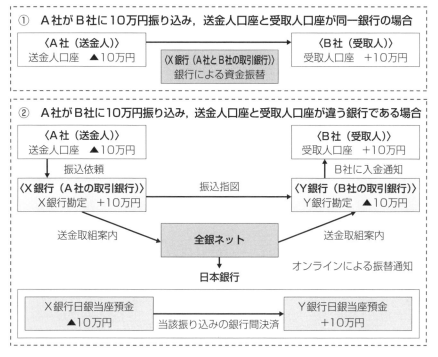

図表2-1　　　　　　　　内国為替取引の仕組み

① A社がB社に10万円振り込み，送金人口座と受取人口座が同一銀行の場合

〈A社（送金人）〉
送金人口座　▲10万円

〈X銀行（A社とB社の取引銀行）〉
銀行による資金振替

〈B社（受取人）〉
受取人口座　＋10万円

② A社がB社に10万円振り込み，送金人口座と受取人口座が違う銀行である場合

〈A社（送金人）〉
送金人口座　▲10万円

振込依頼

〈X銀行（A社の取引銀行）〉
X銀行勘定　＋10万円

振込指図

〈Y銀行（B社の取引銀行）〉
Y銀行勘定　▲10万円

B社に入金通知

〈B社（受取人）〉
受取人口座　＋10万円

送金取組案内

全銀ネット

送金取組案内

オンラインによる振替通知

日本銀行

X銀行日銀当座預金
▲10万円

当該振り込みの銀行間決済

Y銀行日銀当座預金
＋10万円

（資料）　全国銀行資金決済ネットワークHP，および岩田（2018）をもとに作成

X銀行はA社の口座から資金を引き落とし，受取人B社が口座を持つY銀行に「振込指図」を行います。Y銀行は一旦，資金を立て替える形でB社に入金の手続きを行います。また，X銀行は同時に全銀ネットに振り込みの手続きを行ったことを連絡し，全銀ネットはその連絡をもとにY銀行に送金の内容を伝えます。また，これと同時に全銀ネットは日本銀行に対してもX銀行，Y銀行間の資金の振替を行うよう通知します。これをもとに，日本銀行にあるX銀行とY銀行の当座預金の間で資金の振替が行われ，これで資金決済は完了となります。なお，1件当たり1億円未満の日銀当座預金間の資金決済は，全銀センターで管理され，当日の資金収支尻（受取と支払いの差額）で決済されます（1億円以上の振り込みについては即時に日銀の当座預金間で決済され，

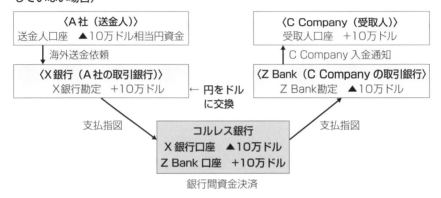

図表 2-2　　　　　　　　　海外送金の仕組み

決済完了後に受取銀行に全銀センターから送金取組案内が送られます）。

　これに対して，外国為替の基本的な仕組みは**図表 2-2**の通りです。外国為替と内国為替の最も大きな違いは，内国為替には全銀ネットや日銀内での銀行間決済のためのシステムがありますが，外国為替にはこのような仕組みがないことです。外国為替は銀行の支払指図に基づく個別決済によって行われます。このため，日本の銀行は海外の銀行と「コルレス契約」というものを締結し，銀行間で資金決済ができるように相互に口座を保有し，資金決済を行う仕組みを構築しています。もし，受取人の銀行口座が送金人の銀行とコルレス契約を締結していない場合には，「中継銀行」，すなわち送金人の銀行とも受取人の銀行ともコルレス契約を締結している銀行を間に立てて海外送金を行います。このように，海外送金では送金人，受取人の取引銀行同士がコルレス契約を締結しているかどうかで決済の流れが異なり，それによって手数料も変わってくる場合があります。なお，海外送金に関する支払指図などは SWIFT を通じて行われます。SWIFT とは「国際銀行間通信協会（Society for Worldwide Interbank Financial Telecommunication）」のことで，金融メッセージングサービス（支払指図など）を提供する金融業界の標準化団体です。

　海外送金では，通常外貨を送金します。その場合，送金人は円を外貨に交換

したうえで，その外貨を送金します。但し，為替レートは外貨に転換する時の経済情勢や社会情勢によって大きく変動することがあるので，場合によっては円ベースの送金額が予定していた送金額を上回ってしまうことがあります。このため，思わぬ損失を被ることがあることから，為替レートの変動には十分に注意をしなくてはなりません。

　また，外貨交換やそれ以外の送金取り組みに関して銀行に支払う手数料は多岐にわたります。海外送金の手数料率については個別に確認をするなど，十分に注意する必要があります。さらに，海外送金では受取人が実際に資金を受け取るまでに数日を要するようなケースもあります。このため，着金までの期間には十分な時間的余裕を持つことも必要です。

(2)　資金決済の実務フロー

　現在，企業は銀行取引の大部分をインターネット経由で行っています。口座残高や口座の移動明細などはインターネットバンキングを使って，パソコン画面上で確認することができます。また，取引照会だけでなく，振り込み，口座振替，税金の支払い，海外送金など，資金の移動を伴う銀行取引もインターネットバンキングを使って行うことができます。但し，インターネットバンキングは企業にとって利便性は高いですが，安全性については注意が必要です。取引の安全性を確保するために，銀行は暗号化通信，電子証明書発行，権限設定，承認機能の二重化などの措置を行っていますが，使用する企業の側でもセキュリティー対策をしっかりと行う必要があります。例えば，取引権限を付与する担当者を限定し，また，取引の履歴や取引の内容を定期的にチェックするなど，企業は不正防止に向けて対策を万全にしておく必要があります。

　通常，企業が銀行に振込依頼を行う場合，担当者が振込データを作成し，権限者（あらかじめ承認権限が付与されている者）に承認依頼を行います。そして，権限者は振込データと振込依頼内容が合致していることを確認してこの取引を承認します。このプロセスを経て，送金が実行されます。送金に必要なデータは，相手先銀行名・支店名，金額，預金種目，口座番号，受取人名，依頼人名で，これらに誤りがあると送金は完了されません。もしデータに誤りが

あれば，相手の銀行口座に期日に資金が到着しないことになり，最悪の場合，企業の信用問題に発展する可能性があるだけに，注意が必要です。また，データ入力ミスで送金が実行されない場合，企業は銀行に正しいデータを連絡するか，もしくは「組み戻し依頼（振込依頼のキャンセル）」を行う必要があります。いずれにしても，これらは事後の事務負荷が大きいだけに，担当者の段階で正しいデータの入力と権限者によるチェックで，事務ミスを極力起こさないようにしなくてはなりません。

　月末などに企業が大量の振り込みを行う場合，企業は「総合振込（総振）」を利用します。総合振込とは，大量の振込データをリスト化し，一括で伝送して振込処理を行うやり方です。これにより，企業の振り込みにかかる事務負担は大幅に軽減されますが，銀行はコンピュータでデータ処理を行うため，データの持ち込みは振込日の数日前までに完了させなくてはなりません。このため，総合振込の際には，期日管理と正確な振込データの作成が必要です。なお，最近では銀行によって紙ベースの総合振込を廃止するところもあります。ペーパーレスは銀行取引における時代の流れですので，企業も紙の帳票を電子データに切り替えていくことが求められています。

　また，給与や賞与の支払いを行う場合，企業は「給与振込（給振）」を利用します。給与振込は総合振込と同じように，大量の給与や賞与の振込データを一括で伝送する方法ですので，総合振込と変わりません（データの持ち込み期限は総合振込よりも若干早めに設定されているケースが多いです）。但し，給与振込は通常，総合振込と比較して１件当たりの振込手数料が安く設定されているケースがあり，さらに，振込銀行と給与振込口座が同一銀行である場合はさらに振込手数料が安くなります。個人の給与振込口座は資金が比較的長い期間滞留するほか，生活資金のメイン口座となり，将来的には住宅ローンや投資信託など付帯取引も見込めるだけに，銀行は給与振込口座の獲得に力を入れています。企業に新入社員や中途採用の社員が入社すると，銀行は企業に新たな従業員の給与振込口座の開設を依頼しますが，それにはこのような背景があります。また，企業も給与振込の手数料を節約するために，新たに入社した従業員に振込銀行に口座を開設させ，毎月の給与振込口座とするように促す場合もあります。

　最近では海外送金についてもインターネットバンキングで行うことができます。但し，前述の通り，海外送金については国内送金と違って当日中に資金決済が完了するということはほとんどなく，場合によっては別のコルレス銀行を経由して資金決済を行うことから，決済完了までに数日の期間を要することもあります。また，これも前述の通り，海外送金の場合は円から外貨に転換する必要があるため，為替レートの動向についても注意する必要があります。通常，送金時には「為替予約」によって，為替レートを事前に定めておき，円貨の支払額を確定させることで，為替レートの変動リスクを回避するようにします。但し，その場合も為替レートをどの水準とするかなど，企業の中で判断を必要とすることもありますので，企業の担当者は権限者などと連携し，円滑な事務を心がける必要があります。

　企業の資金決済はどうしても月末や給与振込日に集中することになります。このため，このような業務繁忙時は入念に準備を行うことが重要です。特に，給与振込や総合振込のデータ持ち込み日に向けて送金データを社内で取りまとめる際には，社内の連携が欠かせません。給与振込は人事部との連携が必要ですので，給与データの取りまとめと給与振込の銀行へのデータ持ち込み期限を見ながら，業務手順をしっかりと確認する必要があります。また，総合振込は製造部門などによる仕入れ先への支払い，総務部などによる社内経費関連の支払いなど，支払担当部署が多岐にわたるケースが多く，給与振込以上に注意を要します。特に，週末や休日の関係で日程が窮屈になる月がありますので，このようなときは注意が必要です。

　また，資金決済を円滑に行うには銀行との連携を密に取ることも重要です。総合振込や給与振込だけでなく，大口の振り込み，急ぎの海外送金など，銀行に特別な配慮を依頼するケースも発生します。その際に，財務部の担当者が銀行担当者とコミュニケーションを取ることで解決できる問題も少なくありません。なお，企業によって状況は異なりますが，銀行に支払う振込手数料・海外送金手数料については十分に把握しておく必要があります。特に，海外送金については，取扱手数料のみならず，外貨に転換する際の為替レートの優遇を要請し，それに銀行が応じれば，資金決済にかかるコストを節約することができるかもしれません。これについても，銀行担当者とよく話をしておく必要があ

るでしょう。

⑶　決済資金の確保と子会社管理

　企業が資金決済を円滑に行ううえで，振り込みに関する事務の堅確性も重要ですが，決済資金を十分に確保するための資金管理も必要です。例えば，月末に多額の送金を実施することを予定し，そのための資金として売上代金の入金を当てにしていたとします。しかし，当てにしていた売上代金が入金されず，当日午前中に予定していた資金決済が残高不足でエラーになってしまったということも起こり得ます。このような場合，最悪のケースでは企業の資金決済が滞り，結果として支払遅延を起こしてしまう可能性があります。このような状況を避けるために，支払事務の担当者は口座残高もしっかりと管理する必要があります。

　売上代金の当日入金を当てにして支払いの段取りを組むことは，決済リスクの観点からあまり好ましいものではありません。企業として安定的な支払いを維持するためにも，当日に予定される入金が何らかの事情で遅れても，支払いを実行できるだけの口座残高を維持する必要があります。

　また，保険をかける意味で，主たる支払口座には，取引銀行から「日中 OD 枠」を付与してもらうことも１つの解決策となるかもしれません[1]。日中 OD 枠というのは，一般的には日本銀行が市中銀行との間で資金決済を行う際，銀行が差し入れた担保の範囲で当日中の返済を条件に無利息で当座貸越を行うことを指します。企業も自らの決済リスクを軽減するために，取引銀行から日中 OD 枠を付与してもらうことがあります。但し，日中 OD 枠は銀行から見ると企業に対する与信取引になりますので，どんな企業でも依頼すれば銀行が応じてくれるというわけではありません。これについては，銀行担当者としっかりとコミュニケーションを取る必要があります。

　決済リスクを回避するという観点で，例えば，企業が多くの子会社を抱え，

1　OD とは Overdraft の略で，当座借越（当座貸越）のことです。例えば，一時的に銀行口座が支払超過によってマイナスになっても，OD 枠があればそのような状況も許容されます。

それらが個別に資金決済を行っているような場合，企業として子会社の決済リスクをどのように管理するかも重要なポイントとなります。子会社に十分な決済資金を持たせ，各社の決済リスクを低減するということも可能です。しかし，子会社が数多くあるような企業ですと，逆に資金がだぶついてしまい，結果的に企業全体で余剰資金を抱えることになります。このような状況では企業の財務効率性は低下し，自己資本比率が低下することで，財務諸表の見栄えも悪くなります。このため，決済リスク回避を回避しつつ，全体的な資金効率にも目配りをし，適切な管理を行う必要があります。

　このような状況を解決するためには，銀行が提供する「キャッシュマネージ

図表 2 - 3　　　　　　　　　CMSの機能

機能名	サービス内容
プーリング	子会社口座に余剰資金がある場合には統括会社口座へ余剰資金を集中し，子会社口座の資金が不足する場合には統括会社口座から資金を子会社口座に配分します。これにより，統括会社はグループ会社の資金を一括して管理できます。
資金繰り管理	子会社が入力した資金繰りの予定を CMS システムが自動集計します。これによって，統括会社はグループ会社の資金繰りを詳細に把握できます。
貸付／預入管理	子会社から資金貸付／預入について，受付，承認，実行，資金回収管理まで自動化することができます。
支払代行	統括会社が子会社の支払いを代行することで，グループ会社で支払資金を準備する必要がなくなりプーリング効果が高まります。また，支払先が同一の振り込みについては，支払いを集約し，振込手数料を削減することが可能となります。
グループ内支払い	支払側／受取側双方が CMS に参加している場合，プーリング残高の調整のみでの資金決済が可能となります。
会計連動	CMS による取引結果を，仕訳ファイルとして出力し，企業の会計システムと連動することが可能になります。
他行口座照会	他行口座の残高照会・入出金明細照会・資金移動も可能です。

（資料）三井住友銀行 HP をもとに作成

メントサービス（CMS）」というサービスを利用することが有効かもしれません。CMSとは，子会社を有するグループ企業において，グループ全体の資金運用，資金調達，資金管理を集約し，資金効率や業務効率を上げるための銀行サービスです[2]。CMS機能の概要については，**図表2-3**の通りです。なお，本節では親会社のことを「統括会社」と呼びます。

　CMSにはいくつかの機能がありますが，このうち最も重要な機能はプーリングです（**図表2-4**）。プーリングとは子会社の口座に余剰資金がある場合に，統括会社の口座に余剰資金を自動的に吸い上げ，また，子会社の口座で資金が不足する場合に，統括会社の口座から不足資金を自動的に子会社の口座に配分する機能です。これにより，子会社は余剰資金を持つ必要がなくなり，また，統括会社は企業全体の資金管理を一括で行うことができます。

　統括会社がCMSを導入すると，子会社は自分の主たる銀行口座をCMS契約銀行に変更しなくてはならないでしょう。そうしないと，統括会社は余剰資金の吸い上げができず，プーリングが十分に機能しない可能性があります。このため，CMSを導入する際に，子会社の取引銀行を一部見直さなくてはなら

図表2-4	プーリングの仕組み

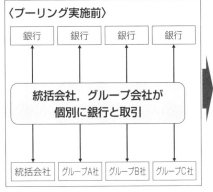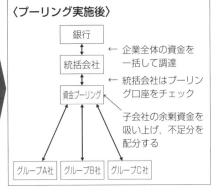

（資料）三井住友銀行HPをもとに作成

2　CMSに関する機能は，三井住友銀行HPにあるCMSの商品概要を参考にしました。

ない場合があります。特に，M&A などで新たに子会社として仲間入りした企業の場合，統合前の銀行取引をそのまま継続しているケースもありますので，これについては調整が必要となります。

　また，統括会社が子会社に不足資金を配分する際，無尽蔵にそれを行うというわけにはいきません。子会社であっても独立した企業ですので，プーリング機能を通じて統括会社から資金を配分する場合も，決算上，子会社は借入金，統括会社は貸付金として処理しなくてはいけません。また，統括会社は子会社への貸付金については，与信管理をしっかりと行わなくてはなりません。通常は短期貸付枠を設定し，その枠内で統括会社は子会社に不足資金を配分することになりますが，与信枠の設定にあたっては十分な検証を行う必要があります（特に，金額や期間の妥当性など）。

　このように，CMS を導入することによって，統括会社はグループファイナンスのやり方についてルールを設定していくことになります。CMS 導入によって統括会社が子会社に対して短期の貸付枠を設定する場合は前述の通りですが，子会社で設備投資や長期運転資金が必要となった場合，統括会社はタームローンで貸付を行うこともあり得ます[3]。そのための管理機能も CMS には付与されていますので，子会社が独自に銀行と行っていた資金調達は統括会社からの借入に切り替えられます。このようなグループファイナンスは連結決算上相殺されますので，統括会社がしっかりコントロールすれば企業全体の財務の効率性は高まることになります。

　CMS 導入による企業のメリットは資金管理や資金効率だけにとどまりません。CMS によって統括会社は子会社の財務機能をほぼ代替することができますので，子会社にある財務機能は実質的に統括会社に集約することができます。さらに，CMS のサービスには「支払代行」の機能があります。これは，統括会社が子会社の銀行振込を代行するもので，子会社の支払いにかかる事務負担を統括会社が担うことで，プーリングの効果をさらに高めることができます。支払先が統括会社と子会社で同一の場合には，支払いを集約して振込手数料を

3　タームローンとは，期間，金額，金利，返済方法をあらかじめ決めたうえで，契約書を交わして
　行う貸付方法です。一般的には，1 年以上の長期貸付に適用されます。

削減することもできます。また，統括会社の財務部に機能を集約することで，子会社の支払担当者を削減することも可能になるかもしれません。こうすれば，企業全体の業務効率をさらに引き上げることになるでしょう。

　このように，CMS は統括会社や子会社が個別に行っていた資金管理業務をグループ全体で最適化できるように設計されたサービスです。CMS 導入のメリットは十分検討に値するでしょう。

⑷　海外子会社の資金管理

　最近は経済のグローバル化の進展で，日本企業も海外に多くの子会社を持っています。このため，統括会社として海外子会社の資金管理やグループファイナンスをどのように進めていくかということは，多くの企業にとって重要な課題となっています。日本の統括会社と海外子会社の関係は一様ではありません。例えば，日本の統括会社が推進する業務の一環として，海外子会社が仕入れや販売の一部を担っているような場合，そのような海外子会社には日本から派遣された駐在員がいて，日本の統括会社の意向に沿ってオペレーションを行います。その一方で，日本と資金やモノの流れが全くなく，現地で独自の商流を築いている海外子会社もあります。そのような海外子会社は仕入れや販売，そして資金調達は現地ベースで完結していて，最終的に利益が出ればその分を配当として日本の統括会社に還元するという流れとなっています。特に，クロスボーダー M&A でグループ入りした海外子会社の中には，合併後も従来型のビジネススタイルを継続し，日本本社と一線を画しているような海外子会社もあります。

　海外子会社については，ガバナンスの観点で後者のような海外子会社をしっかりと管理することが肝要であるということが声高にいわれるようになりました。特に，これまでに見られた海外子会社絡みの不祥事は，管理者不在の海外子会社で発生したケースが少なくありません。資金に絡む問題が海外不祥事の引き金となるケースが多いだけに，統括会社としても海外子会社における資金管理については国内子会社以上にシステムサポートを充実させ，ガバナンスを効かせていく必要があります。

　統括会社として海外子会社の資金管理をどのように行うべきか。これについては企業ごとに抱える問題が異なるだけに，一概に論じることは難しいでしょう。しかし，課題に沿ったロードマップを策定することは必要です。もし，資金に絡む不正防止を一義的に考えるのであれば，海外子会社のキャッシュポジションや入出金の状況を日本の統括会社が把握できるようなインフラを構築する必要があります。このような「資金の見える化」は，日本の統括会社が海外子会社を牽制するうえで有効です。銀行も日本の統括会社が海外子会社の口座管理を行えるシステムを提供していますので，それを活用することも解決策となります。なお，海外子会社の主たる支払口座が現地の銀行である場合でも，口座情報を日本から確認することができます。

　海外子会社の資金効率を改善することを目的として銀行が提供しているサー

図表2－5　　　　　　　　グローバルCMSの機能

機能名	サービス内容
プーリング	海外子会社の口座に余剰資金がある場合，日本の統括会社の口座に余剰資金を集中し，海外子会社の口座が不足資金となっている場合，日本の統括会社口座から不足資金を配分します。
貸付／預入管理	日本の統括会社は海外子会社から資金貸付申請を受け，承認，実行，資金回収管理までを行います。日本の統括会社は，プーリングとタームローンを組み合わせて貸付を行います。
ネッティング	日本の統括会社と海外子会社，および海外子会社間で債権回収と債務支払いを相殺し，ネットベースでの決済額のみ送金して資金決済を行います。
支払い・回収代行	日本の統括会社が海外子会社の支払い・回収を代行します。また，支払い・回収代行会社に集約することもできます。これによって，業務集約が可能となるばかりでなく，資金効率も高まります。
為替管理一元化	海外子会社で行っている為替予約の締結や通貨オプションの購入を一元的に管理し，各社の通貨需給を相殺することでコスト削減を図ることができます。

（資料）松尾（2016）をもとに作成

ビスに,「グローバルキャッシュマネージメントサービス（グローバル
CMS）」があります（**図表2-5**）。これは,日本におけるCMSの海外版です
が,これを導入することが効果的な場合があります。主なサービス内容は以下
の通りですが,グローバルCMSはクロスボーダーであるために,資金移動な
どで現地規制を受ける場合があります。

　グローバルCMSの機能で最もベーシックなものは,国内CMSと同様に
プーリングです。この内容はほとんど国内CMSと同じで,海外子会社に余剰
資金があれば,日本の統括会社のプーリング口座に資金を集中させ,また,海
外子会社が資金不足になった場合には,日本の統括会社のプーリング口座から
海外子会社口座に資金が配分されるというものです。プーリングを導入するこ
とによって,現地の海外子会社が独自に行っていた資金調達をグループファイ
ナンスに切り替えることができますので,資金効率を上げることができます。
それと同時に,日本の統括会社も海外子会社の資金繰りを把握することができ
ます。但し,クロスボーダーのプーリングについては現地の金融規制から適用
できない場合がありますので,その点については事前にしっかりと確認してお
く必要があります。

　また,グローバルCMSの重要な機能として「ネッティング」があります。
これは,グループ会社間にある債権・債務を相殺し,ネットベースの金額のみ
を送金することで資金決済を完結させる方法です（**図表2-6**）。

　例えば,海外子会社A社がグループ会社Bに対して仕入れ代金300ドルの支
払いと100ドルの受取があった場合,ネッティングによって200ドルの支払いの
みを行うというものです。これによって,事務負担が軽減されるだけでなく,
送金手数料を節約することができます。ネッティングは多くの海外子会社を有
し,グループ内の支払い・受取の双方向の資金の流れがある企業にとって効果
があります。

　グローバルCMSの機能には,図表2-5の通り,いろいろなものがあります
ので,これらの機能のうち企業にとってどの機能が必要であるかを十分精査
したうえで,自社の目的に合わせたシステム構築を進める必要があります。前
述のように現地規制の関係でプーリングが利用できない場合であれば,そのた
めの代替的な措置として,例えば,グループファイナンスについては,ターム

図表2-6　　　　　　　ネッティングの仕組み

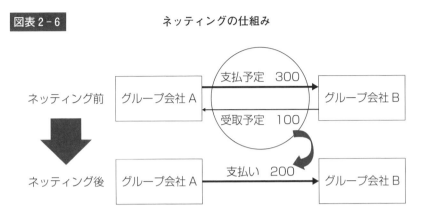

（資料）　松尾（2016）をもとに作成

ローンを海外子会社貸付の基本とし，実行や返済を個別に管理することも可能
です。
　しかし，グローバルCMSを導入するかどうかということよりも，統括会社
としてまず検討すべきは，海外子会社の資金管理や入出金管理を日本の統括会
社としてどのように管理すべきかということです。そして，海外子会社が日本
の統括会社に報告や連絡ができるようにコミュニケーションの円滑化を進める
こともガバナンスの観点から重要です。そのために，日本の統括会社は海外子
会社の要望をしっかりと受け止め，良好な人的関係を構築する必要があります。
特に，海外M&Aで新たにグループ子会社に加わった海外子会社であれば，
「PMI（買収後の統合作業：Post-Merger Integration）」の観点から，企業文
化からワークフローに至るまで，海外子会社の一体化をさらに追求する必要が
あります。
　なお，日本の統括会社が海外子会社にグループファイナンスを行う場合に，
税務上の観点から貸出条件の設定には留意する必要があります。近年，国際的
な課税逃れの取り締まり強化を目的に，グループ内の国際取引に関するルール
として「BEPS（税源浸食と利益移転：Base Erosion and Profit Shifting）」が
定められています。海外子会社を持つグローバル企業はこれを遵守することが

求められています[4]。特に，グローバル企業において，統括会社が海外子会社との間で行う金融取引については租税回避を疑われることがないよう，ファイナンス条件の設定には注意が必要です。例えば，子会社向けローンの金利水準は現地で借入を行う際に適用される金利水準と同程度であることが求められます。統括会社が海外子会社向けの金利を高めに設定して支払利息の損金算入を過大に計上することや，逆に金利を低めに設定して海外子会社の利益を水増ししているとみなされることがないようにしなくてはいけません。これらは，国際税務に詳しい税理士などと相談する必要があるでしょう。

⑸　資金決済や子会社管理の合理化

　これまでに見たように，資金決済やそれに伴う資金管理は人手と手間を要するだけに，できるだけシステム化によって社内合理化を進める必要があります。しかしその一方で，資金決済はいったん事故が起きれば企業の信用に直結するだけに，業務の堅確性は何としても維持しなくてはいけません。その意味で，財務部は業務の堅確性と効率性の両方を追求しなくてはいけないことになります。

　これに対する解決策として，銀行が提供するCMSのようなサービスをうまく利用していくことが望ましいといえます。そのためには，銀行の担当者と円滑なコミュニケーションを取り，常に自社の資金決済に関する課題を銀行と共有しておく必要があります。最近では，銀行から業務効率化に関する具体的な提案やコンサルテーションを行うケースもあります。特に，国内CMSやグローバルCMSは子会社を多数所有するグループ企業にとっては重要なツールとなりますので，これを使ってグループ全体の資金効率を上げることができます。

4　BEPSとは，グローバル企業が各国の税制の違いや租税条約等を利用して所得を軽課税国・無税国に移転し，グローバルに租税負担を免れることをいいます。BEPSに対応するために，OECD（経済協力開発機構）とG20は15項目の「行動」に関して加盟国への勧告を行っています。その概要は国税庁HPを参照してください。

◉◉【取引銀行の視点】

　銀行は，内国為替取引や外国為替取引による手数料収入を重視しています。ゼロ金利の状況の下で預金や貸出で資金益を十分に確保することが難しくなっているので，このような為替取引から生まれる手数料は，銀行にとって重要な収入源となっています。このため，銀行は企業との資金パイプを太くし，振り込みや外国為替の取扱量を増やす努力をしています。

　また，この一環で，銀行は取引企業に国内 CMS やグローバル CMS 導入の提案も積極的に進めています。CMS を導入することで，銀行は資金決済，資金管理の両面で企業の資金の流れを自行に集中することができます。

　銀行が企業に CMS をセールスするにあたっては，事務効率改善のために企業にどのような要望があり，そのためのソリューション（解決策）としてどのようなサービスメニューが適しているかを考え，提案を行います。提案とセールスをパッケージとした営業を「提案型営業」といいますが，資金決済についてはこのような提案型営業の質が銀行間の競争を勝ち抜くうえでは重要となっています。

　メイン銀行や準メイン銀行以外の銀行が企業取引のランクを上げようとすれば，金利をダンピングして貸出残高を増やすような交渉ではなく，企業にとって真に役立つ提案を行っていきたいと考えます。そのために，銀行はシステムの優位性を訴求できるような商品づくり，資金決済や資金管理にかかるコンサルティング力を強化しつつ，競争力を高めていこうとしています。

第3章
資金繰りの管理と計画

(1)　資金繰りに関する基本的なポイント

　資金繰りとは，企業の入出金によって預金残高が変動することです。そして，企業は資金繰りを適切に管理することで資金不足に陥ることを防ぐことができます。本節では，企業活動と入出金に関する基本的な関係を押さえておきましょう。

　図表3−1は企業活動における仕入れから製造・販売に至る過程と，それに伴う入金と支払いの関係を図示したものです。基本的な製造・販売の流れとしては，原材料を仕入れ先から仕入れ，その後，工場に搬送します。そして，そ

| 図表3−1 | 企業活動と資金繰りの関係 |

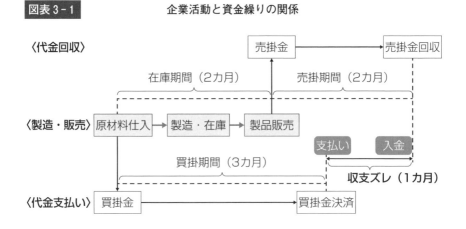

の原材料をもとに製品が製造され，出来上がった製品は倉庫に在庫として貯蔵されます。最後に，製品は一定の在庫期間を経て売り先に販売されます。

　続いて仕入れ代金の支払いです。原材料を仕入れてから買掛期間を経て企業は代金を仕入れ先に支払います。この図では，仕入れてから実際に支払うまでの買掛期間を3カ月としています。原材料を仕入れて代金を支払っていない間は「買掛金」という勘定で処理されます（企業は買掛期間の後に支払手形として仕入先に約束手形を渡す場合もあります。この場合は「支払手形」という勘定で処理されます）。このように，実際に仕入れをしてから代金支払いまでには相応の期間があります。

　最後に販売代金の回収です。製品を販売して売掛期間を経て販売代金は企業の銀行口座に入金されます。この図では，販売から代金が回収されるまでの売掛期間を2カ月としています。製品を販売して代金を回収されない間は「売掛金」という勘定で処理されます（企業によっては一定の売掛期間の後に，売り先から約束手形を受け取る場合があります。この場合は「受取手形」という勘定で処理されます）。しかし，売掛期間以前にも，企業が代金を回収できない期間があります。それは，原材料が仕掛かりとなっている期間や製品が在庫として倉庫に眠っている期間です。この期間は在庫期間といわれ，図では2カ月としています。このように，仕入れから販売代金を回収するまでの間にも相応の期間があります。

　このように，企業の生産活動に付随して発生する入金と支払いのタイミングにはタイムラグがあります。支払いについては財務部の支払い担当がすべてを把握していますが，入金予定は基本的に営業部が把握しています。このため，資金繰りを管理するために，財務部の資金繰り担当は入金情報を営業部から聴取する必要があります。また，収支ズレ，すなわち，入金よりも支払いが先行する分は運転資金として銀行から資金調達しなくてはいけません。このように，資金繰り管理と資金調達は密接に関係しています。

⑵　資金繰り管理の実務フロー

　前述のように，資金繰りは入出金による預金残高の変動のことですが，それ

を適正に管理することが重要です。前章では決済資金を確保するために日中
OD枠やCMSを使って決済資金がショートしないための手法を説明しました
が，資金繰り管理は入出金予定をシステマティックに管理し，預金残高を適切
にコントロールするための手法といえます。企業が資金の流れを把握し，決済
資金を確保することはそれほど簡単ではありません。しかし，資金繰りが管理
されずに決済資金が不足すれば，企業は支払遅延に陥ってしまい，信用を失墜
するかもしれません。それを回避するためにも資金繰り管理は必要不可欠な業
務です。

　資金繰り管理のためには「資金繰り表」が用いられます。これは対外的に開
示する資料ではなく，あくまで社内の管理資料です。このため，具体的な運用
方法は各企業が実情に応じて独自のやり方を構築しています。本節では基本的
な資金繰り管理の実務を説明しながら，企業として資金の流れをどのように把
握し，預金残高をコントロールしているのかについて概観します。

　資金繰り管理に関するポイントは次の2つです。1つは「資金計画」の策定
です。企業は年間利益計画を策定し，それに基づいて利益状況をフォローしま
す。そのために，月次ベースでの利益計画を策定しています（このような利益
計画の管理手法を「管理会計」といいます）。資金繰り担当者は，このような
管理会計と平仄を合わせる形で年間資金繰り計画，月次資金繰り計画を策定し
ます。

　そしてもう1つは「入出金のフォローアップ」です。これは，資金繰りの状
況と銀行預金残高をリアルタイムで把握することで，資金計画通りに資金繰り
が推移しているかどうかを確認します。資金繰り担当者は，資金計画とフォ
ローアップをバランスよく走らせることで，資金繰りを適切に管理することが
できます。すなわち，PDCA[5]でいえば，P（Plan）とC（Check）を繰り返し
ながら，資金繰りの管理精度を上げていきます。資金繰りの状況に基づいて資
金計画を常に見直し，預金残高の適正水準を維持していきます。

　資金繰り管理を行うにあたって，社内の関係部署との連携は欠かせません。

5　PDCAとは，P（Plan，計画），D（Do，行動），C（Check，評価），A（Action，改善）という
　4つのサイクルを回すことで管理を有効に機能させる手法です。

　資金繰り計画の策定にあたっては，管理会計担当者との連携が必要です。年間の利益計画は有価証券報告書等への記載が義務づけられていることから，その策定は何よりも優先されます。これを策定するために，企業の製造部門，営業部門，子会社などが売上や利益に関する年間計画を策定し，また，人事部や総務部では人員計画，経費計画，投資計画などを策定します。そして，これらを積み上げる形で企業全体の利益計画が策定されます。各部門の計画の妥当性は担当部でチェックされ，最終的には取締役会等で承認され，対外的に公表されるという流れです。そして，それが対外公表された後も，年間利益計画は月次ベースの管理会計に基づいて実績がフォローされます。対外的に公表した利益計画が達成できるかどうか，そして，計画達成が難しい，もしくは計画を上回ることが見込まれる場合には，利益計画を修正すべきかどうかを判断します。

　資金繰り計画は，このような利益計画に沿って策定されます。利益計画を資金繰り計画に引き直す作業には，いくつかの留意すべきポイントがあります。例えば，設備投資が予定されている場合，利益計画上は設備投資にかかる減価償却費が費用として認識されますが，資金計画上は設備投資額が支出として計上されます。また，図表3-1で見たように，月次売上計画に売掛期間を加味して売上代金の入金を見込みます。例えば，売掛期間が2カ月であれば，6月の売上は8月に入金されます。さらに，税金や社会保険料の納付期限が決まっている支払いについては，事前に確認しながら資金計画に織り込んでいきます。このようにして，資金繰り計画は月次利益計画と連動させながら策定します。

　資金繰り計画がまとまれば，それをもとに入出金状況のフォローアップ，および預金残高のモニタリングを行います。入出金状況のフォローアップは銀行口座の移動明細で予定された入出金が実際に行われたかどうかを確認します。そのため，支払予定額を個別に押さえ，前日の預金残高の増減から入金額を計算します。入金額は基本的に売上代金の回収がほとんどですが，移動明細をしっかりと確認する必要があります。また，企業の銀行口座が複数に及ぶケースでは，それらを合算して管理しなくてはなりません。さらに，CMSによるプーリング機能を利用している場合には，プーリング口座の入出金も別途確認する必要があります。これらは企業によって事情が異なりますが，ある程度システム化を進めておく必要があります。

　このような2つのステップを踏むことで，企業は資金繰りを適切に把握し，管理することができます。そして，資金繰りを可視化することも重要です。それによって，資金繰り管理の結果を資金調達計画に連動させることができますし，預金残高の調整を行うことも可能になります。但し，預金残高が不足して資金決済ができないという決済リスクを排除することは重要ですが，預金残高がだぶついている状況も企業にとっては好ましくはありません。適正な預金残高を維持するという観点から，預金残高をモニタリングすることも大切です。企業によっては，月商の3カ月程度を預金残高のメルクマールとしているところもあります。

⑶　資金繰り計画の策定

　それでは，資金繰り計画の策定について，その実務を見てみましょう。**図表3-2**は資金繰り計画表の例です。企業によって建て付けは異なるでしょうが，ここでは資金繰りの内容を，営業収支，CMS収支，投資収支，財務収支の4つに分けています。これらは基本的にキャッシュフロー計算書の営業キャッシュフロー，投資キャッシュフロー，財務キャッシュフローに合わせています。なお，CMS収支は基本的には子会社の経常的な入出金の収支尻が反映されますので，ここでは別管理にしています。

　資金繰り計画で営業収支項目は多岐にわたります。入金は主に売上に相当する営業代金の回収が中心となりますが，支払いは仕入れ代金のほかに経費や税金支払いなどです。このため，企業によっては内容をもう少し詳しく区分することも必要かもしれません。また，営業収支以外は入金，支払いを分けるのみで記載していますが，財務収支は資金調達計画の観点から短期と長期に分けています。

　資金繰り表の基本的な構成は，それぞれの収支ごとに記載し，最後に収支を合計し（H），それに基づいて当月末の預金残高（I）を記載します。当月末の預金残高は翌月の繰越残高（A）に転記されます。このように，収支と残高を両方記載することで，資金繰りの可視化が可能となります。

　資金繰り計画を策定するにあたって留意すべき点を項目別に記しておきましょう。

図表3-2	資金繰り計画表の例

（単位：百万円）

		4月	5月	6月
前月繰越（A）		3,000	3,200	3,200
〈営業収支〉				
入金	売上代金	1,000	1,000	1,100
	合計（B）	1,000	1,000	1,100
支払い	仕入れ代金	400	400	450
	給与・賞与	250	250	750
	社会保険料・個人所得税等	50	50	
	その他経費			
	法人税・消費税等			900
	合計（C）	700	700	2,100
収支（D）B-C		300	300	-1,000
〈CMS収支〉				
入金	CMS入金	500	500	500
支払い	CMS支払い	600	600	600
収支（E）		-100	-100	-100
〈投資収支〉				
入金	投資資産売却			
支払い	投資資産取得			2,000
収支（F）		0	0	-2,000
〈財務収支〉				
入金	短期借入金	0	0	0
	長期借入金			2,000
支払い	短期借入金返済	0	0	0
	長期借入金返済		200	
収支（G）		0	-200	2,000
当月資金収支　H=D+E+F+G		200	0	-1,100
月末預金残高　I=A+H		3,200	3,200	2,100

①　売上代金・仕入れ代金

　前述の通り，利益計画上の売上と資金繰り計画上の売上代金回収にはタイムラグがあります。資金繰り計画上の売上代金回収は実際に代金が回収されたタイミングで計上します。このため，資金繰り計画は，月次売上に対して売掛期間などを考慮して売上代金回収を計上します。同様に，仕入れ代金の支払いも，利益計画の仕入れに対して，買掛期間を考慮して支払額を見込みます。なお，売掛期間や買掛期間が実際にどの程度かは，貸借対照表から実績値をアップデートしておく必要があります。

②　給与・賞与・社会保険料等

　給与・賞与については人事部が把握する人件費計画のうち，給与・賞与として従業員に支給する額と，社会保険料や個人所得税などを別に記載しておくほうがよいでしょう。この両方を足したものがいわゆる人件費に相当しますが，社会保険料や個人所得税は金額が大きく，納付のタイミングも月末が土日や休日の場合に翌月の月初に振り替えられるなど，資金繰りのかく乱要因となることがあります。このため，これらは別々に記載して管理するほうが望ましいでしょう。なお，企業年金等の制度がある場合には，その拠出分も別途項目を設けて記載する必要があります。

③　CMS 収支

　CMS 収支ではプーリング口座の入出金をそれぞれ分けて記載します。基本的には子会社の経常的な入出金がここに反映されますので，これは子会社から個別にヒアリングする必要があります。但し，連結子会社が多い場合，計画段階では入出金金額の大きい子会社のみを記載することが現実的な対応といえます。

④　投資収支

　投資収支では予定されている土地・建物などの固定資産投資や証券・株式投資などを売却（収入）と新規投資（支払い）に分けて記載します。特に，新規投資については年間投資計画を策定する段階で支払いのタイミングが見込まれ

ている場合もあるでしょうが，具体的な資金計画がない場合もあります。状況に応じて適宜修正を行い，それを資金繰り計画に反映させます。なお，銀行からの借入で投資資金を賄う場合には，財務収支とも連動させる必要があります。

⑤　財務収支

　財務収支では主に銀行借入に関する入出金を記載します。支払いは主に借入金の返済（一括返済や約定弁済）ですが，既存の借入についての約定弁済のスケジュールは既に固まっていますので，あらかじめ記載しておきます。また，資金調達計画は実際の資金繰りや預金残高を見ながら常にアップデートしていく必要があります。

　月次資金繰り計画の策定では，特に月末の預金残高に注意する必要があります。図表３-２の例では，６月に賞与や税金の支払いで預金残高が通常月に比べて大幅に減少しています。このような状況が事前にわかっている場合には，企業として月末の決済リスクに備えて預金残高を多少厚めにしておくことが必要かもしれません。例えば，預金残高を月商の３カ月分とし，月商の２カ月分を下限とする，というようなメルクマールの策定が有効かもしれません。決済リスクを排除する観点からも，月末の預金残高については十分にチェックします。

　また，資金繰り計画を策定することで，年度末の預金残高や銀行借入残高の見込み値を把握することができます。年度末の数値は本決算に反映されることになりますので，計画策定の段階で十分に吟味しておく必要があります。預金残高は多すぎても少なすぎてもいけませんので，計画段階からコントロールします。さらに，銀行借入についても預金残高をにらみながら，適切な水準に調整する必要があります。預金残高が多ければ，銀行借入を一部返済し，資産・負債を圧縮することで自己資本比率を高めに維持することができます。そうすれば，投資家や株主に対して企業の財務体力の健全性を示すことができます。

⑷　資金繰り計画のフォローアップ

　資金繰り管理では，資金繰り計画を策定した後に，そのフォローアップを行います。日々の入出金について，銀行の移動明細や口座残高を見ながら状況をチェックし，計画通りに入金・出金が行われたかどうかを管理します。さらに，月末時点で資金繰り上の預金残高と実際の銀行口座残高を合わせておくことも必要です。これによって，資金繰り管理の PDCA をしっかりと回すことができます。

　資金繰りのフォローアップは**図表 3-3** のように項目ごとに行うと便利です。これも基本的には計画表と同じで，営業収支，CMS 収支，投資収支，財務収支ごとに日次ベースの入出金実績が記載できるようにしています。なお，CMS 残高は預金残高の内数ですが，別に記載しています。CMS 残高がマイナスになると子会社への資金配分ができなくなりますので，注視しておく必要があります。そのため，統括会社としては CMS 口座にある程度の資金をプールしておく必要があります。

　資金繰りのフォローアップでは，まず支払いの額とタイミングを押さえます。前述の通り，支払いは企業が能動的に手続きを行いますので，支払金額と支払日は容易に把握することができます。一方，入金は事前に正確な額を把握することは難しいことから，銀行口座の前日比増減から支払額を差し引いて入金額を把握し，概算として押さえておくことになります。月次決算を行っている企業であれば，財務諸表から資金の流れを正確に把握することは可能ですが，月次決算が固まるまでにはある程度の時間が必要です。機動的な資金繰り管理のためには足元の状況をリアルタイムで把握する必要があります。そうすれば，予定していた入金が遅延するようなトラブルが発生しても，十分に対応することができます。資金繰りは，正確性よりはむしろリアルタイムで管理することが重視されます。

　図表 3-3 は日次資金繰りフォローアップの例です。5 日と月末に売上代金が入金，月末に仕入れ代金を支払い，25 日に給与支払い，および，子会社資金過不足で CMS の入金・支払いを行うという具合です。預金残高は30億円近傍

| 図表 3 - 3 | | 日次資金繰りフォローアップの例 |

(単位：百万円)

日付	曜日	営業収支				CMS 収支		投資収支		財務収支		銀行預金残高	CMS残高
		売上	収入	給与	社保	入金	支払い	売却	投資	借入	返却		
前月繰越												3,000	1,000
1	月					50						3,050	1,050
2	火											3,050	1,050
3	水											3,050	1,050
4	木											3,050	1,050
5	金	200					200					3,050	850
6	土												
7	日												
8	月											3,050	850
25	木			250		150						2,950	1,000
26	金						200					2,750	800
27	土												
28	日												
29	月					100						2,850	900
30	火	800	400		50	200	200					3,200	900
累計/月末残		1,000	400	250	50	500	600	0	0	0	0	3,200	900

で推移しています。このような管理によって，日次ベースで預金残高の水準を把握することができます。

　日次ベースで入出金や預金残高を管理することは重要な業務ではあるのですが，ある程度合理化し，人手を介さなくても必要とするデータを入手できるように合理化を進めていく必要があります。銀行の口座情報と企業側のシステムをインターフェイスすることは容易ではないのですが，資金繰り担当者は業務合理化を常に検討する必要があります。

(5)　資金繰り計画に基づく資金調達

　資金繰り計画とそのフォローアップができるようになれば，次はそれに基づ

いて資金調達計画を策定します。資金繰り管理で，支払いが入金に先行して行われ，その結果，預金残高が適正水準を割り込むことが明らかになれば，その不足分を銀行からの借入で補わなくてはいけません。そのための判断材料として，資金繰り表が重要な役割を演じます。本節ではこのプロセスを見ていきます。

　図表3-4は年間ベースの資金繰り計画と資金調達計画をまとめたものです。

　この表は図表3-2を年間ベースに引き直し，また，細かい項目は捨象し，単位も億円としたうえで，エッセンスを理解しやすいようにしています。重要なことは，営業収支，CMS収支，投資収支，財務収支がどのように推移するかを明らかにし，それに基づいて預金残高がどのように推移するかを容易にチェックできる建て付けにしていることです。そして，預金残高が大きく減少し，決済リスクが懸念される場合には資金調達を行うことになります。資金調

図表3-4　　　　　年間資金繰り計画・資金調達計画の例

(単位：億円)

	4月	5月	6月	7月	8月	9月	10月	11月	12月	1月	2月	3月	累計／月末残
前月繰越預金残（A）	30	32	32	21	24	23	25	26	24	32	32	30	
営業収入	10	10	11	11	11	12	12	12	14	14	16	16	149
営業支払い	7	7	21	10	10	10	10	11	16	14	16	16	148
営業収支（B）	3	3	-10	1	1	2	2	1	-2	0	0	0	1
CMS入金	5	5	5	5	3	3	3	3	4	4	4	4	48
CMS支払い	6	6	6	3	3	3	4	4	4	4	4	4	51
CMS収支（C）	-1	-1	-1	2	0	0	-1	-1	0	0	0	0	-3
投資資産売却	0	0	0	0	0	0	0	0	0	0	0	0	0
投資資産取得	0	0	20	0	0	0	20	0	10	0	0	0	50
投資収支（D）	0	0	-20	0	0	0	-20	0	-10	0	0	0	-50
短期借入金	0	0	0	3	3	5	5	5	8	7	7	8	51
短期借入金返済	0	0	0	3	3	5	5	5	8	7	7	8	51
長期借入金	0	0	20	0	0	0	20	0	40	0	0	0	80
長期借入金返済	0	2	0	0	2	0	0	2	20	0	2	0	28
財務収支（E）	0	-2	20	0	-2	0	20	-2	20	0	-2	0	52
収支合計（F）B+C+D+E	2	0	-11	3	-1	2	1	-2	8	0	-2	0	0
月末預金残（G）A+F	32	32	21	24	23	25	26	24	32	32	30	30	30
月末借入残（H）前月末残+E	100	98	118	118	116	116	136	134	154	154	152	152	152

達計画の策定にあたっては，担当者だけでなく，CEO や CFO と情報を共有する必要があります。

　資金調達計画の策定では，資金調達を短期借入と長期借入に分けます。銀行借入の内容については後で説明しますが，1年未満の借入を短期借入，1年以上の借入を長期借入としています。短期借入については，経費や人件費の支払いが売上代金の入金よりも先行し，一時的に預金残高が適正水準を下回るような場合に利用します。資金調達の方法としては，当座借越やコミットメントラインなど，借入枠の範囲で機動的に調達や返済を行うことができるものが望ましいでしょう。なお，短期借入は，原則月末までに返済する予定にしていますが，資金繰りに応じて借入額や返済を機動的に見直すことになります。また，長期借入については，預金残高が恒常的に適正水準を下回る場合や，設備投資資金の支払いが見込まれている場合に利用します。前者を「長期運転資金」，後者を「設備資金」といいます。資金調達の方法としては証書借入で，かつ約定弁済（定期的な元本の返済）を行うことを想定しています。

　図表3-4では6月と10月にそれぞれ20億円，そして12月に40億円の長期借入を行うこととしています。前者は投資資金のための資金調達，後者は設備資金と，資金不足を解消し，預金残高を維持するための長期運転資金です。また，既存借入の約定弁済として3カ月に1回，2億円を返済しなくてはいけませんが，これについてもあらかじめ長期借入金返済の欄に記載しています。

　資金計画の妥当性については，財務収支を含めて月末の預金残高と借入残高がどのように推移するかを検証することが大事です。図表3-4では，預金残高が約20億円から30億円（売上の2カ月～3カ月分）で推移しています。もし，預金残高の適正水準から見て6月から11月の預金残高に懸念があるというような判断をすれば，12月の資金借入を前倒しして6月に実行するという判断もあるかもしれません。

　また，年度末の借入残高は投資資金に対応する借入を行ったことで152億円と期初の100億円に比べて1.5倍増加しています。これが許容できるかどうかについても吟味する必要があるでしょう。50億円の設備投資によって生産能力が向上するとしても，有利子負債の増加によって財務の健全性が損なわれるという判断がある場合には，投資を先送りするという判断もあるでしょう。いずれ

にせよ，資金繰り計画表の中身を動かしながら幾通りかのシミュレーションを行い，借入計画を見直していきます。

　このように，資金繰りは資金調達の判断において最も重要な要素ですが，資金調達の可否については資金繰り以外の要因，例えば，金利や担保・保証の有無といった借入条件，銀行の融資対応の状況，競合他社の財務戦略などを総合的に勘案する必要があります。想定よりも高い借入金利水準が銀行から提示された場合，銀行は自社の信用状況に懸念を抱いているのか，もしくは，与信枠の限度に近づいているのかといった可能性が考えられます。いずれにせよ，銀行担当者としっかりコミュニケーションを取りながら，銀行の見方を確認する必要があります。また，競合他社が有利子負債を圧縮し，財務体力の温存に動いているような場合には，自社も戦略的に財務体力を重視せざるを得ないかもしれません。資金調達の可否については，このように総合的な視点から検討していきます。

⑹　資金繰りから見える企業の現状

　資金繰り担当者はこのような資金繰りに関する計画策定，フォローアップ，資金調達計画策定を通じて，企業が置かれている現状について最も早く情報を得られる立場にいます。資金繰り管理を単なる機械的な作業として捉えるのではなく，資金繰りの確認を通じて，資金の流れに異常値を見つけたら，即座に事実確認を行うとともに，CEO や CFO に報告・連絡することも重要な任務です。そのような観点から，本節では資金繰り表の実践的な活用方法について考えてみましょう。

　特に留意すべきことは，資金繰りの計画と実績の乖離幅が大きいケースです。計画時点で想定していた状況よりも実際には悪化しているケースや，逆に良化していることなどが時々起こります。良化している場合はそれでよいのですが，悪化している場合には，その裏側に企業にとって致命傷になるような問題が隠れていることがあります。

　例えば，営業回収金の入金が計画よりも遅れている場合，売上そのものが計画に達していない場合や，売上は計画通りに進んでいても売掛期間が長期化し

図表 3-5　　　　　資金繰り表における計画と実績の乖離とその原因

計画と実績の乖離の内容	考えられる原因
【営業収支】 営業回収金の入金が計画よりも遅い	・売上が計画に達していない ・売掛期間が長期化している
【営業収支】 経費支払いが計画よりも多い	・計画に盛り込まれていない支払いが発生している ・統括会社の支払いに関する不正が疑われる
【CMS 収支】 子会社への計画以上の資金配分増	・子会社の業況が悪化している ・子会社で支払いに関する不正が疑われる
【投資収支】 投資資金の支払い遅れ	・投資が計画通りに進んでいない ・投資計画の前提が変わっている

　ている場合などが考えられます。どちらも利益計画に影響を及ぼす問題ですが，後者の場合について特に注意が必要です。売掛期間の長期化の裏側には，販売先の資金繰りに問題が起きているケースや，逆に自社の製品に対する信用力が低下していることに起因する場合などがあります。これを放置しておくと，円滑な企業活動を行ううえで支障をきたすことがあり得ます。このような事実を認識した段階で，早期に内容のチェックを行うことが必要です（**図表3-5**）。

　また，支払いが計画対比で増えている場合も，注意が必要です。支払い増が統括会社で発生している場合には営業収支が悪化しますが，子会社で支払い増が発生している場合には CMS 収支が悪化します。このうち，特に気を付けなくてはいけないのは，子会社で計画以上に支払いが増えているケースです。子会社の支払超過による資金不足は CMS 口座を通じた資金配分によって埋め合わせますので，CMS 収支を見れば統括会社は即座に状況を把握することができます。このような懸念を抱いた場合には，すぐに当該子会社に確認する必要があります。支払い増は不正に関係している場合があることから，コンプライアンスの観点からも留意すべきです。特に，統括会社によるグリップの効きにくい子会社ほど，このようなチェックは大事です。

　投資収支において計画と実績に乖離が発生している場合は，投資計画の遅れ

や，計画そのものの前提が変わっているケースが考えられます。投資計画は取締役会で承認を受けるケースが多いだけに，投資計画の遅れや見直しの必要性は改めて取締役会に諮る必要がありますので，常識的にこのようなケースが放置されることは考えにくいのですが，資金繰り担当者はよく見ておく必要があります。投資資金の支払いが遅れるケースとしては，投資対象である機械や設備のメーカー見積もりが企業と折り合わないような場合が考えられます。投資資金を借入で賄うことになっている場合には，資金調達計画にも影響するだけに，担当部署とコンタクトをして，状況を確認しておく必要があります。

　このように，資金繰りの計画値と実績値との乖離には，さまざまな問題が隠れていることがありますので，資金繰り担当者はこの点を意識して，しっかりと見ておく必要があります。そして，乖離を認識した場合には，担当部や子会社と連携しながら，その原因を確認することが必要です。

👀【取引銀行の視点】

　銀行は，資金繰りをしっかり管理している企業には信頼感を持つことができます。例えば，銀行が企業に融資を行う場合，審査部の承認を必要としますが，その際に企業から年間資金計画や資金調達計画を銀行に事前に説明してもらえれば，銀行も社内決裁を早めに完了することができます。その意味で，銀行にとって企業の資金繰り表は社内の管理資料以上の重要性があると考えます。

　銀行が融資案件を審査する場合，「資金調達の妥当性」と「返済の可能性」の2点を重視します。運転資金についていえば，資金調達の妥当性は資金繰りの中でその事由を確認することができます。いつ資金が不足して，いくら資金を調達すれば預金残高が適正水準を維持できるか，といった情報は資金繰り計画の中で説明することができます。また，返済の可能性については，資金繰りから借入をどのタイミングで返済するかを確認することができます。さらに，運転資金については，収支ズレ，すなわち売掛期間と買掛期間の差にも注目します。長期運転資金は，収支ズレに見合った借入額になっているかどうかを貸借対照表で検証します。

　銀行は年間資金繰り計画や資金調達計画について企業と十分な情報共有を行い，また，状況の変化に応じてそれらをアップデートして情報を知らせてほしいと考えています。

第4章
財務諸表を読む1：
貸借対照表・損益計算書

(1) 財務諸表とは

　これまで財務部の実務について説明してきましたが，財務部の担当者が業務を円滑に遂行するためには，基礎的な会計に関する知識を身に付けておく必要があります。そこで，第4章と第5章では財務諸表の基礎について学びます。

　財務諸表とは，企業における期末時点の資産や負債の状況，また，会計期間の利益状況や資金の流れを示す書類のことで，金融商品取引法によって企業は作成が義務づけられています（金融商品取引法は株式を上場している企業が対象で，それ以外の企業は会社法に基づき「計算書類」を作成します）。このうち，期末時点の資産・負債・純資産の残高を示すものを「貸借対照表（Balance Sheet）」といい，それぞれの費目ごとの残高を記載します。その意味で貸借対照表は「ストックベースの集計表」といえます。また，会計期間の利益状況を示すものを「損益計算書（Profit and Loss Statement）」といい，企業の利益がどのように計上されたかを記載します。損益計算書は「フローベースの集計表」です。さらに，会計期間の資金の流れを示すものを「キャッシュフロー計算書（Cash Flow Statement）」といい，企業のキャッシュフローを確認することができます。この3つを「財務3表」といいますが，財務3表は相互に繋っていて，それらを総合的に見ることによって，企業の実態を定量的に把握することができます。

　すべての取引に関して，経理部は簿記のルールに則って仕訳を行い，記帳します。そして，その結果を集計することで財務諸表が出来上がります。財務諸

表の仕組みを詳しく知るためには会計や複式簿記の知識が必要ですが，財務部の担当者は財務諸表の基本的な仕組みを押さえておくことで業務を遂行することはできます。

　本章では財務３表のうち，貸借対照表と損益計算書について説明します。

(2)　貸借対照表とは

　貸借対照表とは，期末時点の資産・負債・純資産の残高を示すものです（**図表４−１**）。貸借対照表の左側が資産残高，右側が負債残高と純資産を示していて，左側の資産残高の合計と右側の負債・純資産の残高は常に一致します。貸借対照表を見ることで，企業がどのように資金を調達し（貸借対照表の右側），その資金をどのように使っているか（貸借対照表の左側）を把握することができます。

　貸借対照表の右側に注目すると，企業がどのように資金を調達したのかがわかります。負債は１年以内に返済する必要がある「流動負債」と，１年超で返済すればよい「固定負債」に分かれます。また，純資産は株主による出資や利益による蓄えで，企業は自由に使うことができます。このため，純資産額が大きいほど企業の財務体力は安定しているといえます。

　一方，貸借対照表の左側に注目すると，企業が調達した資金をどのように使っているかがわかります。「流動資産」は１年以内に現金化する資産で，棚卸資産や売掛金などが該当します。「固定資産」は有形固定資産や無形固定資産など，長い期間保有し続ける資産です。貸借対照表の左側を見ることで，企業が保有している資産の中身がわかります。

　それでは，貸借対照表のそれぞれの項目について，その内容を見てみましょう。

①　流動資産
(a)　現金及び預金

　「現金及び預金」には，現金残高と預金残高の合計が記載されます。資金繰り管理で注目する預金残高は貸借対照表上この項目に該当します。売上代金を

| 図表 4 - 1 | | 貸借対照表の例 | |

(単位：百万円)

資産		負債・純資産	
流動資産		流動負債	
現金及び預金	300	買掛金	200
受取手形	50	支払手形	50
売掛金	300	短期借入金	50
棚卸資産	150	その他	10
その他	5	固定負債	
固定資産		社債	100
有形固定資産	150	長期借入金	100
無形固定資産	50	その他	
投資その他	5	負債合計	510
		資本金	200
		資本剰余金	200
		利益剰余金	100
		その他	
		純資産合計	500
資産合計	1,010	負債・純資産合計	1,010

回収すれば現預金は増加し，経費や人件費を支払えば現預金は減少します。また，銀行から資金を借り入れれば現預金が一時的に増加しますが，その資金で工場設備や原材料を買えば，現預金は減少し，その分固定資産や棚卸資産に振り替えられます。

(b)　受取手形

　「受取手形」には，販売先が販売代金を将来のある期日に支払うことを約束した手形（約束手形）の金額が記載されます。企業と販売先の合意に基づいて，代金回収が猶予されます。手形期間が２カ月であれば，手形振出から２カ月後に企業は資金を受け取ります。手形期間は企業と販売先の力関係によって決められるケースが多いようですが，企業はなるべく早く現金を受け取りたいと考えるでしょう。

(c)　売掛金

　「売掛金」には，商品を販売しても資金を回収していない金額が記載されます。売掛期間後に売上代金が入金されれば，売掛金は消されて現預金が増えます。また，売掛期間後に受取手形を受領すれば，売掛金は消され受取手形が増えます。後者のケースでは，売掛期間と手形期間の合計が代金回収期間になりますので，企業はその間，資金を回収できない状態が続きます。企業は受取手形と同様に，売掛金を圧縮して，早く現金化したいと考えるでしょう。

(d)　棚卸資産

　「棚卸資産」には，企業が販売目的に貯蔵している商品や原材料の金額が記載されます。いわゆる「在庫」のことです。企業が，原材料を仕入れ，商品を製造し，販売するまでにはある程度の期間を必要とします。このように，売れていない製品や原材料を棚卸資産として計上します。但し，在庫として計上されている期間が長くなると，その在庫が「不良在庫」ではないかと懸念される場合があります。このため，棚卸資産の残高については月商対比でどの程度あるのかを常に注意して見ておく必要があります。

②　固定資産

(a)　有形固定資産

　「有形固定資産」には，企業が保有する有形固定資産の金額が記載されます。主に，土地，建物，機械設備などですが，土地を除く固定資産については，取得価格から毎期経済価値の目減り分を「減価償却」として差し引きます。減価償却は費用として計上されますが，実際には現金の支出を伴わない費用ですので，キャッシュフローの計算ではこの分について調整を行います。

(b)　無形固定資産

　「無形固定資産」には，企業が保有する無形資産の金額が記載されます。主に，営業権，特許権，意匠権，ソフトウェアなどですが，無形固定資産も有形固定資産と同様に償却資産として毎期経済価値の目減り分を減価償却します。但し，固定資産は当初見込んでいたほどキャッシュフローの創出に寄与しない

と見なされれば，償却完了前であっても資産価値を引き下げることがあります。これを「減損」といいます。減損は損失として計上されますので，固定資産を計上する際には資産の収益性についてしっかりと検討する必要があります。

③　流動負債

　流動負債とは，1年以内に返済しなくてはいけない負債のことです。このうち，買掛金は売掛金の逆，支払手形は受取手形の逆で，ともに支払いを猶予されているものです。なお，営業に関連したこのような負債はたとえ長期のものであっても流動負債に記載されます。また，短期借入金は銀行等から借り入れた1年以内の債務を指しますが，長期借入金でも1年以内に返済しなくてはいけない借入の元本部分は短期借入金に計上されます。

④　固定負債

　固定負債とは，1年を超えて返済する負債のことです。期間1年超の社債や銀行借入は固定負債に計上しますが，前述のように，返済まで1年を切った長期負債の元本部分は流動負債に計上されます。

⑤　純資産

　純資産はかつて「自己資本」と呼ばれていたもので，返済の義務を負わない安定的な資金です。純資産は主に，資本金，資本剰余金，利益剰余金の3つからなります。資本金とは，株主が出資した資金のうち資本金に組み入れられたものを指します。資本剰余金とは，株主が出資した資金のうち，資本金に組み入れられなかったものを指しますが，資本金とはそれほど大きく性格が異なるものではありません[6]。利益剰余金とは，企業の利益（当期純利益）のうち，株主への配当や役員賞与など外部流出を除いた分を累積しておく項目です。いわゆる「内部留保」と呼ばれるものです。企業は株主からの出資や，利益によって純資産を増加させることができます。純資産の厚い企業は財務的に安定

6　資本金を取り崩す場合には株主総会の特別決議が必要ですが，資本準備金は比較的容易に取り崩すことができます。

していると見られます。

(3)　損益計算書とは

　損益計算書とは，会計期間の企業の利益を示すものです。利益の基本的な構図は「収益－費用」ですが，企業の収益は，売上，利息収入，本業以外の事業からもたらされた収益などさまざまな種類のものがあります。また，費用についても，本業に直結する支払い（生産のための原材料の仕入れ等）や，企業を維持するには欠かせない支払い（従業員の福利厚生費等）など，こちらもさまざまな内容があります。そのため，利益をいくつかの段階に分けて把握する必要があります。それを把握するための資料が損益計算書です。損益計算書の例は**図表 4 - 2** の通りです。

図表 4 - 2　　　　　　　　　　損益計算書の例

（単位：百万円）

項目	金額	備考
売上高（a）	3,300	その期の売上高の合計
売上原価（b）	2,500	売上を計上するための原材料の仕入れなど
売上総利益（c=a-b）	800	売上総利益は粗利や粗利益ともいう
販売費及び一般管理費（d）	650	営業活動にかかる間接経費など
営業利益（e=c-d）	150	営業利益は通常の取引に基づいて得られた利益
営業外収益（f）	10	本業以外の収益（受取利息等）
営業外費用（g）	13	本業以外の費用（支払利息等）
経常利益（h=e+f-g）	147	経常利益は企業の総合的な利益
特別利益（i）	1	当該事業年度固有の利益（土地売却益など）
特別損失（j）	4	当該事業年度固有の損失（リストラ費用など）
税引前当期純利益（k=h+i-j）	144	税引前の最終的な利益
法人税等（l）	41	当該期の利益にかかる法人税など
当期純利益（m=k-l）	103	税引後の最終的な利益

①　売上総利益

　売上総利益は，売上高から売上原価を引いたものです。売上高とは営業活動の対価として得た収益です。自社の商品やサービスを販売した場合，それが売上高となります。これに対して，商品やサービスを売るために直接支払った費用が売上原価です。例えば，製造業であれば原材料の仕入れや製造のための人件費，工場の減価償却費等が含まれます。また，卸売業であれば，販売する製品を仕入れるために支払った費用などがこれに該当します。そして，売上から売上原価を差し引いたものが売上総利益です。売上総利益は一般的に「粗利」，もしくは「粗利益」と呼ばれます。

②　営業利益

　営業利益は，売上総利益から「販売費及び一般管理費」を引いたものです。販売費及び管理費は「販管費」とも呼ばれます。製造業であれば，製造にかかる直接的な経費は売上原価ですが，営業のための人件費や間接部門の経費，福利厚生費等は販管費となります。売上総利益から販管費を引いた営業利益は，本業による利益を表します。

③　経常利益

　経常利益は，営業利益に「営業外収益」を加え，「営業外費用」を差し引いたものです。営業外収益や営業外費用は本業以外の収益や費用を計上する項目で，営業外収益は主に受取利息，営業外費用には主に借入金にかかる支払利息や手数料が該当します。例えば，営業利益が黒字であっても，借入金が大きい企業は支払利息が大きく，経常利益が赤字になることがあります。この意味で，経常利益は企業の総合的な利益を表します。

④　税引前当期純利益

　税引前当期純利益は，経常利益に「特別利益」を加え，「特別損失」を差し引いたものです。特別利益や特別損失は，その会計期間固有の利益や損失のことで，例えば，土地や建物を売却して単年度限りの利益を得た場合は特別利益になりますし，リストラ費用として割増退職金を支払うような場合は特別損失

となります。このように，税引前当期純利益は当該期の法人税等を差し引く前の利益です。但し，税引前当期純利益に税率をかけて納税額を計算するわけではありません。法人税の対象となる課税所得は会計上の利益ではなく，税法上の所得金額である「益金－損金」となります。益金と損金は会計上の利益と費用に税法上の調整を行って計算します。

⑤　当期純利益

　当期純利益は，税引前当期純利益から法人税等を差し引いたものです。法人税等とは，法人税のほかに住民税と事業税を含みます。当期純利益は当該年度の税金を支払って，企業として自由に使うことができる最終的な利益です。当期純利益から株主への配当金を支払うことになるので，株主にとっては当該期にどれだけの当期純利益を計上したかが最大の関心事です。

(4)　貸借対照表と損益計算書の繋がり

　この章の冒頭で，「すべての企業取引に関して，経理部は簿記のルールに則って伝票を仕訳し，記帳し，その結果を集計して財務諸表をまとめる」といいました。ここでいう簿記のルールとは「複式簿記」のことです。本節では，複式簿記の基本を見ながら，貸借対照表と損益計算書の関係を学びます。

　既に見たように，貸借対照表は，資産，負債，純資産の3つの要素で構成され，損益計算書は，収益，費用という2つの要素で構成されます。この合計5つの構成要素に基づいてすべての企業取引を分解します。企業取引の分解では，すべての取引をこの5つの構成要素に当てはめ，その増減を2つの組み合わせで表現します。これが複式簿記の基本です。

　例えば，売掛金を現金で回収する場合，現金が増え（資産の増加），売掛金が減少します（資産の減少）。仕入先から商品を掛で購入すれば，仕入れが発生し（費用の発生），買掛金が増加します（負債の増加）。普通預金から広告宣伝費を支払えば，普通預金が減り（資産の減少），広告宣伝費が発生します（費用の発生）。この組み合わせには13通りあり（**図表4-3**），これに基づいて取引を分解することを「仕訳」といいます。

図表4-3　　　　企業取引に関する13の分解パターン

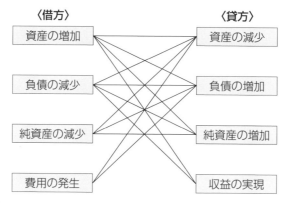

（資料）久野（2012）35頁の図をもとに作成

　この仕訳では，分解したものを右側と左側に分けて記載します。右側を「貸方」，左側を「借方」といいますが，負債，純資産の増加と収益の実現は貸方に記載し，負債と純資産の減少は借方に記載します。また，資産の増加と費用の発生は借方に記載し，資産の減少は貸方に記載します。先程の例に沿って，仕訳の内容を見てみましょう。例えば，自社製品を100,000円売り上げ，販売代金を普通預金に入金したとします。その場合，借方は普通預金が100,000円（資産の増加），貸方は売上高が100,000円（収益の実現）となります。

　このように仕訳した個別取引を，会計期間にわたって記帳し，集計していきます。集計にあたって，5つの要素には定位置があります。借方には資産と費用，貸方には負債，純資産と収益です。

　集計のスタートポイントは資産，負債，純資産の期首残高です。そして，それに期中に発生した仕訳結果を合算していきますが，仕訳において定位置と反対側に位置した場合（例えば，資産の減少で貸方に分類された場合），それまでの残高を取り崩します。このようにして，期末まで仕訳結果を集計していきます（**図表4-4**）。

　会計期間中の取引を合算し，最後に貸借対照表と損益計算書を確定させることを「決算」といいます。決算作業には，さまざまな工程があり，経理部が最

図表 4 - 4　　　　　　　　　　　仕訳結果の集計

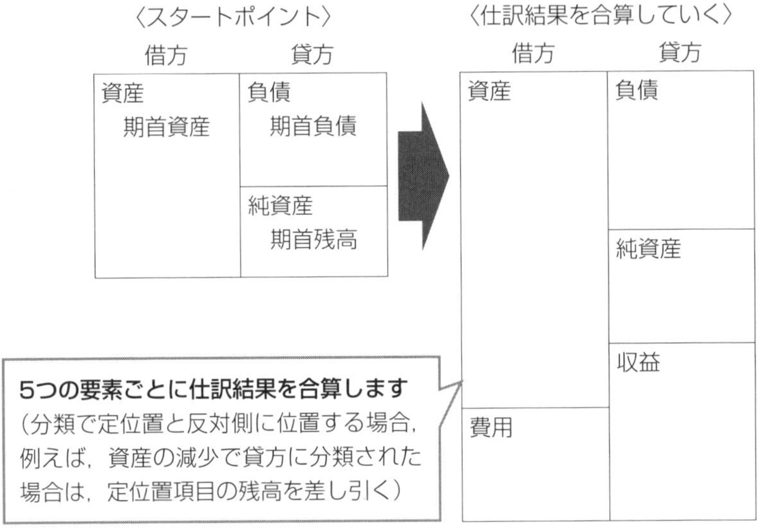

〈スタートポイント〉　　　　　　〈仕訳結果を合算していく〉
　　借方　　　　貸方　　　　　　　借方　　　　貸方

資産	負債
期首資産	期首負債
	純資産
	期首残高

借方	貸方
資産	負債
	純資産
	収益
費用	

5つの要素ごとに仕訳結果を合算します
（分類で定位置と反対側に位置する場合，
例えば，資産の減少で貸方に分類された
場合は，定位置項目の残高を差し引く）

　も神経を使います。**図表 4 - 5** は集計結果から貸借対照表と損益計算書を確定
させる概念図です。集計のスタートポイントは期首の資産と負債・純資産の残
高ですので，両者はバランスしています。また，会計期間中の個別の仕訳も，
借方・貸方は複式簿記の原理に従ってバランスしています。したがって，集計
結果もおのずとバランスします。そして，集計結果から貸借対照表を確定する
ために，純資産に会計期間の純利益を組み入れます。そうすることで，貸借対
照表が確定します。

　このようなプロセスを見ることによって，貸借対照表と損益計算書の繋がり
を理解することができます。損益計算書の純利益が貸借対照表の期末純資産に
含まれることによって，貸借対照表は貸方と借方がバランスします。言葉を換
えれば，純利益を通じて貸借対照表と損益計算書は繋っているのです。

　本章の冒頭で，貸借対照表を見れば，企業がどのように資金を調達し（貸借
対照表の貸方），その資金をどのように使ったのか（貸借対照表の借方）がわ
かると説明しました。上記の貸借対照表作成のプロセスを見ると，資金の調達

図表4-5	決算による貸借対照表，損益計算書の確定

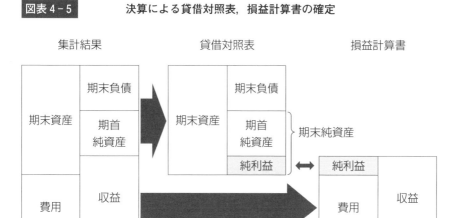

（資料）久野（2016）35頁の図をもとに作成

方法については，銀行借入などの負債による資金調達，増資による資本金や資本準備金による資金調達に加えて，純利益による資金調達という3つのやり方があることがわかります。恒常的に純利益が黒字の企業は純資産がどんどん厚くなります。そして，そのようにして増えた利益（内部留保）を使って設備投資など，将来の生産能力増強のための投資を増やすことができます。このような企業は強い財務体質を持った企業といえます。しかし，赤字額の累計が資本金と資本剰余金の合計を上回ってしまい，期末純資産がマイナスになってしまうことがあります。これを「債務超過」といいます。債務超過の企業は財務体質がぜい弱な企業です。

　債務超過は企業倒産の兆候といわれます。しかし，債務超過の企業が必ず倒産するというわけではありません。銀行がしっかりと支援し，また，株主も安定的に株式を保有し続けることが見込まれれば，企業は倒産せずに通常通り業務を繰り回すことができます。ただ，その場合でも債務超過は早急に解消すべきです。そして，そのための方法は2つしかありません。1つは企業がしっかりと利益を生み出すことができる体質となり，利益剰余金のマイナスを消し去ることです。そしてもう1つは，株主から追加で出資を仰ぎ，債務超過を解消

して純資産をプラスにすることです。但し，債務超過というのは，現状の段階で企業を清算しても株主の取り分は何も残らないという状況ですので，株主も追加出資に不安を感じるでしょう。そうなると，現実的な解決方法はやはり稼ぐ力の回復ということになります。

⑸　貸借対照表と損益計算書について留意すべきポイント

　財務部が貸借対照表で最も注目する項目は現預金の動向です。現預金が増えているのか，減っているのかは資金繰り管理の中で把握できますが，その要因を貸借対照表や損益計算書から読み解くことができます。

　例えば，現預金が増加している要因が借入金の増加に起因しているとします。その場合，設備投資のために借り入れた資金が設備の購入に充当されないまま期を越えてしまっているかもしれません。通常，新しく機械を購入するために借入を行えば，貸方で長期借入金が増加し，借方には有形固定資産の機械の勘定にその分が計上されます（ただし，有形固定資産は減価償却費が費用として計上され，取得原価から減価償却累計額が差し引かれたものが貸借対照表上の資産に計上されます）。しかし，機械設備等の購入が遅れ，借入金が預金に滞留している場合には現預金が増加することになります。このような現預金の増加は余計な支払利息を負担することになりますので，好ましい状況ではありません（図表4-6）。

　また，運転資金のために行った借入で現預金が増加した場合，借入額の妥当性については貸借対照表で確認しておく必要があります。ここで，運転資金は貸借対照表にどのように表れるかを見てみましょう。前章で見たように，製造業企業では，原材料を仕入れ，その原材料をもとに自社製品を製造し，完成した製品を一時的に在庫として保有し，製品を販売し，売上代金を回収するという流れです。運転資金は，売上代金を回収する前に原材料の仕入れ代金を支払わなくてはいけないとき，それを用立てるための資金です。

　それでは，運転資金はどれだけ必要でしょうか。それは，売上代金として今後回収できる金額から原材料等で今後支払うべき金額を差し引いたものに相当します。言い換えれば，入金を待っている金額が支払いを猶予してもらってい

図表 4 - 6	機械購入のために借入を行うケース

〈借入金が現預金に滞留している場合〉

資産		負債	
現預金	100	借入金	100
		純資産	
		収益	
費用			

〈借入金で即座に機械を購入した場合〉

資産		負債	
		借入金	100
機械	80		
		純資産	
		収益	
費用			
減価償却費	20		

る金額を上回っていれば，その差額分を企業は借入で工面しなくてはなりません。それが運転資金です。その関係を示したものが**図表 4 - 7** です。

　図表 4 - 7 の通り，運転資金は貸借対照表上，「売上債権＋棚卸資産－仕入債務」で表すことができます。そして，運転資金相当額を通常は借入金で賄いますので，売上債権と棚卸資産の合計値は，仕入債務と短期借入金とバランスします。しかし，もしこの例のように，本当は運転資金の借入が30で十分だったのに40借りた場合には，運転資金を上回る10が現預金に計上されます。ということは，40の借入のうち10は不要な借入ということになります。このような形で現預金が増えていないかということについても十分な検証が必要です。

　運転資金は企業の生産・営業活動によって常に変化します。例えば，業績が好調で売上が増加している企業であれば，売上が増加する分，売上債権や棚卸資産は増加します。当然，その分に見合って仕入債務も増加しますが，通常は運転資金は増加します。このような運転資金の増加分を「増加運転資金」といいます。例えば，上記の例で売上の増加を見込んで借入を40にした場合であっても，借入額の決定においては不要な借入を極力圧縮する必要があります。

　また，増加運転資金が発生する理由は売上の増加という前向きなものだけではなく，例えば売掛金の回収期間が長期化している場合や，在庫が不良化して棚卸資産の残高が増加している場合など，問題を含んでいるケースも考えられます。

図表 4-7　　　　　　　　　　　運転資金の必要額

●売上代金の入金を待っているもの　　　　　　　売掛金 ⎫
　　　　　　　　　　　　　　　　　　　　　　　受取手形 ⎬ 売上債権
　　　　　　　　　　　　　　　　　　　　　　　在庫　 → 棚卸資産

●仕入代金の支払いを猶予してもらっているもの　買掛金 ⎫
　　　　　　　　　　　　　　　　　　　　　　　支払手形 ⎬ 仕入債務

運転資金 ＝ 売上債権 ＋ 棚卸資産 － 仕入債務

※　もしこの状況で短期借入金を 40 としていたら，現預金が追加で 10 計上される。

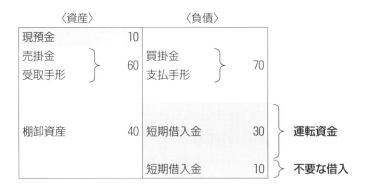

このため，運転資金に関する検証は財務部としても慎重に行う必要があります。

◉◉【取引銀行の視点】

　銀行が企業と貸出の交渉を進めるにあたって，必ず貸借対照表と損益計算書をベースに「資金調達の妥当性」と「返済の可能性」を検討します。前章では，これらを資金繰り表から確認するといいましたが，最終的には財務諸表による確認を行います。というのも，財務諸表は企業の実体を正確に表す公式な書類ですし，定量的な分析を行うために，銀行は財務諸表での検証を重視します。例えば，運転資金の貸出については，売上債権，棚卸資産，仕入債務の状況を確認しながら，運転資金の妥当性を検証します。売上増に伴う増加運転資金であれば，貸出審査のハードルは高くはありません。しかし，ネガティブな要因による運転資金，例えば，商品が売れずに在庫期間が長くなっているケース，販売先からの代金回収の期間が長期化しているケース，原材料の支払条件が厳しくなって仕入債務が圧縮しているケースなどによる増加運転資金に関しては，審査のハードルも当然ながら高くなります。このような運転資金の申し出があった場合，やはり銀行としても企業の事業継続性を注視することになります。

　銀行の融資決裁の流れに関しては，まずは支店や部店内で融資の可否を判断します。その際，銀行としては貸借対照表から企業の財務体力を検証しますが，損益計算書から企業の利益状況を見ます。企業がしっかりと本業で利益を計上しているか，利益を継続して計上しているか，などのポイントを検証します。これらの情報から銀行は融資を行うべきかどうかについての検討を行います。銀行が把握したいと考える企業の信用力についても，財務諸表からかなりの程度，正確に読み取れると考えています。

　運転資金の融資では金額が小さい場合や期間の短い融資案件の場合であれば，企業の信用力に問題がない限り，基本的に銀行は前向きに融資を行います。一方，金額が大きい場合や期間が長い場合，およびネガティブな事由による借入の場合には，融資の可否を銀行の審査部や役員が慎重に検討したうえで決裁するようなケースもあります。その場合，検証の精度を引き上げ，例えば，現状の貸借対照表や損益計算書に加え，企業の事業計画などを踏まえて３年後や５年後の予測値を検討することもあります。

　このように，銀行が融資の可否を検討する場合では，極力定量的な検証を行います。銀行は融資案件を巡って企業の財務部の担当者とひざ詰めで議論し，相談することになります。その際に企業の担当者にも財務諸表や会計の基礎的な知識を持っていてもらいたいと思います。そうすれば，銀行も企業と同じ目線でディスカッションをすることができますし，結論を早く導くことができます。銀行は財務部の担当者には財務のプロとしての知見を期待しています。

第5章
財務諸表を読む2：
キャッシュフロー計算書

⑴　キャッシュフローとは

　キャッシュフローとは，企業における資金の流れのことです。すなわち，どのような資金が企業に入金され，どのような資金を企業が支払ったかということです。キャッシュフローの中で，入金のことを「キャッシュ・イン」といい，支払いのことを「キャッシュ・アウト」といいます。

　通常，企業の現預金はそれほど大きく増えたり減ったりはしません。なぜなら，現預金が少なくなれば，企業は銀行借入で不足分を補うでしょうし，多くなれば従業員の福利厚生や借入金の返済に余剰資金を充てるかもしれません。現預金は最もコントロールしやすい項目ですので，このような調整が行われた後の現預金の増減だけを見ても，企業の実態を把握することは難しいでしょう。

　しかし，キャッシュフローの中身をよく見れば，企業の実態はかなり明確になります。例えば，本業の利益が増えれば，キャッシュ・インは増えます。将来の生産力増強のために設備投資を行えば，キャッシュ・アウトが増えます。銀行から借入を行えば，キャッシュ・インが増えます。このように，企業活動ごとに，その中で資金がどのように流れたかを確認できれば，企業の動きは明らかになります。

　これまで，企業の実態は損益計算書からわかる利益状況や，貸借対照表からわかる財務体力を見てきました。しかし，既に説明しましたが，会計上の利益には判断の入る余地があります。これに対して，キャッシュフローに恣意性はありません。このため，「利益は意見，キャッシュは事実」という言葉がある

ように，企業の実態把握を客観的に行うために，キャッシュフローを重視する
動きが強まっています。

　企業のキャッシュフローを把握するための資料が，財務3表のうちの
「キャッシュフロー計算書」です。資金の流れを管理する財務部としては，
キャッシュフロー計算書を読み解く力は必須です。本章ではキャッシュフロー
計算書の仕組みを学んでいきましょう。

(2)　キャッシュフロー計算書の構成

　キャッシュフロー計算書は3つの項目から構成されています。第1は「営業
キャッシュフロー（営業CF）」です。計算書の中では「営業活動によるキャッ
シュフロー」と記載されています。営業キャッシュフローとは，通常の営業活
動から生じるキャッシュフローのことで，基本的には売上や仕入れ，そしてそ
れに付随する支払いがここに反映されます。

　第2は「投資キャッシュフロー（投資CF）」です。計算書の中では「投資
活動によるキャッシュフロー」と記載されます。投資キャッシュフローとは，
企業が行う投資活動，例えば，設備投資や有価証券投資などで生じるキャッ
シュフローのことです。

　そして第3は「財務キャッシュフロー（財務CF）」です。計算書の中では
「財務活動によるキャッシュフロー」と記載されます。財務キャッシュフロー
とは，企業の財務活動，例えば，銀行借入や借入金の返済などで生じるキャッ
シュフローのことです。

　キャッシュフロー計算書の例は**図表5-1**の通りです。ここでは，キャッ
シュフロー計算書の内容について詳しく説明します。まず，営業キャッシュフ
ローですが，これは税引前当期純利益を出発点にして，いくつかの調整を加え
て計算します。税引前当期純利益はあくまで会計上の利益で，必ずしも現預金
の動きと連動しません。このため，会計上の利益を営業キャッシュフローに置
き換えるための調整が必要となります。このポイントは2つです。1つは会計
上の利益の中で資金の流出を伴わず，帳簿上だけで費用を計上しているものが
いくつかあります。その代表例が減価償却費です。減価償却費とは，設備や機

図表 5 - 1	キャッシュフロー計算書の例

（単位：百万円）

営業活動によるキャッシュフロー		
	税引前当期純利益	103
	減価償却費（+）	30
	その他の減損，引当金（+）	5
	受取利息及び受取配当金（−）	−10
	支払利息（+）	13
	売上債権の増加（−）	−35
	棚卸資産の増加（−）	−15
	仕入債務の増加（+）	25
	小計	**116**
	利息及び配当金の受取額（+）	10
	利息の支払額（−）	−13
	法人税等の支払額（−）	−41
	営業活動によるキャッシュフロー計	**72**
投資活動によるキャッシュフロー		
	有形固定資産取得による支出（−）	−20
	有形固定資産売却による収入（+）	
	投資有価証券取得による支出（−）	−5
	投資有価証券売却による収入（+）	
	投資活動によるキャッシュフロー計	**−25**
財務活動によるキャッシュフロー		
	短期借入による収入（+）	20
	短期借入の返済による支出（−）	−20
	長期借入による収入（+）	55
	長期借入の返済による支出（−）	−10
	社債発行による収入（+）	
	社債償還による支出（−）	
	自己株式取得による支出（−）	
	自己株式処分による収入（+）	
	配当金の支払い（−）	−5
	財務活動によるキャッシュフロー	**40**
現金及び現金同等物増減額		87
現金及び現金同等物期首残高		300
現金及び現金同等物期末残高		387

械などの有形固定資産について，経済的な耐用年数をもとに毎年の減耗分を費用として計上するものです。例えば，100百万円の機械を購入したとします。その機械の経済耐用年数が５年で，毎年均等償却をするとすれば，減価償却費は毎年20百万円となります。したがって，資金流出を伴わない減価償却費は営業キャッシュフローではプラスの調整を行います（なお，当期に設備投資を行っていれば，その取得原価分の資金が流出しますが，その分は投資キャッシュフローでカウントされます）。これ以外にも，将来に支出が見込まれるものに対しては引当金を計上します。例えば，賞与引当金や退職給与引当金などがこれに該当しますが，これらも同じ理由でプラス調整します。

　もう１つは，増加運転資金の調整です。利益が同じであっても運転資金が増加すればキャッシュ・アウトが発生します。したがって，運転資金の増加分はマイナス調整します。前章で見たように，運転資金の計算は，「売上債権＋棚卸資産－仕入債務」です。このため，その期の増加運転資金は，「売上債権の増加＋棚卸資産の増加－仕入債務の増加」となります。増加運転資金は実際に資金が流出しますが，会計上の利益には反映されません。このため，営業キャッシュフローの計算ではこの増加運転資金分をマイナス調整します。

　なお，営業キャッシュフローの項目を見ると，小計と合計に分かれています。これは，小計の中から「利息の受取額」，「利息の支払額」，「法人税の支払額」の３つを小計の外に出し，小計の部分をより営業活動に特化した形で数字を明確化するためのものです。このような調整を経て「営業キャッシュフロー」が計算されます。

　次に投資キャッシュフローです。例えば，企業が100百万円の機械を購入したとすると，会計上の利益には減価償却費の分が費用として計上されますが，キャッシュフローの観点では，機械購入のために支出する100百万円が資金流出になります。この分を反映させる項目が投資キャッシュフローです。投資の中で，有形固定資産への投資や有価証券の購入は，キャッシュ・アウトですが，損益には直接影響しません。このため，このような投資活動に関するキャッシュフローは，営業キャッシュフローとは別に管理します。なお，投資を行えばキャッシュ・アウトとなり符号はマイナスとなりますが，有形固定資産や有価証券を売却すればキャッシュ・インとなり符号はプラスとなります。そして，

投資に関するプラスとマイナスを合計したものが投資キャッシュフローです。

　最後に財務キャッシュフローです。営業活動や投資活動の結果，資金が不足すれば企業は借入や社債発行などで資金を調達しなくてはいけません。そのような財務活動の結果としてのキャッシュフローが財務キャッシュフローです。借入や社債を発行すれば資金が流入しますので，キャッシュフローの符号はプラスになります。一方，借入元本の一部返済や全額返済などを行えば，資金が流出することになりますので，キャッシュフローの符号はマイナスとなります。財務キャッシュフローは，営業キャッシュフローと投資キャッシュフローで生じた資金の過不足を調整するためのものです。

　このようにして作られた3つのキャッシュフローを合計したものが，「現金及び現金同等物の増減額」，すなわち現預金の増減額に等しくなります。そして，この増減額を期首の残高にプラス・マイナスすれば，期末の現預金残高に等しくなります。

⑶　フリーキャッシュフローとは

　営業キャッシュフローに投資キャッシュフローを足したものを，「フリーキャッシュフロー」といいます。このフリーキャッシュフローが何を意味するかについて説明します。

　営業キャッシュフローは営業活動の結果としてのキャッシュフローで，基本的には税引前当期利益を源泉とします。言い換えれば，営業活動によって獲得した資金のことです。営業キャッシュフローがプラスとなれば，企業はその資金を将来の生産や営業基盤の拡大に使うことができます。例えば，機械や設備などの投資に資金を回します。投資を行わず，既存の設備だけを使って生産することも可能ですが，それでは企業規模は拡大しません。また，既存の設備も時間の経過によって劣化しますので，更新する必要があります。通常，企業は新たな技術に対応するために設備を新設していきますので，マイナスの投資キャッシュフローは将来の生産・営業活動のために必要な支出といえます。

　このように，営業キャッシュフローと投資キャッシュフローを足したフリーキャッシュフローは，現在の営業活動に関わるキャッシュフローと将来の生産

能力に関わるキャッシュフローの合計ということです。フリーキャッシュフローがプラスであれば，利益から投資に資金を回してもおつりが出ている状態ですので，経営者はその資金を自由に使うことができます。経営者はフリーキャッシュフローを何に使うでしょうか。さらなる設備投資に資金を回して，将来の生産力をさらに高めることもできますし，株主により多くの配当を払うこともできます。借入を減らすことに資金を使うこともできます。このように，プラスのフリーキャッシュフローはまさに経営者にとって自由に使える資金であり，だから「フリー」なのです。言い換えれば，フリーキャッシュフローが多い企業は自由度の高い企業であるといえます。

　逆にフリーキャッシュフローがマイナスの企業はどうでしょう。フリーキャッシュフローがマイナスの場合，企業は将来の投資に資金を向けることができないばかりか，財務活動で資金を調達しないと通常の営業活動を維持できません。そのため，そのような企業の財務部は常に資金調達に注力しなくてはいけません。フリーキャッシュフローがマイナスの企業には，次の2つのパターンがあります。1つは営業キャッシュフローがマイナスになっている企業です。このような企業は将来のために投資を行う余裕がそもそもありません。財務部が頑張って資金を調達できれば単発の投資は可能でしょうが，継続的に投資を続けるには心もとないという状況です。このような企業は，利益を出せるように稼ぐ力の強化を目指すことになります。そしてもう1つは営業キャッシュフローがプラスでも，それ以上に投資に資金を回している企業です。このような企業は投資意欲旺盛な企業や，IT企業など競争の激しい業界で勝ち残りを目指す企業に多く見られます。このような企業は将来性を見越して，投資家や銀行も資金調達に応じるかもしれません。

(4)　企業の成長過程とキャッシュフロー

　フリーキャッシュフローは，その時々の企業を取り巻く環境に強く影響されますが，長期的に見ると企業の成長過程によって決まるという側面もあります。企業の成長ステージごとにキャッシュフローを表すと，**図表5-2**のようになります。但し，これは一般的なケースで，すべての企業がこのように推移して

図表 5-2		キャッシュフローと企業の成長過程			
ステージ	営業CF	投資CF	フリーCF	財務CF	銀行のスタンス
立ち上げ期	−	−	−	＋	銀行は貸出に消極的
	赤字だが投資意欲旺盛			投資家から調達	
成長期	＋	−	−	＋	銀行は徐々に安心して融資
	黒字化するが投資意欲も旺盛			借入で調達	
成熟期	＋	−	−⇒＋	＋⇒−	銀行は融資の返済に難色を示す
	黒字は維持するが投資は徐々に控えめ			借入を徐々に返済	
継続期	＋	−	＋⇒0	−⇒0	銀行は融資の返済を応諾
	利益は低位安定し投資は更新投資のみ			借入を返済	

いくというわけではありません。業歴の長い企業でも今なお意欲的に投資を行っている企業もあります。

　企業がスタートしたばかりの立ち上げ期では，黒字化するほどではありませんが，将来の営業基盤を確立するために必死に投資を行わないと生き残れません。このような状況では営業キャッシュフロー，投資キャッシュフロー，フリーキャッシュフローの3つともがマイナスとなります。立ち上げ期の企業は，ベンチャーファンドなどからの出資など，常に資金調達を繰り返しますので，財務キャッシュフローは恒常的にプラスになります。しかし，このような状況にある企業は，安定的に資金を調達しなくてはいけませんので，成長シナリオを銀行や投資家にアピールし続けます。一方，銀行は立ち上げ期の企業に対しては，融資した資金が確実に返済されるかを注意深く吟味しますので，銀行のスタンスも厳しいことが予想されます。

　企業が成長期に入ると，利益は上向きとなり，営業キャッシュフローはマイナスからプラスに転じます。しかし，それでも企業は引き続き将来のための投資を積極的に行いますので，投資キャッシュフローはマイナスで，フリーキャッシュフローもまだプラスにはなりません。このような状況でも企業は資金調達を行う必要がありますが，黒字化に伴って銀行の企業に対する見方も

徐々に信頼感を持ちつつある状況です。

　成熟期に入ると，企業は安定的に利益を計上することができますので，営業キャッシュフローもさらに拡大していきます。一方，企業は無理をしてリスクの高い投資を行う必要もなくなりますので，投資キャッシュフローのマイナス分は徐々に減少していきます。その結果，フリーキャッシュフローはマイナスからプラスになり，企業は資金繰りに余裕が出てきます。こうなると，企業は余剰資金を借入金の返済に充当しようとしますが，銀行はできればこのような企業には資金を長く借りてもらおうとしますので，返済には難色を示すかもしれません。

　最後に，成熟期から継続期に移ると，企業の利益は低位で安定するようになり，営業キャッシュフローも徐々に低下していきます。一方，投資も既存の設備の更新投資のみとなりますので，投資キャッシュフローもマイナスですが，低位で推移することになります。このため，フリーキャッシュフローのプラス分は徐々に減っていきます。

　このような，企業のライフサイクルとキャッシュフローの関係をイメージとした捉えたものが**図表5-3**です。このように，キャッシュフローの状況から，その企業がライフサイクル上のどこに位置しているかが概ね推測できます。但

図表5-3 **企業のライフサイクルとキャッシュフローの推移（イメージ）**

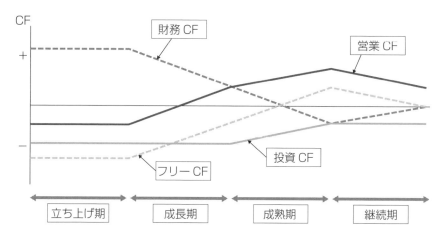

し，企業はどのようなライフスタイルの段階にあってもプラスのフリーキャッシュフローを確保し，経営の自由度を高めておきたいと考えるでしょう。そのような企業は成熟期を過ぎても事業意欲が旺盛です。本当の意味での優良企業とはこのような企業なのかもしれません。

(5)　財務3表の繋がりからわかること

　財務3表は，貸借対照表，損益計算書，キャッシュフロー計算書の3つで，それぞれがどのような内容のものかについては，前章と本章で学んできました。本節では，その3つがどのように繋っているかを整理しておきましょう。

　まず，キャッシュフロー計算書からは，企業の営業活動，投資活動，財務活動の結果として，その期の現預金の増減とその内訳がわかります。現預金の期末時点の残高は貸借対照表の現預金残高に等しくなります。

　また，貸借対照表の純資産項目にある利益剰余金は，損益計算書上の当期純利益の分だけ増加します（正確には当期純利益から配当金を支払った分が利益剰余金の純増額となります）。

　そして，損益計算書上の税引前当期純利益はキャッシュフロー計算書の営業キャッシュフローを計算する起点となっています。このように，財務3表はそれぞれ相互に繋っています。その関係を図示したものが**図表5-4**です。

　この財務3表の関係を見ることで，いろいろな発見があります。以下では，あまり良質でない新規の販売先を獲得したとき，企業にどのようなことが起きるかについて，数値例を用いて読み解いてみましょう。**図表5-5**を例に説明します。

　ある企業が大口の新規販売先を獲得して，売上を120伸ばしたとします。しかし，その新規販売先は売上代金をなかなか払ってくれません。その場合，財務3表にはどのような変化が現れるでしょうか。損益計算書では，売上が120増加し，原材料の仕入れなどを差し引いて税引前当期純利益は22，当期純利益は16増えます。これにより，貸借対照表では利益剰余金の増加によって純資産が16増えます。一方，貸借対照表の資産サイドでは，売上を計上してから売上代金を回収するまでの間，売掛金となります。売上代金回収が長期にわたり，

図表 5 - 4　　　　　　　　　　**財務 3 表の繋がり**

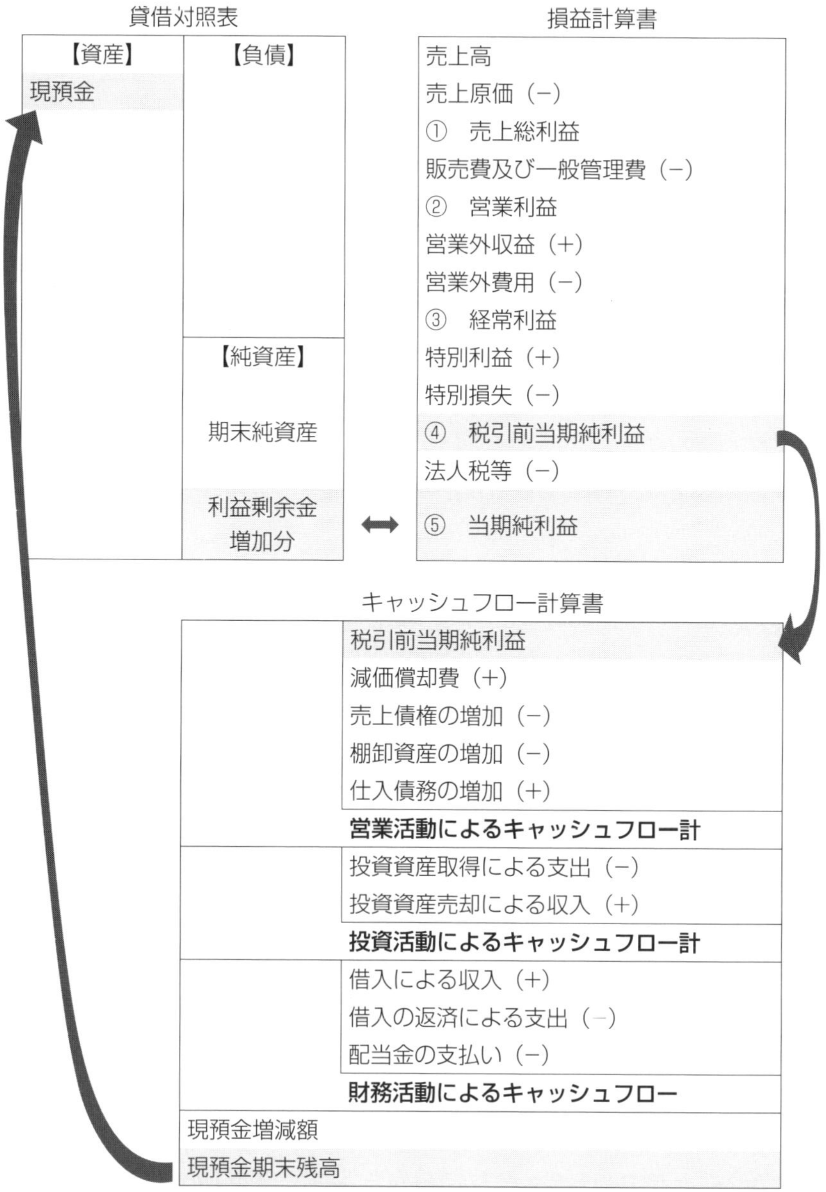

貸借対照表

【資産】	【負債】
現預金	
	【純資産】
	期末純資産
	利益剰余金 増加分

損益計算書

売上高
売上原価（－）
①　売上総利益
販売費及び一般管理費（－）
②　営業利益
営業外収益（＋）
営業外費用（－）
③　経常利益
特別利益（＋）
特別損失（－）
④　税引前当期純利益
法人税等（－）
⑤　当期純利益

キャッシュフロー計算書

税引前当期純利益
減価償却費（＋）
売上債権の増加（－）
棚卸資産の増加（－）
仕入債務の増加（＋）
営業活動によるキャッシュフロー計
投資資産取得による支出（－）
投資資産売却による収入（＋）
投資活動によるキャッシュフロー計
借入による収入（＋）
借入の返済による支出（－）
配当金の支払い（－）
財務活動によるキャッシュフロー

現預金増減額
現預金期末残高

（資料）國貞（2016）をもとに作成

図表 5 - 5	無理な売上を計上した場合の例

貸借対照表

【資産】		【負債】	
現預金	± 0	買掛金	+10
売掛金	+40	短期借入金	+14
		【純資産】	
		期末純資産	
		利益剰余金	+16

損益計算書

売上高		+120
①	売上総利益	
②	営業利益	
③	経常利益	
④	税引前当期純利益	+22
法人税等（-）		-6
⑤	当期純利益	+16

キャッシュフロー計算書

	税引前当期純利益	+22
	売上債権の増加（-）	-40
	仕入債務の増加（+）	+10
	法人税等の支払額（-）	-6
	営業活動によるキャッシュフロー計	-14
	投資活動によるキャッシュフロー計	
	借入による収入（+）	+14
	財務活動によるキャッシュフロー	+14
現預金増減額		± 0

　そのことが売上債権の増加として現れます（+40，売掛期間 4 カ月）。売上債権が増加すれば運転資金も増加しますのでその分，銀行から借入を行います。その結果，流動資産の増加に合わせて流動負債も増えます（仕入債務 +10，短期借入金 +14）。このように，貸借対照表上では，売上債権の増加が，流動負債と純資産の増加という形でバランスします。

　これによって，キャッシュフローにどのような影響があるでしょうか。税引前当期純利益は増加しますので，このことは営業キャッシュフローの押し上げ要因となります（+22）。しかし，運転資金が増加しますので，営業キャッシュフローは逆に減少します（-14）。営業キャッシュフローのマイナス分を補うために企業は銀行借入を増やします（+14）。結局，現預金の増額はゼロになり

図表5-6　　売り先に対して回収条件の交渉を行った場合の例

賃借賃借対照表

【資産】		【負債】	
現預金	+6	買掛金	+10
売掛金	+20		
		【純資産】	
		期末純資産	
		利益剰余金	+16

損益計算書

売上高	+120
① 売上総利益	
② 営業利益	
③ 経常利益	
④ 税引前当期純利益	+22
法人税等（−）	−6
⑤ 当期純利益	+16

キャッシュフロー計算書

税引前当期純利益	+22
売上債権の増加（−）	−20
仕入債務の増加（+）	+10
法人税等の支払額（−）	−6
営業活動によるキャッシュフロー計	+6
投資活動によるキャッシュフロー計	
借入による収入（+）	
財務活動によるキャッシュフロー	
現預金増減額	+6

ます。

　最終的にこの大口の新規販売先は，企業に増収増益という結果をもたらしましたが，営業キャッシュフローは運転資金の増加によってマイナスとなり，その不足分を補うために借入による資金調達を行わなくてはなりませんでした。利益率にもよりますが，わずかな利益を計上するために無理な売上を計上すると，全体的には逆効果になるということがあります。この例でも，新規先の獲得で結果としてフリーキャッシュフローが減少し，借入が増加しました。販売を担当する営業部としては増収増益に寄与する新規案件を獲得したと満足するでしょうが，このような新規の販売先を獲得したことが逆に企業のキャッシュフローの足を引っ張ってしまったのです。

　このケースから何を学ぶべきでしょうか。営業部は売上の増加とともに，この新規販売先に対してしっかりと売上代金の回収条件を交渉しなくてはいけませんでした。先ほどの例では，売上代金の回収期間を4カ月としていましたが，これを2カ月に短縮できればどうなっていたでしょう。それを試算したものが**図表5-6**です。これによると，損益計算書上の効果は変わりませんが，貸借対照表上は売掛金を半分に抑え，キャッシュフロー計算書では営業キャッシュフローがプラスになりました。これにより，銀行からの資金調達は不要となり，また，現預金は＋6と増加しました。どうでしょうか。これまで貸借対照表と損益計算書ではよく見えなかった企業の実態が，キャッシュフロー計算書を含めることで，よく見えてきます。

⑹　再びキャッシュフロー計算書をよく見てみよう

　これまでキャッシュフロー計算書の構成や活用方法を見てきました。それらを参考にして，キャッシュフローの項目ごとに，留意すべきポイントを考えてみましょう。

①　営業キャッシュフロー
　営業キャッシュフローは企業にとってキャッシュフローの源泉であるといえます。したがって，営業キャッシュフローが安定的にプラスを維持していることが重要です。利益がプラスでも，営業キャッシュフローがプラスになるとは限りません。営業キャッシュフローがプラスとなるためには，利益が増加運転資金を上回っていなくてはいけません。その意味で，増加運転資金の内容についてもキャッシュフロー計算書を確認しながら，よく検証しなくてはいけません。

②　投資キャッシュフロー
　投資キャッシュフローの源泉は営業キャッシュフローですので，投資キャッシュフローの適正規模については営業キャッシュフローの水準との対比で判断すべきです。また，投資キャッシュフローのマイナスが営業キャッシュフロー

のプラスを上回る（フリーキャッシュフローがマイナス）場合，現在の投資が
しっかりと将来の収益効果に結びつくのかを検証すべきでしょう。一方，投資
キャッシュフローがプラスの場合，資産の売却で資金繰りをつけようとしてい
る可能性がありますので，そうなるとやはり心配になります。

　なお，設備投資についてのメルクマールとしては，企業全体の減価償却費の
範囲に収まっているかどうかということです。減価償却費の範囲内で行う設備
投資は更新を目的とする場合が多く，減価償却費の範囲を超える設備投資は将
来の生産能力の増強を目的としていると考えられます。そのような目線も意識
しながら，投資キャッシュフローの内容を検証する必要があります。

③　財務キャッシュフロー

　財務キャッシュフローには，企業が行った資金調達の詳細が記載されます。
基本的にはフリーキャッシュフローがマイナスの場合，その不足分を補う役割
が財務キャッシュフローということになります。したがって，財務キャッシュ
フローのプラス分はフリーキャッシュフローのマイナス分と見合うというのが
常識的な範囲です。

　また，取引銀行は財務キャッシュフローの内容をよく見ます。取引銀行が複
数ある場合，銀行は他の銀行とどのような借入，返済を行っているのかを確認
します。このため，取引銀行が気にするような情報については，キャッシュフ
ロー計算書が開示される前に情報を共有しておいたほうがいいかもしれません。
これは，円滑な銀行取引を継続するうえで大切なことです。

👁👁👁【取引銀行の視点】

　銀行は企業の信用力を見る際，貸借対照表と損益計算書と同様に，キャッシュフロー計算書をよく見ます。特に，営業キャッシュフローは借入の返済原資の源泉として重視しています。

　営業キャッシュフローに注目する理由は，その企業が融資の返済原資を確保できているかを確認するためです。企業が営業キャッシュフローをしっかりと確保できていれば，フリーキャッシュフローがマイナスでも，投資を一時的にストップすれば融資の返済は可能になります。銀行は融資を返済できるだけの資金を確保できているかを，常にモニタリングしています。

　また，資金が企業の中でどのように流れているかも，キャッシュフロー計算書をもとに分析します。営業キャッシュフローの使い道として，企業は設備投資などの有形固定資産の取得に熱心なのか，無形固定資産の取得に熱心なのか，それとも証券投資などのいわゆる財テクに熱心なのかを，キャッシュフロー計算書から読み解くことができます。この点は，企業経営者の考え方が如実に反映されます。

　さらに，財務キャッシュフローは目を皿のようにして分析します。企業が借入や返済を行った状況と，自分たちの銀行が行った融資の実行額や約定弁済額が整合的かどうかをチェックします。もし，銀行が知らないうちに他行から資金を借り入れていたことが明らかになれば，その理由を企業に尋ねます。それは，取引銀行の序列に関する問題です。自分たちの銀行よりも他行が効果的な提案を行っての結果であれば，提案営業のやり方を見直します。

　銀行としては，融資の規模や頻度が大きいという意味で投資意欲の旺盛な企業と取引を拡大したいと願います。しかし，そのような企業はフリーキャッシュフローがマイナスとなる傾向がありますので，銀行としても個々の投資案件ごとにしっかりと検証し，フリーキャッシュフローがプラスに転じる蓋然性を確認します。投資案件の収益化に確信が持てない案件については，銀行としても安易に融資応諾というわけにはいきません。また，非上場企業はキャッシュフロー計算書の作成義務はありませんが，融資をする際に簡易キャッシュフロー表の作成をお願いすることがあります。

　いずれにしても，銀行は，企業のキャッシュフロー計算書は企業の実態を把握するための重要な資料であると認識しています。

第6章

財務内容を分析する：
財務分析の基礎

(1) 財務分析とは

　前章までで財務3表の仕組みを学びました。しかし，これらの書類だけを見ても，数字の羅列にしか見えません。このため，企業の実態を読み解くためには，財務3表を加工し，分析し，わかりやすく企業実態を表現し直す必要があります。その加工のプロセスが，これから学ぶ「財務分析」です。証券会社などの企業アナリストは，この財務分析をしっかり行ったうえで企業の優劣を判断します。もちろん，財務諸表に表れない企業の優位性は数多く存在します。ただ，その前提として企業を定量的に分析する財務分析は企業評価の基本です。企業アナリストは財務分析の結果をもとに，企業に対するインタビューや業界動向などを総合的に付加しながら，その企業の評価に関するレポートを書いています。

　また，銀行が取引先の企業に融資を行うかどうかを判断する際にも，財務分析を重視します。銀行担当者が上司や支店長，さらに本部の審査部や役員に融資の可否についての判断を求める際にも，財務分析の結果をベースに議論します。財務分析は銀行員にとって共通言語であり，定量的な分析結果を示すことで，すべての関係者がその企業の利益や財務体力に対して同じイメージを持つことができます。

　その意味で，取引銀行の担当者や証券会社のアナリストなどと面談する機会が多い財務部の担当者も，銀行や証券会社が行っている財務分析の基礎については知っておかなくてはいけません。それを知ることによって，銀行や証券会

社がどのようなポイントから自社を見ているか，さらに，自社のどこに問題があり，どこを改善すべきと考えているのかを理解することができます。仕事のできる担当者になるために，少なくとも銀行の担当者と同等程度の財務分析力を身に付けておく必要があります。

　財務分析を通じて，どのようなことがわかるのでしょうか。貸借対照表から読み取ることができることは，企業の「安全性」や支払能力を示す「流動性」です。また，損益計算書からは売上に対する利益の割合から「利益率」や，時系列的な収益の伸び率から「成長性」がわかります。さらに，貸借対照表と損益計算書からは，資産に対する利益の割合から企業の「効率性」を読み解くことができます。このように，貸借対照表と損益計算書を組み合わせながら，企業の特徴を定量化することができます。

　また，財務3表には表れない株価についても分析対象とします。株価は日々変動します。株価に発行済み株数を掛け合わせたものを「株式時価総額」といいますが，これは株式市場がその企業をどのように評価しているかを示す最も基本的な指標です。株式指標を加味して企業の内容を分析することも，証券会社のアナリストは得意とするところですので，財務担当としても十分な知識装備が必要です。

　それでは，順を追って財務分析のやり方を見ていきましょう。

⑵　貸借対照表から読み取れること

　貸借対照表から読み解くべき主なポイントは次の3つです。①純資産（自己資本）は十分に確保されているか（自己資本比率），②固定資産は安定的な資金で賄われているか（固定比率），③支払いに問題はないか（流動比率）。それぞれについて図を交えながら見ていきましょう。

①　自己資本比率
　まずは，貸借対照表の右側を見ていきましょう。**図表6-1**の通り貸借対照表の右下にある純資産（自己資本）は，企業にとっては返済する必要のない，安定的な資金です。純資産は株主から出資してもらった分（資本金，資本剰余

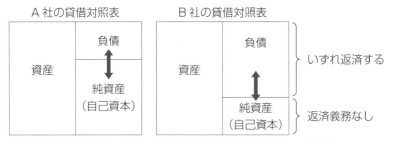

図表6-1　　　　　　　　　　　**自己資本比率**

● 　自己資本比率（％）＝純資産（自己資本）÷総資本（負債＋純資産）× 100
※ 　自己資本比率が高い企業ほど，財務的な安定性は高い（A社のほうがB社よりも安定性は高い）

金）と，これまでに計上してきた利益から積み上げた分（利益剰余金）からなります。そして，負債はいずれ返済しなくてはいけない資金です。負債と純資産を足したものを総資本といいますが（これは総資産と等しくなります），これは貸借対照表の右側すべての合計を表し，いわゆる企業全体の資金調達を示します。このうち，安定的な資金の割合が高いほど，財務的には安定しているといえます。純資産を総資本で割った数値のことを「自己資本比率」といいます。この自己資本比率は，企業の財務的な安定性を示す指標です。

　自己資本比率が高い企業は，資金調達全体のうち返済する必要のない調達割合の高い企業ですので，突発的な状況が発生しても倒産する確率は低いといえます。これに対して，自己資本比率の低い企業は，借入などの外部からの資金調達が多い企業ですので，突発的な状況への耐性は低いといえます。

② 　固定比率
　機械やさまざまな設備を含む固定資産は企業にとって利益の源泉です。しかし，固定資産は多ければよいというものではありません。固定資産は長期間使用するものなので，できれば長期の安定的な資金で賄われていることが好ましいといえます。この点を分析するために，固定資産を純資産で割った，「固定比率」という指標があります（**図表6-2**）。固定資産をどの程度純資産で賄っ

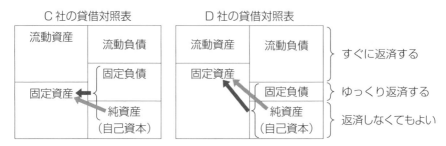

図表6-2　　　　　　　　　**固定比率，固定長期適合率**

● 　固定比率（%）＝固定資産÷純資産× 100
● 　固定長期適合率（%）＝固定資産÷（純資産＋固定負債）× 100
※ 　固定比率・固定長期適合率が低いほど安全性は高い
　　（C社のほうがD社よりも固定資産が安定的な資金で賄われ，安全性は高い）

　ているかを示していますが，この数値が低いほど安全性は高いといえます。ただ，日本の多くの企業で固定比率が100%を切っている企業は多くはありません。このため，安定的な資金として純資産に固定負債を含めて計算することがあります。このようにして求めた指標は「固定長期適合率」といいます。固定比率や固定長期適合率を計算して，企業の安全性を評価します。

　固定比率や固定長期適合率が高い企業は，固定資産を安定的な資金で賄っていない企業です。固定資産は耐用年数の長いものですが，それを短期負債で賄うとなると，資金繰りに窮する可能性があります。何らかの事情で短期負債を返済せざるを得なくなった場合でも，企業は固定資産をすぐに現金化できません。短期負債で設備投資を行っている企業は，過大な設備投資（オーバーキャパシティー）となっている可能性がありますので，それをチェックするために，固定比率と固定長期適合率は有効です。

③　流動比率

　企業の短期的な支払能力，すなわち流動性を見るときに，流動比率という指標を使います（**図表6-3**）。貸借対照表の中で，流動資産（すぐに資金化できる資産）と流動負債（すぐに返済しなくてはいけない負債）の比率を見ます。

| 図表 6 - 3 | 流動比率，当座比率 |

- 流動比率（%）＝ 流動資産÷流動負債×100
- 当座比率（%）＝（流動資産－棚卸資産）÷流動負債 ×100
※　流動比率が高いほど，すぐに資金化できる流動資産がすぐに返済すべき流動負債よりも
　　大きいため，流動性は高い（E 社のほうが F 社よりも流動性は高い）

流動比率は流動資産を流動負債で割って求めますが，この比率が高いほど企業の支払能力は高いといえます。

　流動資産は現預金と売上債権が主なものです。そして，流動負債には仕入債務のほかに，賞与引当金や未払い金なども含まれます。

　なお，流動資産の中で棚卸資産はどちらかというと現金化するまでに時間を要しますので，流動資産から棚卸資産を引いた「当座資産」と流動負債との比率を見ることがあります。この比率を「当座比率」といいます。当座比率も流動比率と同様に，高いほど支払能力，流動性が高い企業といえます。但し，売掛金の中に長期滞留しているものがあれば，それはすぐに資金化できる資産ではありませんので，その分を除いて検討することも必要です。

(3)　損益計算書から読み取れること

①　利益率

　利益は多くの企業経営者にとって最大の関心事ですので，利益率分析はなじみがあると思います。基本的な分析方法は，売上に対してどれぐらいの利益を上げることができたのかに注目します（**図表 6 - 4**）。例えば，売上総利益に注

図表 6 - 4　　　　　　　　　　　　**収益性**

売上高
－）売上原価
売上総利益
－）販売費及び一般管理費
営業利益
＋）営業外収益
－）営業外費用
経常利益
＋）特別利益
－）特別損失
税引前当期純利益
－）法人税等
税引後当期純利益

　売上総利益率（粗利は十分な水準か）

　営業利益率（本業の利益は十分な水準か）

　経常利益率（総合的な利益は十分な水準か）

● 利益率（％）＝利益÷売上高×100

　目するのであれば，売上総利益を売上で割って，「売上総利益率」を求めます。これは，一般的には「粗利率」と呼ばれます。営業利益を売上で割れば「営業利益率」，経常利益を売上で割れば「経常利益率」を求めることができます。このように，「利益率」に注目することによって，企業の利益の中身を分析することができます。

　利益率を分析する目的は，その企業が競合他社や業界と比べて稼ぐ力が高いのか低いのかを判断することにあります。利益率が低いのであれば，売上に問題があるのか，コストをかけすぎているのか，というような観点で改善策を検討しなくてはいけません。売上が低いのは，価格設定に問題があるのか，それともマーケティングに問題があるのか，コストをかけすぎているとしたら，原材料費が高すぎるのか，労務費や間接部門の人件費が高いのか，などの観点から分析を進めます。その意味で，利益率を分析する場合には段階利益ごとに，注意深く見ていく必要があります。

②　成長率

　次に，利益や売上が増えているのか減っているのかを見ます。利益はすべての企業活動の源泉ですので，利益が増えていれば企業は拡大することができますし，利益が減っていれば何らかの対応策を講じなくてはいけません。成長率を測るためには，通常，売上の伸び率や本業での利益として営業利益や経常利益の伸びを計算します。売上や利益が順調に伸びていれば，企業の信用力も高まり，銀行からの融資も受けやすくなります。但し，創業後に成長があまりに急すぎる場合には，資金不足に陥る可能性はないのか，社内のガバナンスは十分なのか，といった点についても慎重に見ていく必要があります。この場合は，利益の伸び率もさることながら，その中身にも十分に意を用いる必要があります。なお，利益の伸び率は，次のような計算式に基づいて算出します。

$$利益伸び率（\%）＝\{（当期の利益÷前期の利益）－1\}×100$$

　数期にわたって利益の伸び率の推移を見ると，大きなトレンドを把握することができます。伸び率が加速度的に上昇しているのであれば成長が加速し，稼ぐ力が改善していると考えることができます。また，利益の伸び率がゼロ付近で停滞しているのであれば，稼ぐ力に改善の余地があるかどうかを検討すべきです。さらに，伸び率がマイナスになれば，今後じり貧にならないように何らかの対策を打つ必要があります。

(4)　貸借対照表と損益計算書の双方から読み取れること

　貸借対照表と損益計算書の2つから読み解くことができるのは，企業の「効率性」です。これは，投下された資本や資産が効率的に売上や利益に結びついているかを示すもので，代表的な指標に「総資本回転率」があります。これは，損益計算書の売上高を貸借対照表の総資本（貸借対照表の右側にある負債と純資産の合計）で割った数値です。総資本回転率が高いほど（回転数が多いほど），同じ投下資本でより多くの売上を計上したことになりますので，効率性は高いと判断できます。

　また，分子を営業利益，分母を総資本として計算した数値は，「総資本営業

利益率」といいます。総資本営業利益率が高い企業ほど，投下資本当たりの利益が大きいと評価することができますので，効率性の高い企業と判断できます。なお，総資本営業利益率は次のように営業利益率と総資本回転率に分解することができます。このような要因分解を行うことで，総資本営業利益率の中身をさらに詳しく見ることができます。

$$\frac{営業利益}{総資本} = \frac{営業利益}{売上高} \times \frac{売上高}{総資本}$$

　　　（総資本営業利益率）　　（営業利益率）　　（総資本回転率）

　さらに，総資本は総資産と等しいですので，総資本営業利益率は総資産営業利益率と同じです。総資産利益率のことを一般的にROA（Return on Assets）といいます。総資産利益率を計算する場合，分子は営業利益である場合も当期純利益である場合もあります。また，分子を当期純利益，分母を株主資本として計算した指標は，「株主資本当期純利益率」といい，一般的にROE（Return on Equity）といいます。これは株主の視点からの指標です。すなわち，株主が企業に投資した資金で最終的に企業がどれだけの純利益を計上できたのかを読み解く指標です。これを見ながら株主は株主総会などで「企業のROEはもっと上げられるはずなのに，なぜこんなに低いのか」というような質問を企業経営者にします。

　ROEは3つの要素に分解することができます。これを「デュポン方式」といいます。アメリカの化学メーカーであるデュポン社が自社の経営管理手法として採用していたことから，この名前が付けられました。その手法は次の通りです。

$$\frac{当期純利益}{株主資本} = \frac{当期純利益}{売上高} \times \frac{売上高}{総資産} \times \frac{総資産}{株主資本}$$

　　　（ROE）　　（当期純利益率）　　（総資産回転率）　　（財務レバレッジ）

　デュポン方式では，ROEを，①利益率，②回転率，③財務レバレッジ，の3つに分解します。ここでいう財務レバレッジは，自己資本比率の逆数です。

すなわち，企業が自己資本の何倍の資産を持っているのかを示すものです（レバレッジとは「てこ」のことです）。この式からわかることとして，高い ROE の企業というのは，①利益率の高い企業，②総資産回転率の高い企業（＝効率性の高い企業），③財務レバレッジの高い企業，ということです。財務レバレッジが高い企業は自己資本比率の低い企業でもあります。

　財務レバレッジを高めれば ROE が高まるでしょうか。答えは No です。なぜなら，総資産を膨らませて財務レバレッジを高めても，その分，総資産回転率が低くなります。それでは，総資産回転率を高めるために売上を増やせばよいのかというと，そうすると当期純利益率が低下してしまいます。結局，当期純利益を増やすか株主資本を減らす以外，ROE を高めることはできません。このように，デュポン方式を使うと，企業の問題点を定量的に把握することができます。

　なお，総資本営業利益率や株主資本純利益率を計算する場合に，分母に相当する総資本や株主資本は前期末と今期末の平均を取ります。これは，利益を出すために投下した資産や株主資本は期末のものではなく，期を通じて投下されたものであるべきという考え方によります。

⑸　株価を含めた財務分析

　上場企業であれば自社の株価は市場での株式売買によって日々変動します。自社の発行済み株式数に株価をかけて算出したものを，「株式時価総額」といいます。株式時価総額は株式市場が評価したその企業の価値と言い換えることができます。会計上の企業価値は純資産ですが，株式市場での企業価値は株式時価総額です。本来，株価を含めた財務分析は投資家が株価の分析に用いるケースが多いですが，市場と対話する財務部の担当者はこれについても知っておかなくてはなりません。

①　株価収益率（PER）
　株価収益率（Price Earnings Ratio：PER）は，企業の利益から株価水準を判断するための指標です。株価収益率は次のように計算します。

$$株価収益率（PER）（倍）＝\frac{株価}{1株当たり当期純利益}＝\frac{株式時価総額}{当期純利益}$$

　株価収益率が高い企業は，利益に対して株価が高いということであり，言い換えれば，株価が割高であるということを示します。一方，当期純利益に対して株式時価総額が高いということでもあり，このことは株式市場での企業に対する評価が会計上の利益よりも高いということでもあります。

②　株価純資産倍率（PBR）

　株価純資産倍率（Price Book-value Ratio：PBR）は，企業の純資産から株価の水準を判断するための指標です。株価純資産倍率は次のように計算します。

$$株価純資産倍率（PBR）（倍）＝\frac{株価}{1株当たり純資産}＝\frac{株式時価総額}{純資産}$$

　株価純資産倍率が高い企業は，企業の純資産に対して株式時価総額が大きいということであり，言い換えれば，株価が割高であるということを示します。一方，純資産に対して株式時価総額が高いということは株式市場での企業価値が会計上の企業価値よりも高いということでもあります。

　もし企業が倒産した時に，すべての負債を清算した後に残る部分が純資産です（このため，純資産のことを「清算価値」ということがあります）。一方，株式時価総額は，もし投資家が今の時点ですべての株式を市場で売却した時に手にする金額のことです。PBRが1を割っている企業は，株式時価総額が清算価値よりも小さいということになります。しかし，株価純資産倍率は業種によって違いがあります。例えば，重厚長大型の産業は株価純資産倍率が小さく，IT業界のように今後の成長が見込まれるような業界では高くなる傾向があります。このため，株価純資産倍率は業種特性も含めて分析する必要があります。

③　配当性向

　配当は企業が利益の中から株主に対して資金を還元するものです。配当性向は，1株当たりの年間配当金を1株当たり当期純利益で割ったものですが，そ

れは，年間配当金総額を当期純利益で割ったものと等しくなります。配当性向の高い企業は利益に対して多くの配当を支払っている企業ですが，これも業種によってばらつきがあります。成長業種ほど配当性向を低く抑えて利益を将来の投資に回す傾向がありますし，重厚長大型の産業は将来の投資よりは株主への還元を優先する傾向があります。

$$配当性向（\%）＝\frac{1株当たりの年間配当金}{1株当たり当期純利益}×100＝\frac{年間配当金総額}{当期純利益}×100$$

　なお，当期純利益から配当金や役員賞与等の社外流出を差し引いた分が利益剰余金として企業の内部留保となります。内部留保率は利益の中からどれだけ内部留保しているかを示す指標ですので，配当性向とは相対する概念です。

(6)　財務分析に関するケーススタディー

　それでは，実際の貸借対照表と損益計算書の事例に当てはめて財務分析をしてみましょう。
　図表6-5はA社の財務諸表です（この財務諸表は実在のものではなく，ケーススタディー用として作成したものです）。この財務諸表からどのようなことが読み取れるのか，実際に財務分析を進めてみましょう。

①　安定性・安全性（自己資本比率，固定比率）
　自己資本比率について，20年3月期のA社の自己資本比率は28％，19年3月期は27％です。財務省が2020年10月30日に発表した「年次別法人企業統計調査」によりますと，2019年度の全産業ベース（金融業・保険業を除く）の自己資本比率は42％で，このうち製造業は49％，非製造業は40％です。一般的に，自己資本比率は50％以上が望ましいといわれています。過去の統計を見ると，1990年代には日本の企業の自己資本比率は20％を割っていましたが，近年は企業の内部留保が増加傾向にあり，自己資本比率も2016年度以降は40％を上回っています。これとの比較で見ると，A社の自己資本比率は必ずしも高いとはいえず，安定性については少し懸念されるところです。

| 図表6-5 | A社の貸借対照表，損益計算書 |

(単位：百万円)

貸借対照表

	20年3月末	19年3月末
流動資産		
現預金	7,000	5,700
受取手形及び売掛金	8,500	7,200
棚卸資産	5,000	4,000
固定資産		
有形固定資産	10,000	9,000
資産合計	30,500	25,900
流動負債		
買掛金	5,700	5,000
短期借入金	5,400	3,900
固定負債		
長期借入金	11,000	10,000
負債合計	22,100	18,900
純資産		
資本金	1,500	1,500
資本剰余金	1,500	1,500
利益剰余金	5,400	4,000
純資産合計	8,400	7,000
負債・純資産合計	30,500	25,900

損益計算書

	20年3月末	19年3月末
売上高	29,000	22,800
売上原価	20,000	16,000
売上総利益	9,000	6,800
販売費及び一般管理費	4,400	3,500
（人件費）	2,700	2,000
（販売費）	1,200	1,000
（その他経費）	500	500
営業利益	4,600	3,300
営業外収益	60	50
（受取利息配当金）	25	20
（その他営業外収益）	35	30
営業外費用	900	800
（支払利息）	800	700
（その他営業外費用）	100	100
経常利益	3,760	2,550
特別利益	20	20
特別損失	1,000	800
税引前当期純利益	2,780	1,770
法人税等	834	531
当期純利益	1,946	1,239

　次に固定比率です。20年3月期の固定比率は119％，19年3月期は129％です。有形固定資産は1年間で増加していますが，それ以上に内部留保が増加して純資産が増えています。その結果，A社の固定比率は低下していますので，この点では安全性は高まっているといえます。ちなみに固定比率は100％以下が好ましいといわれますが，2019年の法人企業統計での全産業ベース固定比率は137％ですので，これらを勘案してもA社の安全性は高いといえます。しかし，外部による企業評価ではこのような見方になりますが，当事者であるA社はもう少し投資を増やす余地があると考えるかもしれません。このように，外部

が行う財務分析と企業が行う財務分析は目的が違いますので，財務部の担当者は経営者目線で財務分析を行うことも必要です。

②　流動性（流動比率）

　A社の短期的な支払能力，すなわち流動性を見るために，流動比率を使います。20年3月期の流動比率は185％，19年3月期は190％です。流動資産が流動負債を大きく上回っていますので，当面の支払いに苦慮するようなことはなさそうです。2019年の法人企業統計での全産業ベース流動比率は143％ですので，A社の数値はこれを上回っています。特に，A社の流動資産の中身を見ると，現預金が月商の約3カ月分確保できています（7,000÷29,000×12＝2.9カ月）。これだけ現預金があれば，支払いにも余裕があります。ただ，気になる点としては売上債権（受取手形，売掛金，棚卸資産の合計）の回転期間が月商の5.6カ月分となっています（(8,500+5,000)÷29,000×12＝5.6カ月）。これは，製品が完成してから売上代金を回収するまで6カ月近くかかるということを示していますので，その分，運転資金として借入を行わなくてはいけません。代金回収をもう少し早くすれば，借入を抑えられます。

③　利益率（営業利益率）

　A社の営業利益率は，20年3月期が16％，19年3月期は14％です。2019年の法人企業統計での全産業ベース営業利益率は4％ですので，A社の数値はこれを大幅に上回っており，A社は利益率の高い企業といえます。

　A社の利益面で気になるところは2点です。1点目は支払利息です。20年3月期の支払利息は800百万円です。前期末と今期末の借入額の平均から借入金利を試算してみると5.3％となります。最近の低金利の状況を考えると，利益率の高いA社の借入金利が平均で5％を超えるというのはちょっと考えにくいです。以前借りていた高金利の長期借入が金利を見直さないまま今日に至っているという可能性もありますので，状況を確認する必要があります。

　2点目は特別損失を1,000百万円計上していることです。A社の利益水準でこの額の特別損失は大きすぎます。おそらく，固定資産等にかかる減損や株式投資等にかかる評価損を計上しているのだと思いますので，内容についてはさ

らに確認する必要があるでしょう。特別損失は利益が上がっているうちに損失を出しておこうというような政策的な判断が全くないとはいえませんが，場合によっては今後の事業継続性に懸念すべき要素が隠れているかもしれません。この点についても，状況を確認する必要があるでしょう。

④　成長性（売上高伸び率，営業利益伸び率，経常利益伸び率）

　A社の成長性については，20年3月期の売上高伸び率が27％，営業利益伸び率が39％，経常利益伸び率が47％となっており，成長性については申し分ないです。A社は典型的な「増収増益」企業ですので，その意味では優良企業といえます。特に，売上高伸び率27％に対して，売上原価の伸び率を25％，販売費及び一般管理費の伸び率を26％に抑えていることによって利益率が高まっています。その意味で，A社は売上だけでなく，しっかりとコストコントロールもできている企業であるといえます。

⑤　効率性（ROA，ROE）

　A社の総資本営業利益率（ROA）については，20年3月期が16％です。法人企業統計での全産業ベース総資本営業利益率は3％ですので効率性は大変高いといえます。また，株主資本当期純利益率（ROE）は25％です。全産業ベースが6％ですので，こちらも十分効率的な企業であるといえます。

　ROEの25％をデュポン方式に従って分解してみましょう。結果は以下の通りです。当期純利益率が7％，総資産回転率も1.0です。全産業ベースでは，当期純利益率が3％，総資産回転率が0.8ですので，これらを上回っています。これが，A社の高いROEの要因となっていることがわかります。しかし，A社のレバレッジの高さはこれら以上にROEを押し上げています。A社の財務レバレッジは3.6ですが，全産業ベースでは2.4です。A社は自己資本比率が低く，財務の安定性が低いということが問題点となっていますので，今後自己資本比率を高めると，逆に財務レバレッジが低下し，一時的にROEを低めることになるかもしれません。

〈A社のROE要因分解〉

$$\frac{当期純利益}{株主資本} = \frac{当期純利益}{売上高} \times \frac{売上高}{総資産} \times \frac{総資産}{株主資本}$$

（ROE）	（当期純利益率）	（総資産回転率）	（財務レバレッジ）
↓	↓	↓	↓
0.25	0.07	1.0	3.6

〈全産業ベースのROE要因分解〉

$$\frac{当期純利益}{株主資本} = \frac{当期純利益}{売上高} \times \frac{売上高}{総資産} \times \frac{総資産}{株主資本}$$

（ROE）	（当期純利益率）	（総資産回転率）	（財務レバレッジ）
↓	↓	↓	↓
0.06	0.03	0.8	2.4

　このように，財務分析の結果から，A社は利益率，効率性，成長性の面から優良企業であることがわかります。A社の課題としては，今後いかに自己資本比率を高めていくかということがあげられます。これまでのように利益の蓄積によって内部留保の充実を図るということに加えて，増資によってさらに純資産を厚くすることも検討課題といえます。これが実現できれば，A社の財務の安定性はさらに高まります。

| 図表 6 - 6 | | 財務分析結果要約 | | |

分析の観点	指標	A 社		法人企業統計
		20年3月末	19年3月末	19年度末
安定性・安全性	自己資本比率	28%	27%	42%
	固定比率	119%	129%	137%
	固定長期適合率	52%	53%	96%
流動性	流動比率	185%	190%	143%
	当座比率	140%	145%	120%
利益率	営業利益率	16%	14%	4%
	経常利益率	13%	11%	5%
成長性	売上高伸び率	27%	NA	NA
	営業利益伸び率	39%	NA	NA
	経常利益伸び率	47%	NA	NA
効率性	総資本営業利益率（ROA）	16%	NA	3%
	株主資本当期純利益率（ROE）	25%	NA	6%
デュポン方式	当期純利益率	7%	NA	3%
	総資産回転率	1.0	NA	0.8
	財務レバレッジ	3.6	NA	2.4

注1：総資本営業利益率と株主資本当期純利益率の計算で，分母は前年度末の純資産と今年
　　度末の純資産の平均を取っています。
注2：法人企業統計は，財務総合政策研究所のHPよりダウンロード可能です。アドレスは
　　巻末の参考文献に記載しています。

◉◉【取引銀行の視点】

　銀行員は銀行に入行するとすぐに研修を受け，財務分析を基礎からしっかりと勉強しますので，財務諸表をベースにして企業の内容を分析するくせが体にしみついています。そのため，取引先企業と融資の話を詰めていくときも，貸借対照表や損益計算書を机の上に広げながら，財務分析をしつつ話をします。

　銀行員が融資の相談をするときも，今回の事例のように，流動性，安全性，利益率などをベースに，企業の信用力を判断します。また，分析の過程で，例えば，企業が自己資本比率の低さに問題を抱えていることがわかれば，今後どのようにして財務改善を図っていくかという点についても話をします。エクイティファイナンスを通じて純資産を厚くするという方向性で合意すれば，増資に向けた具体的な手続きや方向性を提案することもあります。

　しかし，銀行は財務分析だけで企業の信用力を判断することの限界も感じています。企業の業界における競争優位性は，財務諸表からは読み取ることはできません。企業が保有する技術力やノウハウなどによって，財務諸表からは見えないような企業の強みや課題が浮き彫りになることがあります。取引先企業がメーカーであれば，その企業が保有する技術的特性によって業界内で高い地位を維持しているかもしれません。銀行は，このような財務諸表からだけではわからない企業の強みや課題を把握するために，銀行の中の調査セクションを活用したり，銀行の営業部を業種ごとに分けて，業種に関する専門性を身に付けたりして，企業と深いコミュニケーションが取れるように努力しています（メガバンクの中には業種別の営業部体制を廃止したところもあります。業種知見の習得も試行錯誤の状況です）。

　銀行は企業の信用力判断や提案力の高度化のために，企業の上記のような点を含めて，信用力の見極めをより高度化していく手段を常に模索しています。財務分析はその基本となりますが，そこに表れない企業の価値にも注目します。そして，このためには，企業の担当者とのコミュニケーションが重要です。企業が認識する自らの強みや課題をぜひ銀行と共有してもらいたいと考えています。銀行と企業がそれを共有できれば，銀行取引の実行もスムーズになり，また，銀行も価値のある提案を進めることができると思っています。

第 II 部

資金調達

第7章

銀行から資金を借りる：
銀行借入による資金調達

(1) 企業の資金調達行動

　これまで財務諸表の読み方や財務分析の進め方を学んできましたが，いよい
よ，コーポレートファイナンスにとって重要な「資金調達」について勉強して
いきます。資金調達とは何か，企業にとって資金調達はどのような意味を持つ
のかということについて整理してみましょう。

　企業は株主から出資を受けて経営をしています。このため，企業は常に利益
を出し，その利益から株主に配当を払うことで，株主に報いなくてはいけませ
ん。すなわち，利益を継続して出すこと，そして企業を成長させることが，企
業の株主に対して負っている責任であるといえます。但し，企業が成長するた
めには，設備投資を行って生産能力を高め，事業規模を大きくしなくてはなり
ません。また，設備投資だけでなく，原材料の仕入れを増やしたり，生産ライ
ンで働く従業員を新たに採用したりしますので，そのための資金が必要になり
ます。その資金をどのように賄うのか。これが資金調達の問題です。

　資金調達には2つの種類があります（**図表7-1**）。1つは企業がこれまでに
儲けてきた資金を使うやり方です。これを「内部資金調達」といいます。内部
資金には大きく分けて，内部留保と減価償却の2つがあります。最終利益であ
る「税引後当期純利益」から，配当金や役員賞与など外部流出分を差し引いた
ものが，純資産の「利益剰余金」の増加分となります。この利益剰余金が「内
部留保」といわれるものです。そしてもう1つは減価償却です。これはキャッ
シュフローのところで説明しましたが，設備などの有形固定資産について価値

図表7-1　　　　　　　　**資金調達の分類**

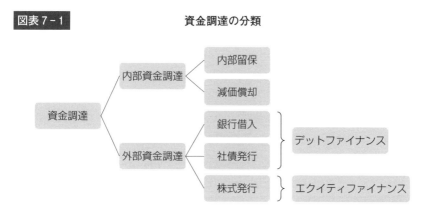

の減価分を費用として認識するものです。キャッシュ・アウトを伴わない費用であることから，キャッシュフローのプラス要因となります。このような内部留保と減価償却費を使って，企業は資金を賄うことができます。内部資金によって必要資金を賄うことを内部資金調達といいます。

　企業経営者は自らの努力によって計上した利益をできるだけ内部留保として将来の成長のために使いたいと思うでしょう。しかし，株主が期待するリターンを継続的に稼ぎ出すためには，内部留保だけで足りないケースがほとんどです。また，企業は株主に配当金を支払わなくてはいけませんし，業績向上に寄与した役員には役員賞与を支払わなくてはいけません。利益をどれだけ計上し，そのうちどれだけを内部留保に留めておくかは，企業の置かれている状況や，業種・業歴によって変わります。新興企業であれば内部留保を厚めにし，将来のための投資をしっかり行うことを目指すでしょう。業歴の長い重厚長大型産業の企業であれば，配当や役員賞与などの外部流出をある程度行わなくてはいけないでしょう。いずれにせよ，これについては企業と株主の関係によって決まります。

　そしてもう1つの資金調達は，外部から資金を調達するやり方です。これを「外部資金調達」といいます。外部資金調達のルートは大きく3つあります。第1は，「銀行借入」です。これは，銀行から借入を行うものです。貸借対照表上の負債のうち，1年以内の借入であれば「短期借入金」，1年超の借入で

あれば「長期借入金」です。第2は，「社債発行」です。企業が社債を発行して資金を調達するもので，貸借対照表上の負債のうち，「社債」という項目に計上されます。そして第3は，「株式発行」です。企業が増資によって資金を調達するもので，貸借対照表上の純資産項目の「資本金」もしくは「資本剰余金」に計上されます。

　銀行借入と社債発行はともに負債による資金調達ですので，これらは「デットファイナンス（Debt Finance）」といいます。これに対して株式発行による資金調達は「エクイティファイナンス（Equity Finance）」といいます。デットファイナンスで調達する資金はいずれ返済する資金ですが，エクイティファイナンスで調達する資金は返済を必要としない資金です。その意味ではエクイティファイナンスのほうが安定的な資金の調達方法に見えます。しかし，無尽蔵に増資を行えるわけではありませんので，必要に応じて適切な資金調達を行うことになります。

　また，銀行借入は銀行が預金者から預かった資金を融資として資金供給するもので，銀行はいわゆる「仲介者」の位置づけになります。このような金融手法を「間接金融」といいます。これに対して，社債発行と株式発行は，直接投資家や株主が自らの資金を資金調達者に資金供給します。このような金融手法を「直接金融」といいます。このような観点から見ると，銀行借入と社債発行は同じデットファイナンスでありながら，金融手法が違います。

(2)　銀行借入の種類

　次に企業が銀行から資金を借り入れるときに，具体的にどのような方法で行うのかを見てみましょう。銀行借入にはいくつかの方法がありますが，それぞれの特徴を理解しておくことは重要です（**図表7-2**）。

①　手形借入・手形割引

　手形借入とは，借り手が銀行に約束手形を差し入れることで資金を借り入れる借入手法です。約束手形とは，誰が（振出人），いつ（期日），いくら支払うのか（金額）を記した有価証券です。手形借入は基本的に1年以内の短期借入

| 図表 7-2 | 借入の種類 | | |

借入の種類	借入方法	期間	資金使途
手形借入	手形を銀行に差し入れ	1 年以内	短期運転資金，納税資金，賞与資金等
手形割引	受取手形を銀行に割引依頼	手形期日まで	運転資金等
証書借入	証書に条件を記載し署名捺印	1 年超	設備資金，長期運転資金等
当座借越	極度枠を設定（手数料なし）	1 年以内	運転資金等
コミットメントライン	極度枠を設定（手数料あり）	目的次第	運転資金，バックアップライン等

に用いられ，資金使途としては運転資金，納税資金，賞与資金など，短期間で返済するものが中心となります。また，あとで説明する「証書借入」と比べて印紙代が安く済むこともあり，借り手にはメリットがあります。

　一方，銀行のほうも，「手形法」上の権利が確保されることで融資を行いやすいという面があります。手形借入は一般的な借入手法ですが，実務的には手形期日が到来した段階で，同じ期間，同じ金額の手形を再度銀行に差し入れることで，借入を更新するケースも多く見られます。これは実質的に長期借入と同じなのですが，銀行も同条件更新を許容している面もあります。

　手形は銀行借入だけではなく，通常の商取引でも使われます。既に貸借対照表のところで見たように，企業が売り先に製品を販売しても，その代金を回収するまでは売掛金や受取手形といった売上債権として処理します。企業は売り先の手形を持っていれば，期日に現金を受け取ることができるのですが，逆に期日までは現金を受け取ることができません。企業の中には，それまでに仕入れや従業員への給与支払いのために手形を早く現金化したいと考えるところもあるでしょう。そのようなときに，手元にある受取手形を取引銀行に持ち込み，手形を買い取ってもらうことができます。これを「手形割引」といいます。銀行は割引料を差し引いて企業の口座に資金を入金します。なお，銀行が割り引いた手形が振出人倒産などの理由で決済できない場合（これを「不渡り」とい

います），割引を依頼した企業はその手形を買い戻さなくてはいけません。銀行にとっては，不渡手形をその企業が買い戻すことができなければ損失を被ってしまいますので，銀行も手形割引を実施するかどうかは通常の融資と同じような与信判断を行います。

② 証書借入

　証書借入は，借り手が「金銭消費貸借契約書」という証書に，金額，金利，期間，返済方法などを記入し，署名捺印をして銀行に差し入れ，資金を借り入れる方式です。一般的に，期間が１年を超える長期借入に用いれられ，資金使途としては，設備資金や長期運転資金に使われます。

　証書借入は，「タームローン」とも呼ばれます。これには，契約金額を一括で借り入れる方式と，一定期間で分割して借り入れることが認められている方式の２つがあります。また，返済方法としては，期日に一括して元本を返済する方法や，元本を期日までに均等に返済する方法などがあります。期日一括返済の場合，企業は借りている期間は返済する必要がないので，キャッシュフローの面では楽になります。しかし，期日が到来した際に多額の現金を用意しなくてはいけませんので，それが用意できない場合どうするのかということを企業はよく考えておかなくてはいけません（期日一括の借入で企業が期日に借り換えや返済が難しくなるリスクのことを「リファイナンスリスク」といいます）。

③ 当座借越，コミットメントライン

　当座借越は，借入の極度額をあらかじめ設定し，その極度額の範囲で借り手は自由に資金を借り入れ，返済することができる方法です。一方，コミットメントラインも当座借越と同様に借入極度枠を設定します。

　両者の違いとしては，コミットメントラインはどのような金融環境であっても銀行は融資枠を撤回することはせず，借入の申し出があれば応じなくてはいけません（コミットメントというのは約束という意味です）。しかし，当座借越の場合，金融環境が悪化した場合，銀行が借入枠を撤回することがあり得ます（そのため，当座借越のことを「アンコミットメントライン（アンコミ）」

と呼ぶことがあります）。一方，コミットメントラインを設定する場合，銀行は借り手に「コミットメントフィー」を徴求します。これは，コミットメントの対価として借り手に手数料を求めるということです。これに対して，当座借越の場合，フィーはかかりません。このように借入枠の中で自由に借り入れができるものを「リボルビングファシリティ（Revolving Facility）」といいます。

　企業があえてコストを払ってでもコミットメントラインを設定する理由はいくつかあります。第1は，市場環境が悪化しても安定的な資金調達手段を持つことで得られる安心感です。市場の投資家や株主に対して，企業がコミットメントラインを確保していることをアピールすることで，安心感を与える効果も期待できます。第2は，リファイナンスリスク対策です。例えば，CP発行企業が満期日に借り換えができないという状況を避けるために，コミットメントラインを設定することがあります（CPとは「コマーシャルペーパー」のことで，信用力のある企業が無担保で短期資金を調達する手段です）。これを「バックアップライン」といいます。そして第3は，このような安心材料を手にしつつ，実際に借入を行って資金繰りを安定させるという目的です。

(3)　借入条件の設定

　企業は銀行から資金を借り入れる場合，銀行と借入に関する条件について交渉を行います。大事なことは企業の実情に合った条件を設定することですが，その際，銀行の目線についても理解したうえで交渉を行う必要があります（**図表7-3**）。

①　借入額
　借入額は当然のことながら必要額に見合った金額とします。不必要な額を借り入れても支払金利がかさんで利益を圧迫するだけです。さらに，返済が可能かどうかも重要です。運転資金の場合，資金繰り管理で説明した「資金繰り表」をもとに，企業は銀行に対して必要額や返済の見込みを説明します。また，設備資金の場合は，設備購入資金のエビデンスや今後の収益弁済の見込みなどを説明します。これらについて企業と銀行の間でしっかりと認識を共有できれ

| 図表7−3 | | 借入の条件に関する留意点 |

条件の内容	原則	銀行との交渉での留意点
借入額	必要額に見合った額を設定	資金繰り計画や利益計画等を開示して説明
借入金利	基準金利に信用リスク分を上乗せ	信用リスクに関する懸念点を十分に説明
借入期間	設備資金は耐用年数に応じて設定	資金繰り計画や投資計画等を開示して交渉
返済方法	元本一括返済か元本均等返済か	元本一括返済の場合にはリファイナンスリスクを検討
担保・保証・コベナンツ	銀行が借入金の返済に懸念を抱く場合	信用補完が必要かを十分に銀行と交渉

ば，交渉を円滑に進めることができます。

②　借入金利

　企業にとって借入金利は低ければ低いほど好ましいと考えますが，それでは交渉になりません。まず，銀行がどのような目線で貸出金利を設定するのかを理解しましょう。

　銀行が企業に貸出を行う場合，銀行は貸し出す資金をどこからか調達します。市場から調達する場合もあるでしょうし，預金を充当する場合もあります。いずれにせよ，銀行は貸出のための資金を調達しますが，そのためには市場金利や預金金利といったコストを支払わなくてはなりません。これが銀行にとっての調達コストです。そして，銀行も営利企業ですので，調達コストに経費や適正な利潤を上乗せして貸出金利を設定します。これらを加味して，一般に銀行は優良企業向けの貸出金利の目安として，「プライムレート（最優遇貸出金利）」を公表しています。

　しかし，銀行が設定する貸出金利はそれぞれの企業一律というわけではありません。貸し出した資金がしっかりと返済されることが確実な企業と，不安が残る企業とでは，貸出金利に差をつけます。これを分けるものが企業の「信用

力」です。利益率が高く財務体力のある企業は信用力が高いとみなされます。しかし，売上も伸びず，赤字を繰り返している企業は倒産する可能性が比較的高く信用力は低いとみなされます。信用力の問題から返済が滞るリスクのことを「信用リスク」といいますが，銀行は企業との貸出金利の交渉にあたって企業の信用リスクを貸出金利に織り込んで金利を設定します。

　このように見ると，借入金利で借り手が銀行に対して交渉の余地があるとすれば，企業の信用リスクをどのように金利に織り込むかという点ぐらいです。企業側が，銀行の自社に対する見方が厳しすぎると考えれば，積極的に利益見通しなどを示し，信用リスクに対する考え方を銀行に改めてもらう必要があります。そして，これに銀行が納得できれば，貸出金利を低く抑えることができるかもしれません。

　このような交渉を経て，借入金利が決定されます。契約書に記載する借入金利のことを「約定金利」といいます。ただ，借入期間が長期に及ぶ場合，企業は借入金利を固定し，支払金利の額を一定にしたいと思うかもしれません。このような借入は「固定金利借入」といいます。この場合，銀行は企業から固定金利を受け取った後，市場で固定金利と変動金利を交換します（これを「金利スワップ取引」といいます）。企業はこのような金利スワップ取引を使うことで，金利変動リスクを回避し，固定金利借入を実現することができます。

③　借入期間・返済方法

　借入期間は資金使途によって異なりますが，通常の運転資金や納税資金であれば短期借入とし，返済期日を1年以内で設定する場合が多いです。運転資金の場合，売上債権と仕入債務の差額が運転資金となりますので，もし売上規模や回収・支払条件が変わらなければ，企業は短期借入を更新し続けることになります。一方，設備資金の場合，通常は長期借入となりますが，基本的には取得する設備の経済耐用年数に合わせて借入期間を設定します。経済耐用年数が5年の機械を購入するのであれば，借入期間も5年に設定します。

　借入の返済方法については，①元本一括返済（期日に元本を一括で返済する方法），②元本均等返済（期日までに元本を均等に返済する方法），③元利均等返済（元本と利息の合計が期日まで等しくなるように返済する方法）の3つが

あります。このうち，③の元利均等返済は企業の借入ではほとんど使われません（主に個人の住宅ローンなどで用いられます）。タームローンのところで説明しましたが，①の元本一括返済にはリファイナンスリスクがありますが，借入期間中は元本の返済がないのでキャッシュフローは楽になります。一方，②の元本均等返済にはリファイナンスリスクはありませんが，借入期間中の元本返済でキャッシュフローがきつくなります。どちらを選ぶかは，借り手である企業が何を優先するか次第だといえます。

④　その他の条件

　企業と銀行がすべて順調に借入の条件で折り合えば問題はありません。しかし，銀行が企業の信用力に自信を持てない場合，銀行は企業が返済できない場合に備えて，企業に担保や保証を要求することがあります。このように銀行が返済を確実にするために行う措置のことを「信用補完」といいます。銀行が担保や保証を求めてきた場合，これに応じるかどうかは企業の考え方次第です。担保や保証については次節で説明しますが，企業は担保や保証を差し入れるかどうかを借入前に銀行と交渉し，双方が納得する形で条件に織り込むかどうかを決めます。

　また，銀行は貸出期間中でも企業に対して健全な経営を継続してもらうために，いくつかの約束を提示することがあります。そして，この約束を企業が順守できなかった場合，銀行は貸出期限の前であっても貸出額全額を返済するように要求することができます。この約束のことを「コベナンツ（Covenants）」といいます。例えば，融資期間で銀行の了解なしに他社に担保を提供してはいけない（これを「担保提供制限条項（ネガティブ・プレッジ）」といいます）とか，子会社の重大な経営上の問題が発生した場合には銀行に報告しなくてはいけないなどのコベナンツ条項が設定されることがあります。また，自己資本比率や経常利益プラス維持など，借り手の財務や利益に条件を定めたコベナンツもあります（これを「財務制限条項（フィナンシャル・コベナンツ）」といいます）。このようなコベナンツの内容については，契約書の一字一句をしっかりと確認したうえで，合意しなくてはいけません。

　なお，企業がコベナンツの内容に合意し，それが借入契約書に織り込まれれ

ば，コベナンツ実施状況について企業は銀行に報告することになります。特に，財務制限条項については指定された指標などの結果を報告します。

⑷　担保・保証について

①　担保・保証について理解を深める

　企業が銀行から資金を借りるとき，銀行から担保や保証の差し入れを求められることがあります。これは，銀行が貸出の返済をより確かにするためのものです。企業が期日に返済できない場合，銀行は担保権を行使しますので，担保物件の所有権は銀行に移行します。これにより，銀行は当該物件を売却し，その代金を貸出金の返済に充当します（担保のことを「物的担保」といい，不動産や有価証券など経済価値を有するものすべてが担保になり得ます）。また，保証の場合は保証人が企業に代わって貸出金の返済義務を負います（保証のことを「人的担保」といいます）。そのため，企業は担保や保証の差し入れについては慎重に検討しなくてはなりません。

　かつてバブル期において，銀行は不動産担保を取って貸出を急速に増やした時期がありました。しかし，バブルの崩壊によって不動産価格が大きく低下すると，多くの銀行貸出が不良債権となり，その後の経済低迷のきっかけとなりました。このため，このような担保至上主義による貸出を反省し，銀行は担保や保証のみに依拠した貸出を抑制する方向にあります。しかし，担保や保証は金融取引において廃止されたわけではなく，引き続き存続しています。逆に，担保や保証があることによって，金融取引が円滑に進められるという側面もあります。

　銀行が企業に担保や保証を求めることは，銀行が貸出先企業の信用力に自信を持つことができず，返済を確実にするために行う行為です。担保については，民法で担保権が詳細に定められていますが，代表的なものは「質権」と「抵当権」です。質権とは，債務者が経済的価値のあるものを所有している場合，債務者が返済ができない場合には債権者がそれを売却して返済に充てることができる権利のことです。これに対して，抵当権では，債権者が担保物件を占有することなく，担保提供者は引き続きその物件を利用することができます。一方，債権者は当該物件を登記することによって担保権を確定します。不動産担保が

図表7－4	不動産を担保に資金を調達するケース

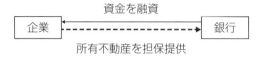

資金を融資

企業　◀┈┈┈┈┈┈┈┈┈┈┈┈┈┈▶　銀行

所有不動産を担保提供

> 担保価値：物件の経済価値の７割程度－先順位設定額＊
> 担保設定額：借入額全額を担保設定
> 担保不適格物件：担保権行使の際に売却困難な物件
> 　＊先順位設定額とは，既にその不動産に抵当権等を設定している分のこと
> 　　であり，担保価値はその分を除いて算出しなくてはならない

その代表ですが，銀行は不動産登記簿を確認することで，その不動産の権利関
係を容易に確認することができます。また，不動産の経済価値を把握すること
も容易にできるため，銀行にとって不動産は担保に適した物件です（**図表
7－4**）。

　一方，保証については，債務者が返済を行わない場合に保証人がそれに代
わって返済を行うというものです。中小企業が資金を借り入れる場合，企業経
営者が保証人となるケースが多く見られました。しかし，保証履行によって個
人の財産がすべて返済に充当され，その結果，経営者が自己破産してしまう
ケースも出て，個人保証による銀行融資が問題視されるようになりました。現
在は保証に依拠した銀行融資は限定的かつ抑制的なものになりつつあります。
しかし，保証は法的行為の１つとして現在も行われていますので，その内容に
ついてはしっかりと理解しておきましょう。

　保証には，「連帯保証」があります（**図表7－5**）。これは，保証人が主たる
債務者と連帯して債務を保証するものです。連帯保証人には次の３つの権利が
認められていません。第１は，「催告の抗弁権」がありません。催告の抗弁権
とは，保証人が債権者に対して自分よりも先に主たる債務者に請求するように
主張する権利のことです。これがないので，連帯保証人は債権者から請求があ
れば保証債務を履行しなくてはいけません。第２は，「検索の抗弁権」があり
ません。検索の抗弁権とは，保証人が債権者に対して主たる債務者に財産や返

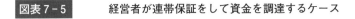

図表 7-5　　　　経営者が連帯保証をして資金を調達するケース

連帯保証の特徴
催告の抗弁権なし→「主たる債務者にまずは請求してくれ」とはいえない
検索の抗弁権なし→「主たる債務者には財産があるので，それを差し押さえろ」とは
　　　　　　　　　いえない
分別の利益なし　→「自分だけでなく，ほかの保証人にも請求してくれ」とはいえない

連帯保証人は大きな責任を負うことになる

済能力があることを主張して自分よりも先に主たる債務者の財産を強制執行するよう主張する権利のことです。これがないので，主たる債務者に返済能力があったとしても，連帯保証人は債権者から請求があれば保証債務を履行しなくてはいけません。そして第3は，「分別の利益」がありません。分別の利益とは，複数の保証人で保証履行を分担することですが，これが認められていません。このため，連帯保証人は債権者に対してほかの保証人に請求するよう主張することができません。このように，連帯保証人は通常の保証人よりも重い責任を負っていますので，連帯保証人になるかどうかは，通常の保証人になるよりもさらに慎重な判断が求められます。

　なお，抵当権や保証については，特定の債務に関するものと，継続的な取引から生じる債務全般に対するものがあります。後者は「根抵当権」，もしくは「根保証」といいます。さらに，一切の債務を一括して担保・保証するようなもの，いわゆる「包括根抵当権」や「包括根保証」については，担保提供者や保証人の責任があまりに重くなりすぎることから，現在では制限が加えられています。いずれにせよ，担保・保証については契約上の内容を詳細に精査し，担保提供や保証を行うかどうかを慎重に検討する必要があります。

②　銀行はどうして担保や保証を求めるのか

　銀行はなぜ担保や保証を徴求するのでしょうか。これまでで，「（担保・保証）は銀行が貸出先企業の信用力に自信を持つことができず，そのため，返済を確実にするために行うためのものです」といいました。確かに基本的にはこのような考えに基づいて銀行は担保や保証を徴求するのですが，この点についてもう少し詳しく見てみましょう。

　銀行と貸出先である企業との間には，情報に関して格差があります。この場合の情報とは，企業の信用力に関する情報だけでなく，企業が借入を行った後もその資金を使って計画通りにしっかりと事業を行い，返済に向けて努力を続けるかどうかといった情報も含まれます。取引前に把握すべき企業の信用力に関する情報のことを「事前情報」といい，取引後に企業が返済に向けて努力するかどうかの情報を「事後情報」といいます。企業は自社に関する事前情報，事後情報のことは当然ながらよくわかっています。しかし，銀行はこれらの情報を企業ほどは把握できません。このような状況のことを，「情報の非対称性」といいます（**図表7-6**）。

　銀行と企業の間に事前情報の非対称性がある場合どのようなことが起きるでしょうか。企業が銀行から資金を調達した後に倒産すると，銀行は多額の貸倒損失を被ることになります。事前情報の非対称性から本来融資をすべきでない先に融資してしまうことを「逆選択」といいます。銀行はこのような逆選択を何としても避けたいところです。一方，事後情報に非対称性がある場合はどうでしょう。企業は借り入れた資金を別の投資に流用することや，また，返済に向けての努力を怠って，結果として返済が滞り，銀行は貸倒損失を被ることになります。事後情報の非対称性から銀行が損失を被ることを「モラルハザード」といいます。

　情報の非対称性によって生じる貸倒損失を回避しようとすれば，銀行は企業に担保や保証を徴求します。しかし，企業が銀行に積極的に情報開示をし，情報の非対称性を解消する努力を示せば，担保や保証を提供する必要はなくなるかもしれなせん。言い換えれば，担保や保証は情報の非対称性の結果として銀行が求めるという面があります。

　企業と銀行は事前情報の非対称性を解消するためにどのような努力をすべき

図表 7-6	企業と銀行間の情報の非対称性に関する整理

項目	事前情報の非対称性	事後情報の非対称性
情報の種類	企業の信用力に関する情報	企業の努力，事業継続に関する情報
懸念される結果	**逆選択（Reverse Selection）** 本来は資金調達できない先が資金調達することで，劣悪な企業が生き残る	**モラルハザード（Moral Hazard）** 資金調達したことによって安心してしまい，その後の企業努力が疎かになってしまう
銀行の対応	**審査の強化** 融資実行前に企業の財務内容をしっかりと分析し，今後の事業計画も検証する	**事後モニタリングの強化** 融資実行後に企業の計画遂行状況，収益状況等の推移をモニタリングする
企業の対応	財務内容・利益計画の開示	事業遂行状況・利益推移等の開示

でしょうか。銀行は融資実行前の審査を厳しく行います。前章で説明したように，財務分析などを用いて，定量的な角度から現状の分析を行うとともに，将来的な方向性についても可能な限り分析を行います。そのため，企業は銀行の審査にしっかりと答えられるだけの情報を提供する必要があります。定性的なものではなく，できるだけ数字に落としたものを提供する必要があります。

　事後情報の非対称性についてはどうでしょうか。銀行は企業に対して事後的なモニタリングを行います。例えば，設備資金であれば，その設備を購入したかどうかのエビデンスを企業に求めます。また，利益状況やキャッシュフローの推移についての情報を求めることもあるでしょう。企業もこれらの要求についてしっかりと答えることで，事後情報の非対称性を解消することができるかもしれません。

(5)　銀行借入に関する社内の意思決定

　銀行借入について，企業が銀行との間ですべての条件を確定させた後，最後に必要な手続きは社内での最終的な合意です。基本的には役員会や取締役会でCFO が銀行からの資金調達についての詳細を説明し，参加者がそれを承認す

る手続きになります。それでは，CFO はどのようなポイントで銀行借入を説明するでしょうか。

　まずは，どのような目的でいくら資金調達を行うのかということです。運転資金を調達するのであれば，資金繰り表や資金計画表を用いて，借入を行わない場合と借入を行った場合とでのギャップ分析の結果を示すことが有効です。設備資金の場合，おそらく投資案件そのものは役員会などで承認されているでしょうから，ファイナンスの立場から借入を行う蓋然性を説明する必要があります。説明の中には，今後の元本返済や金利の支払いが資金繰りにどのような影響を及ぼすかなども含まれます。

　次に，借入条件について説明します。前節で説明したように，借入金利，期間，返済方法，担保・保証・コベナンツの有無などが中心となります。従来の借入と比べて大きな変更がないのであれば問題はありませんが，例えば借入金利が従来よりも引き上げられるということがあれば，それは銀行が自社の信用リスクに懸念を持っているということかもしれませんので，その内容を社内で共有しておく必要があります。また，返済方法について期日一括を選択するのであれば，期日到来時のリファイナンスリスクをどのように考えるかということを説明する必要があります。さらに，担保・保証・コベナンツを求められている場合には，それに関する銀行との交渉経緯を報告する必要があります。担保や保証を徴求されていることが自社の信用懸念によるものであるとすれば，これについても企業としてしっかりと対応する必要があるでしょう。また，コベナンツについてはその内容の順守が可能であるのかどうかをしっかり見極めたうえで報告する必要があります。

　借入を行うことによる財務上のインパクトについての説明も必要です。借入を行うことによって外部負債が膨らむわけですから，それによって期末の自己資本比率や DE レシオ（有利子負債÷株主資本）がどのようになるか，そしてそれが投資家目線で見たときにその借入がどのような印象を与えるのかなどを報告する必要があります。もし外部負債が増えすぎて，自己資本比率が大幅に低下するようであれば，今後の資金調達方針をどのように運営すべきかを中長期的な観点から説明をする必要があるかもしれません。また，企業価値を引き上げるためにどのような方策を講じるかという視点も必要かもしれません。こ

れについては第11章以降で説明します。

　最後に，今回の銀行借入に関して，借入に至る経緯や取引銀行間の序列，さ
らには銀行取引関係に変化があるかどうか等を説明する必要があります。銀行
借入に至った経緯として，銀行からの提案に基づくものか，もしくは企業から
の申し出によるものなのか。前者であればどのような提案が行われたのか，後
者であれば借入条件の設定で銀行はどのような対応を見せたのかなどを説明し
ます。また，今回の借入がメインバンク1行借入なのか，それとも銀行取引
シェアに応じて割り振るのか，等についてもしっかりと社内で情報を共有して
おく必要があります。銀行取引の序列やシェアについては銀行も気にするとこ
ろですので，このあたりの情報はCEOにもインプットしておく必要がありま
す。

👀👀【取引銀行の視点】

　銀行は企業に融資をすることで利益を上げています。現在，低金利の状態が
長い期間続いていますので，預金や貸出による資金益が減少していますが，資
金益が銀行の本源的な収益であることに変わりありません。

　銀行が融資において最も回避したいことは，企業に資金を融資した後に企業
が倒産し，銀行が貸倒損失を被ることです。例えば，100百万円の融資を行っ
て1%のスプレッドを確保しているとすれば，銀行の資金益は年間1百万円です。
しかし，企業が倒産して全額貸倒損失となれば，損失額は100百万円となります。
このため，銀行は貸倒損失は絶対に回避したいと考えます。一方，銀行は信用
リスクを全く取らないわけにはいきませんので，そのために銀行は企業との間
にある「情報の非対称性」を縮める努力をします。

　銀行にとって最も重要視している情報は，経営者の考え方や人となりです。
経営者が先見性を持ってしっかりと企業経営を行っていると銀行が自信を持つ
ことができれば，融資を行う際のハードルも低くなります。その意味で，銀行
は常に経営者の考え方や関心事をモニタリングします。これを実現するために，
銀行は役員，部店長から担当者に至るまで，常に企業経営者の動向に注意を払っ
ています。それが，「情報の非対称性」の程度を縮小し，結果として円滑な銀行
取引を実現すると思っています。

第8章

銀行と良好な取引関係を構築する：銀行取引の理論

(1) メインバンク制の変質

① メインバンク制崩壊の経緯

　企業にとって銀行取引は基本的に「メインバンク」を中心に構成されます。通常，企業は複数の銀行と取引をしていますが，取引銀行の中で最も借入残高の大きい銀行がその企業にとってのメインバンクとなります。しかし，メインバンクの役割は大きく変貌しました。企業の資金調達は今でも銀行借入が中心ですが，バブル期以前のメインバンク中心の銀行取引は，「メインバンク制」として日本経済をけん引する原動力の1つとして，世界の中でも特異なシステムを構築していました。

　メインバンク制では，メインバンクが企業向け貸出において最大のシェアを持つだけでなく，その企業の株式を保有し，貸出以外の資金決済や預金受け入れなどにおいても中心的な役割を担っていました。また，企業幹部として銀行員や銀行OBを派遣・出向させ，企業経営に関する情報を優先的に知り得るポジションにいました。メインバンクの支店長はいつでも企業経営者と会うことができ，銀行は日常的に企業経営者の考えを聞くことができました。企業経営者にアドバイスを与えるような役割を演じていたのです。

　銀行にとって企業のメインバンクであることは，安定的かつ独占的な取引を享受することができましたので，大変メリットの大きいものでした。ところで，メインバンクはどのように決まっていったのでしょうか。伝統ある財閥系大企業であれば，その財閥系グループに属する銀行が必然的にメインバンクとなっ

ていました。また，非財閥系や中堅企業では，歴史的に成長資金を支援したり，苦しかった時代に融資を惜しまなかったりして，企業経営者が銀行に恩義を感じることでメインバンクになっていくというケースもよく聞かれます。いずれにせよ，メインバンクはその企業の発展の歴史の中で形成されるものであって，その地位がほかの銀行に入れ替わることは稀でした。その意味でメインバンク制はきわめて安定的なシステムであったといえます。

　企業にとってもメインバンク制にはメリットがありました。バブル期以前の日本は資金不足に苦しんでいました。このため，メインバンク経由で安定的に資金を調達できるメリットは企業にとっては大きなものでした。また，企業経営が苦境に陥った場合でも，メインバンクが積極的に企業の立て直しに奔走し，支援することを企業は期待することができました。このため，企業にとってメインバンクと安定的な関係を維持することは，「保険」を掛けるような感覚だったかもしれません。

　メインバンク以外の銀行にとっても，メインバンク制は取引企業に関する情報収集のためのコストを節約する効果がありました。準メインバンク以下の銀行はメインバンクの支援姿勢に同調していれば安定的な企業との取引関係を継続できたのです。コストをかけてあえて企業から情報を取って貸出取引を行う必要もなかったのです。このように，メインバンク制は銀行と企業双方にとって「Win-Win」の関係を構築する制度だったといえます。

　しかし，1980年代ごろから金融自由化が進み，銀行融資を中心とする「間接金融」から証券市場を経由して資金を調達する「直接金融」の割合が大きくなっていきました。このため，大企業を中心にメインバンクに依存する必要性は急速に低下し，独自に債券を発行したり増資をしたりして市場から資金を調達できる道が開けてきました。さらに，1990年代以降のバブル崩壊によって，メインバンク制のデメリットに焦点が当てられるようになりました。企業にとって，何かあればメインバンクが必ず助けてくれるという意識で行われる経営は，完全な「モラルハザード」ではないか，メインバンクに依拠した経営は，「コーポレートガバナンス」が効いていないのではないか，というような批判が多く聞かれるようになりました。

　一方，銀行もバブル崩壊で多額の不良債権を抱えて苦境に陥りました。バブ

ル期に資金不足から資金余剰の経済に転換し，銀行はその余剰資金を使って不動産を担保に融資を膨らませてきました。しかし，バブル崩壊で不動産価値が急落すると，不動産担保融資の多くが不良債権化しました。そのため，当時の銀行にとっての喫緊の課題は不良債権の処理でした。不良債権に耐えきれず，破綻に追い込まれる銀行も出てきました。そのため，1999年に当時の金融監督庁が「金融検査マニュアル」を公表し，銀行に対して「債務者格付制度」に基づく厳格な資産査定により，不良債権の早期処理を求めるようになりました。

②　信用格付について

　債務者格付制度とはどのようなものでしょうか。まず，銀行は企業の信用リスクをもとに，企業を「正常先」，「要注意先」，「破綻懸念先」，「実質破綻先」，「破綻先」の5つの債務者区分に分類し，さらにそれに基づいて信用格付を付与します。信用格付の付与に銀行の裁量的な判断の入り込む余地はあまりありません。基本的には財務内容を中心に決められます（但し，付加的な要素として定性的な判断も一部加味されます）。そして，債務者区分に応じて個別の貸出資産をその回収可能性を加味してⅠ分類からⅣ分類までの4つに分類します。これを「自己査定（資産査定）」といいますが，その過程では担保や保証などの信用補完も加味されます。そして最後に，この自己査定の結果に合わせて，銀行は貸倒引当金や償却額を計上します。貸倒引当金や償却額は貸出に関する銀行のコストとなり，利益の圧迫要因となります。業績の悪い企業に貸出を行うと，銀行は多額の貸倒引当金を計上しなくてはならないため，利益が悪化することになります（**図表8-1**）。

　このような制度に基づき，銀行は企業に対して信用格付に基づいて厳格に融資を行うようになりました。このため，銀行はメインバンクだからといって安易に企業を救済するような行為を行うことができなくなりました。企業が赤字を計上した段階で信用格付が引き下げられますので，銀行は貸倒引当金を自動的に積み増さなくてはいけなくなるからです。さらに，救済のための融資を行えば，銀行は貸倒引当金を追加で計上しなくてはなりません。

　金融検査マニュアルは2019年12月に廃止となりましたが，銀行は基本的にこのプロセスを踏襲しています。銀行は企業の信用格付に基づいて厳格に貸倒引

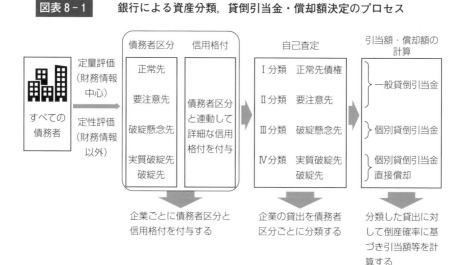

図表 8-1　銀行による資産分類，貸倒引当金・償却額決定のプロセス

（資料）大久保・尾藤（2013）をもとに作成

当金を計上するのみならず，貸出金利の水準や担保・保証を徴求するかどうかについても信用格付に沿って判断しています。このように，銀行と企業の間の関係には恣意性が排除され，透明性を高めていくことが求められるようになりました。このため，従来型のメインバンク制度は変質していくことになったのです。

(2)　現在のメインバンクの役割

　バブル期を経て，日本の経済の仕組みは大きく変わりました。企業には透明性の高いコーポレートガバナンスが求められるようになり，また，銀行には信用リスク管理の徹底が求められるようになりました。このため，従来のメインバンク制のように，メインバンクが何かあったら企業を救済するというような「暗黙の依存関係」から脱却しつつあります。それでは，現在の企業と銀行との取引関係はどのように変わり，メインバンクはどのような役割を担うようになったのでしょうか。現在のメインバンク制を考えてみましょう（図表 8-2）。

| 図表 8 - 2 | 企業にとってのメインバンクへの期待の変遷 |

	バブル期以前のメインバンク	バブル期以降のメインバンク
資金調達	メインバンクから，優先的に資金を調達することができる	メインバンクでなくても，どの銀行からでも資金調達は可能
業績悪化時の支援	メインバンクからの積極的な支援を期待	取引銀行は業績回復の可能性を是々非々で判断
自社株式の保有	メインバンクに安定株主になってもらうことで経営面への貢献を期待	取引銀行は企業の株式保有に後ろ向き
人的面での受け入れ	銀行員や銀行 OB を経営幹部として受け入れ	人的面での受け入れは大企業では消極的，中堅・中小企業はニーズあり
経営指導	メインバンクからの積極的な経営指導を期待	大企業はメインバンクに依存しなくても独自に問題を解決。中堅・中小企業にはニーズあり

　銀行取引に関しては，大企業にとっての銀行取引と中小・中堅企業にとっての銀行取引では相当異なります。大企業については，長年にわたる資金余剰状態が継続していることのほかに，大企業の資金需要自体も落ち込んでいます。また，金融自由化以降，大企業は銀行に依存しなくても市場から資金を調達することができるようになっています。さらに，内部留保が増えたことで，「内部資金調達」の割合が増えています。これらの要因によって，大企業の銀行への依存度は大きく低下しています。

　銀行にとっても貸出は重要な利益の源ではありますが，資金需要の低迷とマイナス金利政策の継続によって銀行の大企業向け貸出スプレッドは低下しています。このため，銀行も従来のように企業からの借入申し出に対して受け身で対応するだけでは利益を増やすことが難しい状況です。このため，銀行は企業に積極的に提案する，いわゆる「提案型営業」で他行との差別化を図っています。例えば，企業が M&A によって海外の事業領域を拡張したいというニーズがあるのであれば，買収候補先を探してきて，当該企業を買収することのメリット・デメリットを共に考えるなど，貸出機会を自ら創出するような動きを

強めています。

　一方，中小・中堅企業と銀行の関係は，大企業とは異なります。中小・中堅企業と大企業との違いは，人的資源が社内にあるかどうかというところにあります。人的資源が社内に豊富にある大企業であれば，銀行からの提案を待たずとも，積極的に社内の問題解決を自ら進めることができます。しかし，中小・中堅企業には社内に十分な人的資源が多くはありません。このため，銀行からの提案や経営面でのアドバイスを必要とする面がまだ残されています。このため，銀行の提案型営業は大企業よりはむしろ，中小・中堅企業向けに強化する傾向が見られます。

　このような状況にあって，中小・中堅企業は今でもメインバンクを頼りにしています。しかし，提案型営業において，メインバンクが必ずしも優れた提案ができるとは限りません。現在のようにどこからでも資金が調達できる状況であれば，企業はメインバンクに依存しなくても，優れた提案を行う銀行と取引関係を深めていくことができます。その意味で，銀行間の競争はかつてよりもかなりオープンな形になりつつあります。企業は良い銀行を自由に選ぶことができるようになりましたし，銀行も優れた提案で取引ランクの引上げを図ることが容易になりました。

⑶　銀行は企業のどこに注目するか

　バブル崩壊後，銀行は企業と貸出取引を行うにあたって，企業の信用格付に基づいて，貸出条件などを設定しています。企業も銀行が自社をどのように評価して信用格付を付与しているのかを知っておくことで，円滑な銀行取引が可能となります。本節では，銀行が信用格付をどのように決めているのかを紹介します（**図表8-3**）。

　図表8-1に示した通り，銀行が信用格付を決定するには，企業の財務情報と財務以外の定性情報の2つを用います。企業の財務情報については，銀行ごとに持っている「スコアリングモデル」によって評価が行われます（外部のスコアリングモデルを使用しているケースもあります）。企業が銀行に財務諸表を提出すると，銀行の担当者はそれをコンピュータに登録し，スコアリングモ

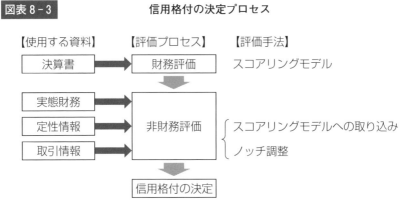

図表8-3　信用格付の決定プロセス

【使用する資料】　　【評価プロセス】　　【評価手法】

決算書　→　財務評価　　スコアリングモデル

実態財務　→
定性情報　→　非財務評価　｛スコアリングモデルへの取り込み
取引情報　→　　　　　　　　　ノッチ調整

信用格付の決定

（資料）大久保・尾藤（2013）をもとに作成

デルでスコアリングを行い，その結果がフィードバックされます。信用格付が導入される以前，担当者は財務諸表を入手してから手作業で財務分析を行い，貸出稟議書を作成するなど，まさに労働集約的な作業を行っていました。しかし，スコアリングモデルの導入によって，企業の財務内容は簡単にスコアリングされるようになりました。このスコアリングが信用格付のベースになります。

　次に，財務情報以外の情報を使って，スコアリング結果に対する調整を行います。非財務情報にはどのような種類のものがあるのでしょう。これには，大きく次の3つがあります。第1は，財務諸表に関して，例えば資産項目を時価評価し，また，ヒアリングや実態調査を通じて決算数値を再評価し，財務諸表を加工したいわゆる「実態財務情報」です。これを加味して修正を行うことにより，実態により近い形で評価することができます。第2は，企業に関する情報のうち，信用状態に影響を及ぼすと考えられる情報，すなわち，「定性情報」です。例えば，業種，業歴，地域などを加味するケースがあります。ただ，恣意性を排除するという原則から，信用格付において定性情報が加味される割合はそれほど大きくはないです。そして第3は，「銀行取引情報」です。貸出取引において過去に延滞したことがあったかどうか，また，自行がメインバンクかどうか，などの情報です。但し，これらの情報はメインバンクと準メイン以下の銀行とで情報に格差があることから，この評価ウェイトを高くしすぎる

と，信用格付の趣旨に反する可能性がありますので，実際にはこれらの情報は，スコアリングモデルに反映させる方法（特に業種特性など）と，スコアリング評点に対して調整を行う，いわゆる「ノッチ調整」というやり方で反映させる方法の2つがあります。

　信用格付を決定するにあたって最も大事なスコアリングモデルはどのようなものなのでしょうか。これは統計学を駆使したかなり専門的な領域になりますので，エッセンスだけ記載します。スコアリングモデルの目的は，企業の倒産確率を正確に予想することにあります。このため，スコアリングモデルにインプットする変数は，企業の倒産に結びつくものに限定されます。例えば，自己資本比率，債務償還年数（現状のキャッシュフローで債務全額を何年で返済できるか），売上高営業利益率，売上債権回転期間，借入依存度（総資本に占める有利子負債の割合）などの指標です（但し，スコアリングモデルによってインプットする指標は異なりますので，一概に特定することはできません）。そして，過去の経験値から，それぞれのインプット項目と倒産との関係を検証し，スコアリングモデルを作り上げていきます。これを活用することによって，銀行は現在の財務状況からその企業の倒産確率を導くことができます。スコアリングが高ければ倒産確率は低く，スコアリングが低ければ倒産確率が高いということです。そして，このスコアリングをもとに銀行は企業ごとに信用格付を決定しています。

　企業は銀行のこのような信用格付の仕組みを理解したうえで，銀行取引をどのように構築していくべきでしょうか。まず，企業は銀行が信用格付を倒産確率という観点から決めているということを理解すべきでしょう。企業がもし銀行との取引において自社に有利な取引条件，例えば，金利の引き下げや借入期間の長期化等を望むとしても，交渉によってそれが実現する余地は大きくはありません。やはり，企業は財務内容の健全化や利益の拡大に取り組むしかありません。かつてのメインバンク制であれば，メインバンクが何かあれば救済してくれるというような期待もあったでしょうが，そのような恣意的な要素は信用格付の決定プロセスに入り込む余地は多くありません。企業は自助努力によって改善を図っていくしかないのです。

(4)　リレーションシップバンキングと
　　　トランザクションバンキング

　バブル期を経て企業と銀行はウェットな関係から乾いた関係になっているように見えますが，両者の関係にはそれほど劇的に変化していない部分もあります。前の章で説明したように，企業と銀行の間には「情報の非対称性」が存在しています。銀行は企業の非財務的な情報を入手しながら，企業の経営戦略や経営者の考えを捉え，企業の方向性を正しく把握したいと考えています。それは，現時点よりはむしろ，企業の将来に向けての利益や財務体力をしっかりと認識する中で，今日の貸出取引を安定的に進めたいという動機に根差すものです。ただ，企業は自社の情報を十分に把握していますが，銀行は企業ほどに情報を正確に把握していません。このため，両者の間には依然として情報の非対称性が存在しています。

　だいぶ前になりますが，2000年代の初頭，日本の多くの中小企業が資金調達に困難をきたしていたころ，2003年3月の金融審議会が「リレーションシップバンキングの機能強化に向けて」という報告書を出しました。この中にあるリレーションシップバンキングとは，金融機関が顧客との間で親密な関係を長く維持することにより顧客に関する情報を蓄積し，この情報を基に貸出等の金融サービスの提供を行うことで展開するビジネスモデルです。もともと，リレーションシップバンキングでは，借入先は中小企業，貸出先は地銀や第二地銀などの地域金融機関を想定していました。しかし，このことの本質的な意味は，銀行と企業との間にある情報の非対称性をどのように乗り越えるかということにありますので，中堅企業や大企業にもその内容は十分当てはまるものです。

　リレーションシップバンキングは，銀行が企業とリレーションシップを深める中で，財務諸表から得られる信用情報以外の信用力に関する情報を得ることで，情報の非対称性を乗り越えて銀行が取引を行っていくことにポイントがあります。このような情報を「ソフト情報」といいます。例えば，事業の成長性，経営者の資質，従業員のモラル，企業の技術力等が含まれます。このようなソフト情報を入手しながら，銀行は企業への貸出取引を拡大することを目的としています。このように見ると，銀行は大企業を含めてリレーションシップを深

めることで，将来発生するかもしれない信用コスト（貸倒引当金や償却を行うことに伴うコスト）を節約することができます。

　一方，企業の側にとってのリレーションシップバンキングはどうでしょう。自らの企業情報を銀行に提供することによって安定的な資金調達が可能となれば，それはメリットといえるでしょう。しかし，企業が自社の情報を独占的にメインバンクのみに開示することになれば，メインバンクは情報優位な立場を使って，銀行に有利な取引条件を設定しようとするインセンティブが働くかもしれません。また，企業は通常，メインバンク以外の銀行とも取引を行い，資金調達を安定的に行うための関係を維持しています。企業が独占的にメインバンクのみに情報を開示することで，他の銀行との関係がぎくしゃくし，逆に資金調達コストが上がってしまう可能性も出てくるかもしれません。また，他の取引銀行も企業から情報を取ることをあきらめ，メインバンクに追随し，同じ取引条件を提示するようになるかもしれません。このようなことを考えると，企業は銀行に対する情報開示には慎重に対処する必要があるかもしれません。

　リレーションシップバンキングに対して，その対極に位置する概念として「トランザクションバンキング」があります。リレーションシップバンキングが企業とのリレーションを進化させることによってソフト情報を入手し，それに基づいて行うバンキングであったのに対して，トランザクションバンキングとは財務情報などの「ハード情報」をベースに行うバンキングです。典型的なトランザクションバンキングは「スコアリングレンディング」と呼ばれるもので，企業が銀行に提出する財務諸表をスコアリングし，企業が融資の可否を判断する貸出手法です。これは必ずしも銀行融資の手法として今はそれほど主流というわけではありませんが，企業と銀行の関係について極めて乾いた関係を前提としているということで，リレーションシップバンキングと対極に位置すると考えられます（**図表8-4**）。

　私見ではありますが，現実的な企業と銀行の取引は，リレーションバンキングとトランザクションバンキングの中庸にあると考えます。企業は昔のようにメインバンクに依存する関係を志向しているわけではありませんが，やはり，何かあったときにメインバンクにはそれなりの支援姿勢を期待します。その意味で，依然として企業は銀行とのリレーションを重要視しています。

図表 8-4 リレーションシップバンキングとトランザクションバンキング

	リレーションシップバンキング	トランザクションバンキング
取引先イメージ	中小・中堅企業	中堅・大企業
ビジネスモデル	良好なリレーションを通じて，取引先企業の「ソフト情報」を入手し，円滑な貸出取引を実現する	入手した財務情報等の「ハード情報」により，貸出の可否を判断する
企業のメリット	銀行との良好な関係を構築することによって，資金調達を安定させることができる	銀行との関係に煩わされることなく，資金調達ができる
企業のデメリット	メインバンクに情報を開示することによって経営の自由度が制約される可能性がある	経営が厳しくなった場合に，銀行からの経営支援が受けられるかどうか不透明

　一方，銀行のほうも企業から独占的に情報を入手できるような関係を構築できるとは思ってはいません。企業経営に関する情報を自ら適切に入手する努力をし，資金調達のみならず経営戦略面からもいろいろな提案型営業を行いながら企業との取引を深化させていきたいと考えています。そのため，銀行は企業が属する業種についての知見を深め，有効な提案をしようとしています。現在，銀行業界は大きな曲がり角に来ています。各銀行は生き残りをかけて企業との最適な関係性をどのように構築すべきかを模索し続けています。

(5)　企業における資金調達検討プロセス

　さて，第7章で銀行借入の概要を説明し，また，本章ではこれまで企業と銀行の関係性を説明してきました。最後に，資金調達にあたって企業が検討すべきプロセスとそのポイントについて説明します。
　資金調達の種類とその特徴については第7章で説明した通りですが，それぞれの資金調達方法によってハードルは異なります。まず，資金調達方法の決定プロセスを見てみましょう（**図表 8-5**）。まず，設備資金や運転資金などが必

図表 8-5　　　　　　　　　　　資金調達の検討プロセス

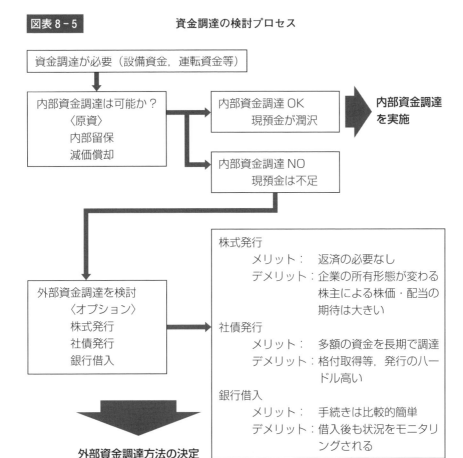

要になったときに，どのような順で資金調達を考えるでしょうか。最初に考えることは，内部資金で賄えるかどうかです。企業が利益を計上するとその分は利益剰余金という形で純資産は増加しますが，これがいわゆる内部留保です。貸借対照表の右側が増えれば，それに応じて左側の資産項目も増えなくてはいけません。どこが増えるでしょうか。まずは現預金が増えます。内部資金調達とはその増えた現預金を設備投資に振り替えたり，または運転資金に充当したりすることです。そして，内部資金調達が可能かどうかは，資金繰り表を見れ

ばわかります。余剰資金があれば内部資金調達が可能ということですが，余剰資金がなければ外部資金に頼らなくてはなりません。前年に利益を計上し，内部留保が増えていたとしても，既にその分が別の有形固定資産や運転資金に充当されていれば，内部資金に余裕はありません。

　外部資金調達が必要ということになれば，どのような形で資金調達を行うかを検討しなくてはなりません。オプションは3つあります。第1は，株式発行による資金調達です。第2は，社債発行による資金調達です。そして第3は，銀行からの借入です。それぞれについて見てみましょう。第1の株式発行による資金調達ですが，これはエクイティファイナンスといわれます。詳しくは第10章で説明しますが，株式は返済を必要としない安定的な資金ですので，増資は有効な資金調達手段です。しかし，増資をすることによって企業の所有形態に変化が生じます。例えば，オーナーの持ち分が相応にある企業であれば，増資をすることによってオーナーの議決権割合が下がる可能性があります。また，増資をすることで既存株主が保有する株価が希薄化によって低下する可能性もあります。基本的に，株主は株価や配当に対して高い期待を抱いていますので，その意味では資金調達のハードルは高いといえます。

　第2の社債発行による資金調達ですが，社債には公募債と私募債の2つがあります。詳しくは第9章で説明しますが，社債を発行することによって，企業は安定的な長期資金を確保することができます。しかし，公募債を発行する場合は，別途「格付」を取る必要がありますし，また，財務的な基準もあって発行する際のハードルは高いです。一方，銀行保証の私募債を発行する場合，ハードルはそれほど高くはありません。但し，基本的には元本一括返済の形態が多いため，いわゆる「リファイナンスリスク」の問題は残ります。

　そして第3の銀行借入による資金調達ですが，これは第7章と本章で説明した通り，実務的には最もハードルが低いため，企業は基本的に銀行借入を中心に資金調達を行います。銀行借入のデメリットをあえて指摘するとすれば，銀行は資金を貸し出した後にモニタリングを実施しますので，その点に企業は煩わしさを感じることがあるかもしれません。しかし，それはある意味で間接金融の定めであるということができます。銀行が資金を貸し出す場合，その原資は預金です。銀行は預金者から預かった資金を守らなくてはなりません。預金

者保護ということです。そのため，預金者保護の観点から，貸し出した資金が返済不能となるような事態を回避しなくてはなりません。そのため，事後的なモニタリングについてはしっかり行わなくてはなりません。

⑹　銀行によるモニタリング

　それでは，銀行は資金を貸し出した企業に対してどのような事後モニタリングを行うのでしょうか。それは，主に次の3点です（**図表8-6**）。

　第1は，資金トレースです。通常，企業は資金調達の際に何の目的で資金を借りるのかを説明しますが，銀行はその説明通りに資金が使われたかどうかを企業に確認します。設備資金の場合は，その設備を購入した領収書や送金明細のコピーなどを求めます。また，運転資金の場合は仕入れ先への送金明細等で確認します。

　第2は，業績のモニタリングです。貸出実行後も企業の業績は順調に推移し，貸出金の返済に問題がないかどうかを銀行は確認します。四半期決算書類や年次決算書類等で銀行は業績推移を確認します。業績に問題がなければ銀行は安心しますが，業績に懸念が見られるような場合は企業に説明を求めます。

　そして第3は，銀行取引のモニタリングです。企業は複数の銀行と取引をしていますので，銀行は企業の銀行別借入残高の推移を注視します。銀行間の競

図表8-6　　　　　　　　　銀行による事後モニタリング

銀行による貸出後のモニタリング	資金トレース	資金が説明通りに使われたか →設備資金の領収書，仕入れ先への振込明細等で確認
	業績モニタリング	貸出後も返済原資を確保できているか →四半期決算，年次決算の時に業績を確認
	銀行取引モニタリング	貸出後の銀行取引状況に変動はないか →銀行別借入推移表等で確認

争という側面もあるのですが，銀行が知らないうちに他行から借入を増やし，その結果として借入過多になってしまっていないかというような視点からもモニタリングを行います。

　このような銀行によるモニタリングに関して，銀行が企業に開示を要請したものについて，企業はできるだけ状況を詳細に説明する必要があります。これによって，企業は銀行と良好な関係を維持することができますし，今後，円滑に資金調達を行ううえでも必要なことです。前章で説明したように，企業と銀行との間の事後情報の非対称性を解消するうえで，モニタリングは必須となります。モラルハザードを回避するための行為として，企業もモニタリングに理解を示し，対応していくことが重要です。

👀【取引銀行の視点】

　銀行にとって，バブル崩壊以降，企業との取引関係は様変わりしました。そもそも，企業にはかつてのような厳しい資金制約はありませんし，資金を調達しようと思えばどこの銀行からでも借りることができます。このため，銀行はかつてのようなメインバンクの地位にあぐらをかいて貸出取引を維持することはできません。

　銀行は自らの顧客を企業に紹介してビジネスを拡大してもらおうとする「ビジネスマッチング」にも力を入れています。当然，紹介する企業の情報をすべて開示することは守秘義務違反になりますので，ある程度紹介企業の意向を確認した後，相互に秘密保持契約などを締結して具体的な商談をセットします。銀行はそのようなビジネスマッチングの仲介を通じて，企業の事業拡大に役立とうとしています。

　また，M&Aでも，売り先，買い先の候補を企業に紹介することにも力を入れています。買い先を紹介して企業が買収することになれば，その企業に買収資金を融資することができますので，銀行も力が入ります。但し，情報漏洩には細心の注意を払うことになります。また，売り先，買い先がそれぞれ銀行の取引先であった場合には利益相反が疑われるようなことにもなりかねませんので，M&Aについては専門の部署が対応します。

　いずれにしても，銀行は事業領域を従来型の銀行業務から拡大しようとしています。

第9章
債券を発行して資金を調達する：社債による資金調達

(1) 債券に関する基礎知識

　企業は債券を発行することによって資金を調達することができます。しかし，債券発行は銀行借入と似ている部分とそうでない部分があります。まずはその辺りから整理しておきましょう。

　債券とは何でしょう。債券とは企業などの発行体が投資家から広く資金を調達するための有価証券です。企業は債券を発行する段階で元本金額，利子の支払方法，元本の償還方法などをあらかじめ決めます。企業は債券の発行によってまとまった資金を手にしますが，そのあとは決まった利子を支払い，期日に元本を償還します（期日のことを償還日といいます）。債券発行による資金調達は外部負債調達ですので，銀行から長期資金を借り入れることと会計上の効果は同じです。債券によって調達した資金はいずれ返済しなくてはいけない資金ですし，貸借対照表上も債券発行による資金調達は固定負債に計上されます。このため，債券発行による資金は増資による資金とは性格が異なります。

　図表9-1の通り，債券は発行体ごとに呼び名が異なります。政府，地方自治体，政府関係機関が発行する債券のことを「公共債」といいます。このうち，政府が発行する債券を「国債」，地方公共団体が発行する債券を「地方債」，政府関係機関が発行する債券を「特殊債」といいます。また，企業や銀行が発行する債券を「民間債」といいます。このうち，企業が発行する債券を「社債」，金融機関が発行する債券を「金融債」といいます。さらに，発行体，発行場所，発行通貨のいずれかが日本以外である債券を「外国債」といいます。

| 図表9-1 | 債券の分類 |

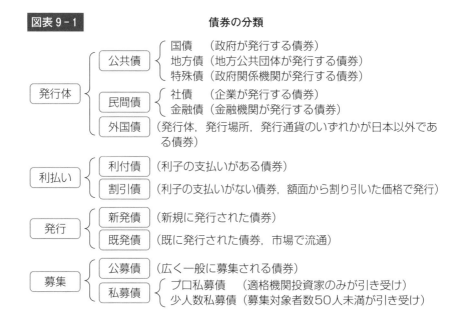

　債券は利子の支払方法によって,「利付債」と「割引債」に分かれます。利付債は,発行されるときに決められた利子を定期的に支払います。一般的に,金利は償還時まで固定されます(これを「固定利付債」といいますが,市場金利に連動して金利が変わる「変動利付債」もあります)。一方,割引債は,利子の支払いがありません。その代わり,あらかじめ額面から利子相当額を割り引いた価格で発行され,償還時に額面金額で償還されるというキャッシュフローになっています。

　債券は新規に発行された債券か,既に発行された債券かでも呼び名が異なります。新規に発行された債券を「新発債」といい,既に発行されている債券を「既発債」といいます。債券は,償還日以前でも市場で売却し,中途換金をすることができます。但し,中途換金は,その時点の市場価格によって売買されます。債券の市場価格は日々変動しますので,購入時点の価格よりも値上がりしていることもあれば,値下がりしていることもあります。

　債券は,新規発行の際の募集の仕方によって,「公募債」と「私募債」に分

かれます。公募債とは，広く一般の投資家を対象に募集する債券のことで，金融商品販売法などによって情報開示の方法など，詳細な規定があります。これに対して，私募債は，適格機関投資家のみが引き受ける私募債（プロ私募債）と，投資家を限定せずに募集対象者数を限定した私募債（少人数私募債）があります。プロ私募債は，募集対象が適格機関投資家等に限られます。少人数私募債は，募集対象となる投資家の数が50人未満に限定されますが，投資家については問われません。このように，私募債は投資家が限定されていることから，発行企業の資格要件も緩く，情報開示義務も免除されています。さらに，プロ私募債のうち，銀行が全額引き受ける「銀行引受私募債」もあり，中小・中堅企業にも広く利用されています。

⑵　社債発行か銀行借入か検討する

　それでは，企業は社債発行による資金調達を行おうとする場合，どのような検討を行うでしょうか。まず，企業が発行できる社債の種類を整理しておきましょう（**図表9-2**）。

　社債の中心的位置づけとなるものは「普通社債」です。普通社債は，最もオーソドックスな社債で，発行期間は3年から5年の長期となります。利率（クーポンレート）は償還までの期間固定され，一定の利息を定期的に投資家に支払います。また，優良企業には短期資金を調達する手段として，「コマーシャルペーパー」があります。期間1年以内（30日以内が中心）の無担保約束手形を発行して資金を調達します。

　さらに，株式と関連した社債としては，「新株予約権付社債」があります。これは，「転換社債」といわれるものと，「ワラント債（非分離型）」といわれるものの2つです。転換社債とは事前に決められた転換価格で株式に転換できる社債のことで，ワラント債（非分離型）とは一定の条件で投資家が新株を発行企業に請求できる権利のついた社債のことです。株価が上昇し，転換価格を上回れば，投資家は転換社債を株式に転換しますので，発行企業は償還の必要がなくなります。しかし，株価が転換価格を下回ったまま推移すれば，転換が進まず，発行企業は償還のための資金を用意しなくてはなりません。発行企業

図表 9-2　　　　　　　　　　　社債に関する分類

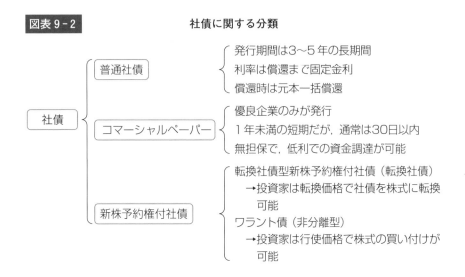

としても，自社の株価次第でその後のキャッシュフローに影響が出ることになります。

　社債を発行するかどうかを検討するにあたって，銀行借入と比べて社債発行にメリットがあるかどうかという観点から検証する必要があります。そこで，社債発行と銀行借入のメリットとデメリットを考えてみましょう（**図表 9-3**）。

　普通社債の場合，普通は期日一括で元本を償還します（私募債の場合は元本の償還を行うことがあります）。そのため，期日まで元本の償還が発生しない分，企業にとってキャッシュフローは楽になります。一方，銀行からの長期借入の場合，元本一括返済とすることは可能ですが，通常，銀行は企業が完済時に借り換えができなくなるリスク（これを「リファイナンスリスク」といいます）に備えて，元本均等返済を要求するケースが多いです。元本均等返済の場合，企業は元本返済のために資金を確保しておかなくてはいけませんので，毎年のキャッシュフローは若干窮屈になります。ただ，社債を発行する場合，企業は償還時に元本を一括償還しますので，リファイナンスリスク対策を十分に検討しておく必要はあります。

　また，社債の種類にもよりますが，社債発行には銀行借入よりも事務コストが追加的に付加されます。このため，銀行借入金利と社債発行のオールインコ

図表9-3	社債発行と銀行借入のメリット・デメリット	
項目	社債発行	銀行借入
キャッシュフロー	通常は期日一括償還のため，期日までは元本償還の負担なし。但し，リファイナンスリスクには要注意	元本均等返済の場合，毎年元本返済の負担あり。但し，償還時のリファイナンスリスクはなし
事務コスト	債券の事後管理など，追加的な事務がある。これらを含めたオールインコストで資金調達を検討する必要あり	借入にかかる事務コストは小さい
資金調達多様化	多様化の効果あり	多様化の効果なし
対外アピール効果	アピール効果あり	アピール効果なし
銀行のモニタリング	銀行のモニタリングはないが，公募の場合は市場参加者への情報開示が必要	銀行の事後モニタリングあり。返済が厳しい場合に，銀行はリスケジューリングの要請に応じる可能性あり

ストを比べると，必ずしも有利とは言い切れない場合があります。このような点で，企業は事務コストを含めた資金調達コストの比較検討を事前にしっかりと行う必要があります。

　但し，社債発行には資金調達の多様化という面で企業にメリットがあります。企業が銀行借入以外の資金調達ルートを持っておくことは，資金調達におけるリスク分散の観点から重要です。また，社債発行による資金調達は，貸借対照表上「社債」という勘定科目に計上されます。これに対して，銀行借入は「借入金」ですので，貸借対照表を見れば第三者はその企業が社債を発行したことを認識することができます。さらに，社債を発行したことは「証券保管振替機構」に記録されますので，社債発行は対外的な「アピール効果」も期待できます。

　銀行による事後モニタリングについては，社債の種類によって違います。例えば，銀行保証による私募債発行の場合，基本的に銀行は銀行借入と同じように事後モニタリングを行います。しかし，公募債の場合は一般投資家からの直

接金融ですので，事後モニタリングはありません。しかし，公募債発行企業は常に市場の目にさらされます。このため，銀行モニタリング以上に日々市場参加者からの厳しいプレッシャーを受けます。資金繰りが厳しくなり，債務のリスケジューリング（借入の返済猶予のことです）を要請しても，銀行借入ならば事情が明らかであれば銀行は受けてくれる可能性はありますが，社債の場合は難しいでしょう。

⑶　社債発行の手続き

①　少人数私募債

　社債発行で資金調達を行う意思決定ができたならば，続いて企業はどのような種類の社債を発行するかを検討します。といっても，選択肢は公募債か私募債かの2つしかありませんし，公募債を発行できる企業は上場企業でかつ信用力の高い企業に限られますので，まずは私募債の発行を検討することになります。

　発行のハードルが低い私募債は，「少人数私募債」です。少人数私募債は既に説明した通り50名未満に募集を行います。しかし，発行後の引受者を50名未満にしておく必要があることから，少人数私募債には譲渡制限を加えることが一般的です。募集にあたっては，企業の関係者で，例えば，オーナーの親族，従業員，取引先などのいわゆる「縁故者」に対して行います。これらの人たちが引き受けてくれれば企業は債券を発行することができます（なお，社債権者に適格機関投資家（プロ投資家）が含まれてはいけません）。金額は1億円未満です（加えて，社債総額を最低券面金額で除した数が50未満である必要があります）ので，少人数私募債を利用する企業は主に中小企業ということになります。

　なお，少人数私募債の場合，担保・保証なしで発行するケースも多く，償還期間や償還方法なども銀行や証券会社が関与しないため，比較的自由に決めることができます。また，少人数私募債は引き受けてくれる縁故者がいれば自由に発行できますが，これらの縁故者が社債発行によって新たな債権者に加わるということを忘れてはいけません。自社に資金を拠出してくれた新たな債権者

に対しても，企業は適切な情報開示を行う必要があります。

　少人数私募債の発行が決まれば，次に事業計画の作成と募集要項の取りまとめを行います。事業計画には，なぜ資金調達が必要なのか，今後どのようにしてその資金を償還するのか，といった内容を記載します。また，募集要項には，募集総額や償還の方法，利率や利払い日，譲渡制限などを細かく記しておきます。少人数私募債は社債管理会社の設置や官公庁への届け出が必要ないため，企業が社債の管理を行います。社債原簿を作成し，利払いや償還などをしっかりと管理します。

②　銀行引受私募債

　資金調達の金額が1億円以上になる場合は，適格機関投資家のみが引き受けるプロ私募債を検討します。適格機関投資家とは，金融商品取引法で規定されている有価証券投資のプロのことです。証券会社，投資信託委託業者，銀行，保険会社，投資顧問会社，年金資金運用基金などが該当します。プロ私募債はこのようなプロの投資家が引き受ける私募債ですが，そのうち最も頻繁に利用されているものが，銀行が全額引き受ける，「銀行引受私募債」です。

　銀行引受私募債には2つの種類があり，1つは銀行が債券の利払いや償還を保証するものです。銀行が債券を引き受け，その利払いを銀行が保証するもので，「銀行保証付私募債」と呼ばれています。そしてもう1つが信用保証協会による保証付の銀行引受私募債です。

　銀行保証付私募債のスキームは**図表9-4**の通りです。資金調達する企業は上部中央，そして，私募債を引き受ける銀行が下部中央に位置します。ここまでは銀行借入と同じですが，私募債の場合，これに3つの役割が加わります。第1は「財務代理人」です。財務代理人とは，社債を発行する企業に代わって，私募債発行や発行期間中の事務を行います。第2は「保証人」です。発行される私募債の利払いや償還を保証するもので，私募債の信用補完を行います。保証は，銀行が行う場合もありますし，信用保証協会が行う場合もあります。そして第3は，「証券保管振替機構」です。同機構は「ほふり」とも呼ばれ，社債権者の権利を登録・管理します。

　銀行保証付私募債を発行するまでの手続きは，銀行借入とあまり変わりませ

図表9-4　　　　　　　　　銀行保証付私募債のスキーム

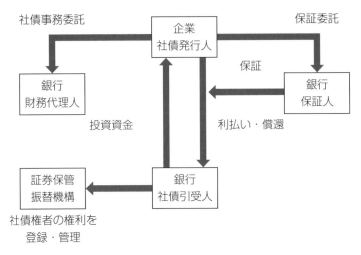

（資料）三井住友銀行 HP をもとに作成

ん。取締役会で社債発行決議を行ったことのエビデンスが必要なこと，そして
もう1つは証券保管振替機構に社債発行者としての登録を行わなくてはならな
いことが追加的に発生しますが，私募債発行は銀行審査を経て決められますの
で，その意味で銀行借入と銀行引受私募債の発行は基本的に変わりありません。
但し，留意すべきは，銀行借入に比べて社債発行は関係する機関が増えますの
で，その分，手数料が多くかかることになります。通常の銀行借入で保証を必
要としていない企業でも，私募債の場合は保証料を払わなくてはいけませんし，
それ以外の事務手数料もかかりますので，それらのコストをすべて含めて，年
間でどれだけのコストが発生し，銀行借入と比べてどちらが有利かのコスト比
較を事前にしっかりと行う必要があります。例えば，すべての手数料を金利に
織り込んでコストを算定し，そのコストと現状の借入金利とを比較するような
方法がよいでしょう。その結果，銀行借入よりもコストが高いようであれば，
私募債よりも銀行借入を選択したほうがよいという結論になるかもしれません。

⑷ 公募債の発行

　公募債の発行はハードルが高く，これまでは電力債や金融債以外に，一般の企業が社債を発行する事例はそれほど多くはありませんでした。投資家保護の観点から事前の情報開示として有価証券届出書の提出，有価証券報告書の開示，目論見書の交付などが必要となるため，公募債を発行できる企業は実質的に株式市場に上場している企業に限られます。

　また，公募債の発行にあたっては，開示資料をもとに主幹事証券会社が事前に引受審査を行います。この引受審査は，投資家の目線に立って，投資の可否を投資家自身が判断するための情報が適切に開示されているかを審査します。例えば，資金の使途は適切か，財務内容は健全か，それ以外の隠れたリスクはないか，などについて審査します。引受審査は，文書による質問と対面による質問に回答する形で行われ，主幹事証券の引受審査担当と発行者の担当者によるミーティングを数回行います。

　さらに，公募債を発行するために，発行する企業は「外部格付」を取得する必要があります。外部格付とは，債券の元利償還可能性を一定の符号で表示するものです（図表9-5）。そのために，格付会社は発行企業の信用状況を調べ，応募する投資家に対して投資の可否を判断するための材料を提供するという意味があります。主な格付機関は，①格付投資情報センター（R&I），②日本格付研究所（JCR），③ムーディーズ・インベスターズ・サービス・インク，④スタンダード・アンド・プアーズ・レーティングズ・サービシズ（S&P），⑤フィッチレーティングスリミテッド，の5社です。

　格付はあくまで格付会社の意見ではありますが，格付会社が付与する格付によって社債の発行条件は大きく影響されます。格付の高い債券ほど発行コストは低く，格付の低い債券ほど発行コストは高くなります。また，BBB以上の格付を信用度が比較的良好な「投資適格格付」，BB以下を信用度が低い「投機的格付」と呼びます。格付会社によって高い格付を取得した企業は自信を持って社債を発行できますが，そうでない企業は社債の発行に二の足を踏むことになるかもしれません。

図表9-5　　　　　　　　　　　**外部格付の例**

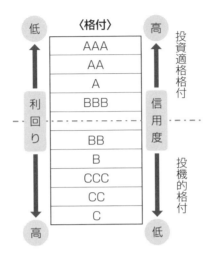

(注) ムーディーズ以外の格付会社が付与する格付体系は，AA 以下には＋と－の符号がつき
　　ます。そして，BBB － と BB ＋のところで，投資適格格付と投機的格付の線引きが行われ
　　ます。
(資料) 日本証券業協会 HP を参考に作成

　すべての書類が整い，外部格付を取得した段階で，主幹事証券会社を中心に
実際の社債発行手続きに移ります。まず，主幹事証券会社は引受シンジケート
団を組成します。引受シンジケート団とは，債券などが新たに発行される場合
に複数の証券会社が共同で引き受け，売り出しを行うグループです。債券を販
売する際に，単独の証券会社が売れ残りなどのすべての責任を負うのは難しい
ことから，そのリスクを回避するためにシンジケート団が組成されます。
　そして最後に，これが最も大事なプロセスですが，債券の募集条件が決定さ
れます。債券の利率などの条件を決定し，市場にその内容を公表することを
「ローンチ」といいます。主幹事証券会社が主要投資家の意見を聞きながら仮
の条件を設定します。そして，その条件を多くの投資家に提示しながら，投資
家の需要を見極めて，最終的な発行条件を微調整しながら決めます。このよう
なやり方を「ブックビルディング方式」といいます。主幹事証券会社は発行企
業と綿密な打ち合わせを行いながら，市場動向を確認し，発行者に最適な条件

になるように発行条件を決めます。なお，発行条件の微調整は発行価格の変更によって行われます。額面100円に対して投資家の需要が多い場合は100円を上回る価格をつけます。これを「オーバーパー発行」といいます。逆に，投資家の需要が少なければ100円を下回る価格になります。これを「アンダーパー発行」といいます。企業は，アンダーパー発行の場合，資金調達額が見込みを下回ることになりますが，償還の際には100円で償還します。

　公募債発行のスキームは銀行引受私募債とほぼ同じです。ただ，銀行引受私募債では財務代理人を設置しますが，公募債の場合は「社債管理会社」を設置します。社債管理会社は，発行企業の委託に基づいて，銀行か信託銀行が業務を行います。業務内容は財務代理人とほぼ同じですが，社債管理会社は発行企業がデフォルトした場合，社債権者を保護する義務を負っていますので，その意味では財務代理人よりも重い責任を負っています。

　公募債を発行することによって，企業は資金調達後も広範な責任を負います。1つは経営内容の開示義務です。公募債発行時に有価証券届出書，目論見書等を提出しますが，公募債発行後も「有価証券報告書」の年度ごとの開示が必要になります。そこでは，財務内容の詳細な状況を開示するだけでなく，コーポレートガバナンスや事業遂行上のリスクに対する対応など，詳細にディスクローズしなくてはなりません。そしてもう1つは投資家との対話です。これは，「IR活動」といわれるもので，投資家に対して，企業の業務内容，財務内容等を積極的に開示して，投資家に引き続き債券の保有を継続してもらう活動をいいます。具体的には，決算発表の際に，経営状況に関する資料を作成し，投資家やアナリスト向けの説明会を開催します。また，企業のホームページ上でも投資家向けの情報開示を行います。投資家が一覧で企業の情報を収集できるようにしておく必要があります。

(5)　債券価格に関する理解

　最後に，債券価格について学びます。債券価格がどのように決められるのか，そして，金利と債券価格の関係を押さえます。

　債券を発行する企業は，資金調達総額と発行条件を決めなくてはいけません。

このうち，公募債の発行条件は次の5点です。

① **額面金額**

　投資家が債券を購入する際の単位ですが，償還時に返済される金額でもあります。最近はペーパーレスで債券が発行されるケースが多いので，債券の条件等に係る事項を記載した書面に「債券の金額」と書かれたものが額面金額です。

② **表面利率**

　クーポンレートとも呼ばれ，額面金額に対して支払う利息の割合です。基本的に公募債は固定利率ですので，利率は償還時まで変更されません。

③ **発行価格**

　債券が発行されるときの価格です。額面100円に対する価格で表記されます。

④ **償還期日**

　満期日のことで，この日に発行体である企業は額面金額でその債券を償還します。発行から償還期日までの期間を償還年限といいます。

⑤ **利払い日**

　利子の支払日のことです。利付債の場合，年に2回としているケースが一般的です。

　このような内容の発行条件に基づいて企業は公募債を発行し，投資家はその債券を購入します。ただし，投資家は公募債が発行された後でも，その債券を売買することができます。それは，主に「店頭市場」や「業者間市場」で行われます。店頭市場とは，投資家と金融機関が直接取引をする市場のことです。また，業者間市場とは，金融機関の間で債券を売買する市場のことです。ともに，取引所のような目に見える市場があるわけではありませんが，通信手段を用いて市場参加者が売買を成立させます。なお，そこで売買される債券価格は市場の需給環境によって日々変わります。

　投資家は債券投資について，以下の３つのカテゴリーに基づく利回りで，債券投資のパフォーマンスを測ります。

①　応募者利回り

　投資家が新発債を購入し，償還日まで保有していたときの利回りを指します。

$$応募者利回り（\%）＝\dfrac{表面利率＋\dfrac{額面（100円）－発行価格}{償還年限}}{発行価格}×100$$

②　最終利回り

　投資家が既発債を購入し，償還日まで保有していたときの利回りを指します。

$$最終利回り（\%）＝\dfrac{表面利率＋\dfrac{額面（100円）－購入価格}{残存期間}}{購入価格}×100$$

③　所有期間利回り

　投資家が既発債を購入して，償還日前に売却したとき，保有していた期間の利回りを指します。

$$所有期間利回り（\%）＝\dfrac{表面利率＋\dfrac{売却価格－購入価格}{所有期間}}{購入価格}×100$$

　ところで，債券価格の仕組みを理解する前に，「現在価値」と「将来価値」の概念を学んでおきましょう。投資家が100万円の現金を年率５％で１年間運用したとします。１年経過したとき，その投資家は105万円を受け取ります。計算式は，100万円×（１+0.05）＝105万円です。それでは，利息分を元本にまとめて運用し，２年経過したときにいくら受け取れるでしょうか（このような利息が利息を生むような方法を「複利」といいます）。１年後に利息を含めた105万円を５％で運用するのですから，答えは110.25万円となります。計算式は，100万円×（１+0.05）×（１+0.05）＝100万円×（１+0.05）^{2}＝110.25万

図表 9-6　　　　　　　　　現在価値と将来価値の関係

現在価値を求める　100万円 ＝ 110.25万円 ÷ (1 ＋ 0.05)²

将来価値を求める　100万円 × (1＋0.05)² ＝ 110.25万円

円です。つまり，現在の100万円は2年後の110.25万円と同じ価値があるということになります。現在の100万円のことを「現在価値」，そして，2年後の110.25万円のことを「将来価値」といいます。そして，将来価値である110.25万円は，それを（1 +0.05)²で割れば現在価値である100万円になります。このように，将来価値を複利の利率で割り引けば現在価値，現在価値に複利の利率をかければ将来価値になります（この現在価値と将来価値の関係は，第11章で学ぶ企業価値でも使いますので，しっかり理解しておいてください）。この関係を図で示したものが図表9-6です。

　債券価格の仕組みを理解するために，もう1つ新しいことを覚えましょう。それは，「金利は期間によって異なる」ということです。例えば，1年物金利，2年物金利，そして10年物金利はそれぞれ異なります。期間を横軸にとり，金利を縦軸にとって，期間と金利の相関関係をグラフにしたものを，「イールドカーブ」といいます。期間が長くなると利回りが上昇するケースを「順イールド」，期間が長くなると利回りが低下するケースを「逆イールド」といいます。普通は期間が長くなるほど不確実性が高くなるので，金利が高まり，順イールドとなります。しかし，将来景気が悪化し，金利が下がると多くの人が予想しているときなどは逆イールドになります（図表9-7）。

　最後に，債券価格がどのように決まるかについて説明します。債券価格は，投資家が将来受け取る資金（キャッシュフロー）の現在価値の合計で決まります。例えば利付債の場合，投資家が受け取る資金は，毎年のクーポン（利払い）と，償還期日に受け取る償還金です。3年物利付債を例にとり，額面を

図表9-7　　　　　　　　　　イールドカーブ

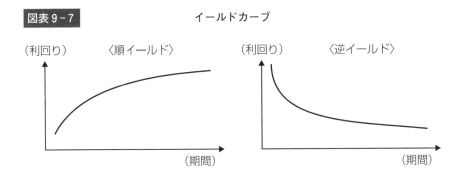

100円，クーポンをCとします。この利付債のキャッシュフローの現在価値を合計すると，次のように計算することができ，これが債券価格になります。

$$債券価格 = \frac{C}{(1+1\,年物金利)} + \frac{C}{(1+2\,年物金利)^2} + \frac{C+100}{(1+3\,年物金利)^3}$$

↓	↓	↓
1年後のクーポンの 現在価値	2年後のクーポンの 現在価値	3年後のクーポン・ 償還金の現在価値

　この債券価格の式を見てわかるように，金利が上昇すると分母が大きくなるため，債券価格は逆に低下します。よく経済ニュースなどで，「債券に対する需要が減少したことで債券価格は下落し，金利が上昇した」というような内容を聞くことがあります。金利が上昇するとなぜ債券価格が下落するのか，不思議に思ったことがあると思います。金利と債券価格は逆相関の関係にあるわけですが，それはこのような債券価格の仕組みによるものなのです。

👀【取引銀行の視点】

　銀行は，もし企業が債券発行か銀行借入かで迷っていれば，銀行借入を勧めるでしょう。銀行は企業に融資することで資金益を得ることができますし，資金益は銀行の利益にとって根源的なものです。しかし，昨今の低金利の影響もあり，貸出金利と預金金利の差，いわゆる「利鞘」がどんどん縮小しています。このため，銀行は資金益を得ることが難しい環境になっています。そのため，銀行は融資よりも手数料収益の見込める銀行引受私募債の発行を勧めるかもしれません。今はそんな環境なのです。

　しかし，銀行はこのような近視眼的な観点から社債発行をアドバイスするわけではありません。社債発行は企業の発展段階を測るバロメーターでもあります。業歴の短かい企業はやはり銀行借入に依存せざるを得ませんが，企業が成長を重ねるにしたがって，私募債を発行できるようになり，公募債を発行できるようになり，株式を上場できるようになり，その過程を経て一流企業の仲間入りを果たします。その意味で，企業が資金調達の多様化・高度化を目指すステージに入ったとき，銀行は企業のライフステージに応じて資金調達をアドバイスします。

　ただ，現実的には公募債発行までの道のりは相当険しいものです。銀行は企業が公募債発行を目指す段階に入ると，系列の証券会社を紹介し，発行のための準備やコンサルティングを行い，公募債発行に向けてさまざまな提案をします。引受審査をクリアーするために今後何をしなくてはいけないのか，外部格付，それも高い格付を取得するために，どのような点に留意すべきかなどです。その意味で，銀行は公募債発行にあたっては企業のよきサポーターを目指すことになります。このような段階になると，銀行と企業の取引関係はかなり成熟したものといえるでしょう。銀行としても，このような成熟した関係性を少しでも多くの企業に広げていきたいと考えています。

第10章
株式を発行して資金を調達する：
増資による資金調達

(1) 増資による資金調達とは

　資金調達のための手段として，銀行借入と社債発行を見てきました。これらは外部負債調達で，調達した資金はいずれ返済するべきものです。しかし，企業は利息を支払っていれば，期日までは返済を要請されることもなく，また，支払った利息は損金として認められますので，税負担も軽減されます。このように，銀行借入や社債発行は資金調達までの手続きは煩雑ですが，いったん資金を調達してしまえば企業は事業に専念することができます。

　一方，企業はエクイティファイナンス，すなわち株式を発行して資金調達することもできます。新株を発行することを「増資」といいますが，増資によって調達する資金は返済する必要のない資金です。利払いも返済もないことで，企業にとっては外部負債調達よりもキャッシュフローに余裕がでます。株主に配当を払う必要はありますが，これはあくまで利益が出ることが前提です。さらに，株式発行によって純資産は増えるので，自己資本比率が高まり，企業の財務体力は強化されます。その意味で，エクイティファイナンスは外部負債調達よりも有利な資金調達と考えることができます。しかし，本当にそうでしょうか。

　そもそも株式は，その企業に出資していることの証です。出資するということは，その企業の株主になるということです。銀行借入や社債発行の場合，債権者は期日までの利払いと返済の確実性を求めます。しかし，投資家として株式を引き受けた株主は企業にリターンの最大化を求めます。発行企業に恩義の

ある企業が新株を引き受けるケースはあるかもしれませんが，一般的に投資家は企業に配当と株価上昇を期待します。そして，それらを総合したリターンが期待値に達しない場合，株主は企業に経営改善を強く求めます。それだけではありません。新株を引き受けることで，株主は会社経営に対してさまざまな権利を持つことになります。株主総会で議決権を行使して重要な議案を否決することもできます。そのような権利と引き換えに行う資金調達がエクイティファイナンスなのです。その意味で，エクイティファイナンスには企業が検討しなくてはいけないことが山ほどあります。

　それでは，エクイティファイナンスの概要をまずは紐解いていきましょう。増資には，株主から資金の払い込みを伴わない「無償増資」と，株主から資金の払い込みを伴う「有償増資」があります（**図表10-1**）。無償増資とは，企業の他の純資産項目などから振り替えることで，株主に新株を割り当てる増資方法です。無償増資の目的は，企業の資本構成の変更や，株主還元を行うことなどにあります。会計的には，資本剰余金や利益剰余金などを資本金に組み入れて新株を発行します。一方，有償増資は，新株を発行して株主から資金の払い込みを受ける増資方法です。資金調達という観点では，有償増資がここでの検討対象となります。

　有償増資には大きく3つのやり方があります。第1は「公募増資」です。公募増資は不特定多数の投資家に向けて募集を行い，新株を発行する方法です。既に株式を上場している企業が設備投資や事業拡大で多額の資金が必要となる場合などで公募増資が用いられるケースが多いです。公募価格の決定は，「ブックビルディング方式」と「競争入札方式」の2つがあります。ブックビルディング方式とは，一度仮条件を提示して，投資家の需要がどの程度あるかを見極めながら公募価格を決めるものです。これに対して，投資家が期間内に入札をして公募価格を決める方式が競争入札方式です。基本的に，競争入札方式よりはブックビルディング方式のほうが一般的です。公募増資のメリットとして，企業は大規模な資金調達が可能となります。一方，デメリットとして，既存の株主は増資に伴う希薄化（株数が増加することによって株価が低下すること）によって株価が下落し，株式の資産価値を毀損する可能性があります。

　第2は「株主割当増資」です。株主割当増資は既存の株主に新株を引き受け

図表10-1 　　　　　　　　　　増資に関する分類

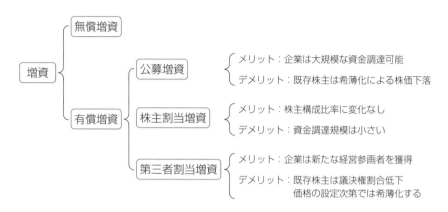

る権利を与える方法です。割り当てられた株主は必ず新株を引き受けなくては
いけないというわけではありません。出資に応じるかどうかはその株主の自由
です。しかし，出資しない場合，自らの株式保有比率は低下し，株主総会にお
ける議決割合が下がることとなります。株主割当増資は既存株主が新株を引き
受ければ株主構成は変わりませんので，企業にとっても株主にとってもメリッ
トといえます。しかし，株主割当増資は企業にとってそれほど大きな金額を調
達できるわけではありませんので，この点は企業にとってのデメリットといえ
ます。

　第 3 は「第三者割当増資」です。第三者割当増資は企業の既存株主かどうか
にかかわらず，特定の第三者に株式を割り当てる方法です。一般的に取引先，
仕入れ先，銀行などが新株を引き受けるケースが多く，縁故募集とも呼ばれま
す。第三者割当増資の目的としては，企業が割当先と特別な関係を構築する
ケースや，新たな株主に企業経営に参画させるようなケースがあります。また，
M&A で企業を売却する際，買収企業に第三者割当増資を行い，経営権を譲渡
するようなケースもあります。第三者割当増資は比較的簡単な手続きで実施で
きますので，企業にとってはこのような戦略を実現しやすいというメリットが
あります。一方，既存の株主にとっては株式保有比率の低下につながりますし，
割当価格の設定次第では希薄化によって既存株主の資産価値が毀損する可能性

もあります。このため，割当価格を低く設定する場合，企業は第三者割当増資を行うことの蓋然性や株価の設定等で株主への説明責任を果たさなくてはなりません。

⑵　企業に対する株主の権利

①　一般的な株主の権利

　エクイティファイナンスを学ぶ前に，まず，株主が企業に対して持つ権利について基本的な内容を把握しておきましょう（**図表10-2**）。株主のこのような権利を「株主権」といいます。株主は投資家の立場とオーナーの立場から，株主としての権利を行使して企業経営に参画することができます。株主権の詳細を知らなくてもエクイティファイナンスを実施するうえで影響はないかもしれませんが，公募増資や第三者割当増資では新たに株主が増えることで，議決権割合に変動が生じます。増資は株主総会で決定されますが，企業は増資が企業経営にどのような影響を及ぼすかを事前に検討しておくことが必要です。なお，株主権の詳細は会社法に記載されています。

　株主権は次の2つのカテゴリーに分かれます。第1は，「自益権」です。自益権とは株主自身が利益を得るための権利のことです。具体的には，「利益配当請求権」，「残余財産分配請求権」などです。利益配当請求権は，企業があげた利益に対して，株主が配当を受け取る権利のことです。なお，企業は赤字の場合や黒字でも内部留保を厚くしたい場合には無配とすることもできますが，配当支払いは株主総会の決議を経て決めることになります。また，残余財産配分請求権は，企業の解散で債務を弁済した後に残る財産に関して株主が持ち分に応じて分配を請求できる権利のことです。ただ，これはあくまで解散したときの権利であって，しかも，株主が残余財産を受け取れるのはすべての債務を弁済して財産が残る場合ですので，株主にとっては現実的にそれほど重要な権利というわけではありません。

　第2は，「共益権」です。共益権とは株主自身が企業の経営に参画する権利のことです。具体的には株主総会での「議決権」が中心ですが，それ以外にも「総会招集権」，「代表訴訟提起権」，「役員等の解任請求権」などがあります。

図表10-2　　　　　　　　　　　**株主の企業に対する権利**

なお，共益権には１単元株でも保有していれば認められる「単独株主権」と，株主総会招集権や解散請求権など一定数の株式の保有を必要とする「少数株主権」があります。単独株主権としては，株主総会における議決権，株主代表訴訟の提訴権，新株発行の差し止め権などがあります。一方，一定数の株数を保有する株主に認められている少数株主権としては，議決権の１％以上に認められている株主提案権，議案通知請求権など，議決権の３％以上に認められている役員解任請求権，株主総会招集請求権など，議決権の10％以上に認められている解散請求権，募集株式発行における株主総会請求権などがあります。また，３分の１超の議決権があれば，株主総会の特別決議を否決できることができるほか，２分の１超で株主総会の普通決議を可決でき，３分の２超で株主総会の特別決議を可決することができます。なお，共益権の詳細についても会社法に記載されています。

　ここで注意すべきことは，公募増資や第三者割当増資を行うことで，既存の株主の議決権割合に変更が生じることです。増資によって大株主の議決権割合が変更になり，その株主が不利益を被るかどうかも事前にしっかり見極めたうえで，増資を行う必要があります。

② 　種類株式

　このように株式にはその保有者である株主に多様な権利が認められていますが，このような株式のことを「普通株式」といいます。これに対して，企業は

利益の配当受取やその他の権利内容において異なる株式を発行することができます。このような株式のことを「種類株式」といいます。なお，会社法ではすべての株式を特別な内容の株式とすることもできますが，定款に定められたすべての株式が均一な内容である場合には種類株式とはみなされません。それでは，種類株式の内容を見ていきましょう。

　まず，自益権に関する種類株式としては，「優先株式」と「劣後株式」があります。優先株式とは，利益や残余財産の配分がほかの株式よりも優先される株式です。これに対して劣後株式はその逆で，利益や残余財産の配分がほかの株式よりも劣後する株式です。但し，標準となる普通株式があり，それに対して優先劣後の関係にある株式が存在することになります。また，利益の配分は優先するが，残余財産の配分は劣後するというような株式もあります。このような株式を「混合株式」といいます。

　共益権に関する種類株式もあります。例えば，議決権を制限するような種類株式もあります。会社法には，企業が株主総会で議決権行使に関して制限のある種類株式を発行することができるとあります。例えば，一定の決議内容についてのみ議決権を制限することや，すべての決議内容について議決権を制限することも可能です。すべての決議内容について議決権が制限される株式を無議決権株式といいます。

　また，「拒否権付種類株式」，いわゆる「黄金株」というものもあります。拒否権付種類株式とは，「拒否権が付いている株式」のことで，これを保有している株主は，株主総会の議案について拒否権を発動することができます。種類株式を発行している企業は，通常の株主総会以外に種類株主で構成する「種類株主総会」を開催します。拒否権付種類株主総会の決議が必要とすれば，たとえ通常の株主総会で可決された事項でも，種類株主総会で否決することができます。その意味では，拒否権付種類株式は絶大な権限を付与した株式といえます。

　拒否権付種類株式は，買収防衛策として利用されることがあります。企業がこの株式を特定の株主に割り当てておけば，敵対的な買収者が現れても買収案件を否決することができます。また，事業承継において企業の現経営者が後継者に経営を承継させつつ，株式を譲渡する際に，拒否権付種類株式1株だけを自分に残すことで，事業承継後に後継者が経営に対してコントロールを効かせ

ることができます。このように，拒否権付種類株式は大きな権限を持つ株式であることから，企業の健全な意思決定を阻害してしまう可能性もあります。

　種類株式を発行する場合，定款に種類株式の内容を明記する必要があります。このため，種類株式発行には株主総会の特別決議による定款変更手続きが必要となります。その際に種類株式の内容と発行可能種類株式総数を定めて，その旨の登記を行う必要があります。商業登記簿謄本に記載されることで，外部からもその企業が種類株式を発行していることを把握することができます。そのため，企業は種類株式の発行に関してはより慎重に行う必要があります。

(3)　株式投資に対する株主の期待収益率

①　リターンとリスク

　エクイティファイナンスを行う企業は，株主が自社株式に投資する際にどの程度のリターンを期待しているのかを知らなくてはいけません。エクイティファイナンスの資金は返済を必要としない資金ではありますが，それは決してゼロコストの資金というわけではありません。株主は投資家として配当や株価の上昇を期待します。したがって，企業は株主の期待リターンに報いる必要があり，それがエクイティファイナンスにおける調達コストであるといえます。そこで，本節では投資家が考える株式の期待リターン（期待収益率）を考えてみましょう。なお，ここで学ぶ株主の期待収益率は「株主資本コスト」として，次章で説明する企業価値の算定で大事なパーツとなります。しっかり内容を理解しておいてください。

　まず，株式における投資収益率はどのように算定するでしょうか。投資収益率とは，「投下資本に対してどれだけの利益を得たか」ということです。株式投資の場合，株式の値上がり益と配当収入が利益になります。例えば，t 期の期末株価を P_t，前期末の株価を P_{t-1}，配当を D_t とします。その場合，t 期の投資収益率 r_t は次のように示すことができます。

$$r_t (\%) = \frac{(P_t - P_{t-1} + D_t)}{P_{t-1}} \times 100$$

　しかし，この投資収益率はあくまで過去の実績です。投資家が期待する収益率は将来のものです。そこで，例えば，これからの景気が良くなれば収益率は15％（その生起確率は25％），これからの景気が横ばいであれば収益率は5％（その生起確率は50％），これからの景気が悪くなれば収益率は－10％（その生起確率は25％）とします。その場合，投資家の期待収益率はそれぞれの収益率に生起確率をかけて合計することで求めることができます。なお，ここでの期待とは，期待値，すなわち平均の意味です。計算式は次のようになります。

$$r_e (\%) = 0.25 \times 15\% + 0.5 \times 5\% + 0.25 \times (-10\%) = 3.75\%$$

　一般的に，i 期の生起確率が p_i，収益率が r_i，期間が1期から n 期であるとすると，期待収益率は以下のように記すことができます。

$$E(r) = p_1 r_1 + p_2 r_2 + \cdots + p_n r_n = \sum_{i=1}^{n} p_i r_i$$

　また，投資にはリターンのほかにリスクがあります。将来のリターンは今見たように期待収益率のことです。それではリスクはどのように表すでしょうか。投資におけるリスクとは，不確実性の程度を表します。このため，リスクを数値で表す場合，平均（期待値）からのばらつきの程度で表します。リスクを求めるために，まず，「分散」を求めます。分散はそれぞれの投資収益率と期待値の差を2乗して生起確率をかけて合計して求めます。そして，分散について正の平方根を取ったものが「標準偏差」です。この標準偏差がリスクの値です。

　先程の数値例から分散を求めてみましょう。分散は V，標準偏差は σ で表します。また，期待値は先程の計算で3.75％でしたので，以下の計算で求めることができます。

$$V(r) = 0.25 \times (15\% - 3.75\%)^2 + 0.5 \times (5\% - 3.75\%)^2 + 0.25 \times (-10\% - 3.75\%)^2$$
$$= 79.69\%$$
$$\sigma(r) = \sqrt{79.69\%} = 8.93\%$$

　この数値例でリスク，すなわち標準偏差は8.93％となります。一般に，前記

の期待収益率の式に合わせる形でリスクの計算式を示すと，次のようになります。

$$\sigma\,(\mathrm{r}) = \sqrt{V(\mathrm{r})} = \sqrt{\sum_{i=1}^{n}\{p_i\,(r_i - E\,(r))^2\}}$$

　しかし，実際には生起確率を把握することは無理ですので，数値例のような計算問題は現実に使われることはありません。実際には，過去に起きた事象を検証し，それが将来にも起こり得るという仮定の下でリスクやリターンを計算します。

②　CAPM（資本資産価格決定モデル）

　ここでの目的は自社の株式に投資する株主がどの程度の投資収益率を期待しているかを把握することです。ここでは，それを求めるために「CAPM」というモデルを紹介します。これは「資本資産価格決定モデル（CAPM：Capital Asset Pricing Model）」のことで，ポートフォリオ理論の一部を構成します。このモデルを使って株主が期待する自社株式投資の期待収益率を導いてみましょう。

　ここで出てくる資産は次の 3 つです。第 1 は，個別リスク資産（i）です。この個別リスク資産が期待収益率を求めるターゲットになります。第 2 は，市場ポートフォリオ（M）です。これは市場全体の動向を示すもので，例えば，日経225や TOPIX をイメージするとわかりやすいでしょう。そして第 3 は，無リスク資産（f）です。これは投資リスクのない資産で，例えば，国債をイメージするとわかりやすいと思います。そして，E は期待値，R は収益率とします。結論を先にいいますと，個別リスク資産（i）の期待収益率は次のように表すことができます。

$$E\,(R_i) \quad = \quad R_f \quad + \quad \beta_i\,(E\,(R_M) - R_f)$$

$$\downarrow \qquad\qquad \downarrow \qquad\qquad\qquad \downarrow$$

期待収益率　　　　無リスク金利　　　β ×市場プレミアム

　ここにあるβとは，個別リスク資産におけるリスクの程度と言い換えること
ができます。市場ポートフォリオの期待収益率から無リスク金利を引いたもの
を「市場プレミアム」といいます。そして，βが1よりも大きければ個別リス
ク資産の期待収益率は市場ポートフォリオの期待収益率よりも高くなり，βが
1よりも小さければ個別リスク資産の期待収益率は市場ポートフォリオの期待
収益率よりも低くなります（βが1であれば個別リスク資産の期待収益率は市
場ポートフォリオと等しくなり，βがゼロであれば無リスク金利に等しくなり
ます）。βが高いということは，個別リスク資産の期待収益率が市場ポート
フォリオよりも高いということですが，同時にリスクも市場ポートフォリオよ
りも高いということです。高いリスクを取ることで高い収益率を期待するとい
うことになりますので，まさに「ハイリスク・ハイリターン」の原則がここに
表れています。

　それでは，βはどのように計算するのでしょうか。βは個別リスク資産の収
益率が市場ポートフォリオの収益率に対してどの程度相関しているかというこ
とです。例えば，市場ポートフォリオの収益率が1％のときに，個別リスク資
産の収益率はどの程度になるかを見ます。具体的には，**図表10-3**のように過
去の実績から個別リスク資産と市場ポートフォリオの収益率の相関をグラフに
プロットし，相関関係を線形回帰分析によって求め，その直線の傾きがβにな
ります。

図表10-3　　　　　　　　　　　**βに関する概念図**

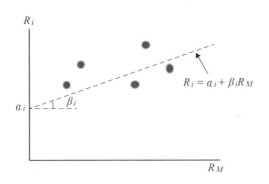

　個別株式の β は企業情報の検索サイトなどを見ればわかります。念のために計算方法の概要だけご紹介しておきます。まず，個別リスク資産の収益率と市場ポートフォリオの収益率の「共分散」を計算します。共分散とは，両者の連動性を定量的に測るもので，次のようにして求めます（共分散は COV で示します）。

$$COV(R_i, R_M) = \sum_{j=1}^{n} \{p_j((R_{i,j}-E(R_i))(R_{M,j}-E(R_M)))\}$$

　そして共分散を市場ポートフォリオの分散で割ると個別リスク資産の β を求められます。

$$\beta_i = \frac{COV(R_i, R_M)}{V(R_M)}$$

　ここでもう一度 CAPM に立ち返ってみましょう。ここでは，すべての投資家が完全に分散投資を行い，リスクを回避しながら高い収益率を目指して投資を行っているとします。そうすると，おのずと投資家の投資ポートフォリオは市場ポートフォリオと同じになり，期待収益率とリスクも市場ポートフォリオと同じになります（ちょうど市場連動型の投資信託に投資しているイメージです）。そのような投資家が個別リスク資産に投資するとして，それに期待する収益率は個別リスク資産のリスクに応じたものになるはずです。これが，CAPM のエッセンスです。

　ここで，期待収益率とリスクの関係をグラフ化してみましょう。横軸にリスクを取り，ここではリスクを β とします。そして，縦軸には期待収益率を取ります。β と期待収益率の関係は右上がりの直線で示すことができます。これを「証券市場線」といいます（**図表10-4**）。

　この証券市場線上が，合理的な投資家が選択するリターンとリスクの組み合わせとなります。そして，証券市場線と CAPM の関係を示したものが**図表10-5** です。個別リスク資産 i の組み合わせは B 点となりますので，個別リスク資産の期待収益率は $E(R_i)$ となります。

図表10- 4   証券市場線

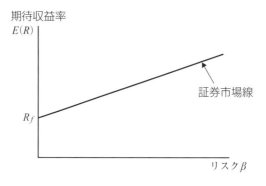

図表10- 5   証券市場線と CAPM との関係

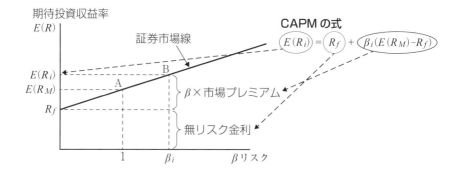

　例えば，10年物国債の金利を 2 ％（＝無リスク金利），市場ポートフォリオの期待収益率を 6 ％，自社株式の β を 2 とした場合，自社株式に対する期待収益率はいくらになるでしょうか。答えは， 2 ％+ 2 ×（ 6 ％ − 2 ％）=10％　となります。これが株主の自社株投資に対する期待収益率ということになります。

③　β に関するさらなる理解（レバード β とアンレバード β）

　これまで β について学んできました。β はリスクを表す指標であるといいましたが，それでは β に含まれるリスクというのはどのようなリスクでしょうか。投資という観点でいえば，リスクは期待値からのばらつきの程度です。これは

　前の項目で説明した通りですが，企業の観点からいえば，株価に含まれるリスクには，「事業リスク」と「財務リスク」があります。

　事業リスクというのは事業遂行上のリスクということです。これについては特に説明は必要ないと思います。一方，財務リスクというのはどのようなものでしょうか。第11章で詳しく説明しますが，企業の資金調達の方法の違いによって，株式のリスクとリターンに違いが出てきます。すなわち，エクイティよりもデットで資金調達している企業のほうがエクイティのリターンは高まります（デットで資金調達すれば事業を拡大することで利益の増加が期待できますし，利息は損金として認められるので節税効果も期待できます。このため，ROE が高まります）。したがって，β を使う場合には，このような資金調達方法による違い，すなわち財務リスクを除去し，無借金会社だった場合の β に修正する必要があります。事業リスクと財務リスクを織り込んだ β のことを「レバード β（Levered β）」といい，財務リスクを除去し，無借金会社にした場合の β のことを「アンレバード β（Unlevered β）」といいます。アンレバード β の求め方は次の通りです。

$$\text{アンレバード} \beta = \frac{\text{レバード} \beta}{\left\{1 + (1 - t) \times \dfrac{D}{E}\right\}}$$

$$t：税率，\frac{D}{E}：DE レシオ（デットをエクイティで除した値）$$

　このような簡単な計算式で，レバード β からアンレバード β に変換することができます。それでは，アンレバード β はどのようなときに使うのでしょうか。企業がデットで資金調達をすることによってレバード β は高まります。そのため，例えば，競合他社と β を比較するような場合，他社も含めてアンレバード β に引き直して比較することが望ましいといえます。また，非上場企業の企業価値算定を行う場合，類似業種のほかの企業の β を参考にして β を計算しますが，その際にもアンレバード β に引き直して計算します。

　例えば，レバード β が 2，税率が35％，DE レシオが0.3の場合，アンレバード β は次のように求めることができます。

$$2 \div (1 + (1 - 0.35) \times 0.3) = 1.67$$

　この計算式から，アンレバードβは1.67となり，レバードβよりも財務リスクが取り除かれている分，数値は低くなります。このように，βにはレバードβとアンレバードβがありますので，使用目的に応じて使い分けます。

⑷　企業による自社株買い

　エクイティファイナンスは企業が新株を発行して資金調達を行うものですが，逆に企業が自社株式を市場から買い戻すことがあります。これを「自社株買い」といいます。自社株買いには，企業が株式市場で自社株式を買い付ける方法や，東京証券取引所の立会時間外に行う取引（ToSTNeT）を利用する方法があります。

　ところで，企業はなぜ自社の株式を買い戻すのでしょうか。企業が自社株買いを行う目的は主に2つあります。第1は，既存株主への利益還元です。自社株買いを行えば，企業の発行済み株式数は減少しますので，1株当たり純利益は増加します。これにより，株式市場では自社株に対する需要が高まり，株価上昇に繋がることが期待されます。また，自社株買いによる株価上昇効果は，株主だけでなく企業にとってもメリットがあります。このため，企業は市場での株価割安との見方を払しょくするために，自社株買いを行うことがあります。

　第2は，自社株を自社の役職員への「ストックオプション」として活用することです。ストックオプションとは，あらかじめ決められた価格で自社株を買う権利のことです。企業がストックオプションを役職員に付与し，業績が好転すれば，株価が上昇します。株価が権利行使価格を上回れば，ストックオプションを付与された役職員は利益を得ることができますので，役職員にとっては業務推進のモチベーションとなり，インセンティブ効果は大きいといえます。また，それ以外にも敵対的買収の防止や，株主の整理などを目的に自社株買いを行う場合もあります。

　自社株買いは資金に余裕のある企業が行います。当然のことながら，自社株

買いを行うことは，キャッシュフローのマイナス要因（キャッシュ・アウト）となります。また，自社株買いを行った後の処理として，自社株を消却する方法（発行済み株式数から除外する方法）と，消却せずに保有し続ける方法がありますが，後者のような株式を「金庫株」といいます。自社株を消却するメリットとして，株主にとって今後その株式がどのように使われるかを心配する必要がなくなるということがあります。一方，金庫株にしておくことのメリットは，企業にとって金庫株をストックオプションやM&Aでの原資として用いる等の選択肢を得られることです。いずれにせよ，自社株買いを行うことで，既存株式の議決権割合に変更が起きる可能性がありますので，それらを含めて実施にあたっては十分な検討が必要となります。

◉◉【取引銀行の視点】

　銀行は，取引先企業の株式発行による資金調達で直接利益を上げることはできません。しかし，取引先に増資の意向がある場合には，銀行は総力をあげてしっかりとアドバイスをしたいと考えます。系列の証券会社やコンサルティング会社を紹介することもありますが，取引銀行としては系列の信託銀行を通じて，「証券代行業務」を提供します。

　証券代行業務とは，信託銀行が企業の株主名簿管理人となり，株式にかかるさまざまな事務を代行するサービスのことです。具体的には，株主総会のサポート，株主あて株主総会招集通知の発送，株主の議決権行使書の集計事務などを行います。また，株主ごとの配当金計算や，配当金支払い，株主あて書類送付なども行います。

　また，これ以外にもこれから株式を上場しようとする企業に対しては，証券取引所の上場審査基準を満たすために，資本政策のコンサルティングや，定款・株式取扱規則などの株式実務に関係するルール作りに関してアドバイスを行います。また，買収防衛策の導入支援，株式・新株予約権等の発行・管理に関するコンサルティングなども行います。

　このように，証券代行業務や株式に関するさまざまな手続きに関連した業務は企業にとっても重要性の高い業務です。銀行としても，グループとしてこれらの業務を受託することでメインバンクとしての責任を果たすことができますので，セールスに注力しています。しかし，証券代行業務は企業にとっては秘匿性の高い分野の業務ですので，それを委託する場合，企業がその信託銀行のガバナンス体制や事務の堅確性を十分に信頼することが前提となります。銀行は企業の信頼獲得に向けて，最大限の努力を払います。

　いずれにせよ，銀行は株式に関するこのような業務を最も高度な領域の取引と考えています。銀行としてはやりがいのある分野です。

第III部

企業価値と財務マネージメント

第11章
企業価値をモニタリングする

(1)　企業価値とは何か

　コーポレートガバナンス・コードをご存じでしょうか。これは，上場企業が行う「企業統治（コーポレートガバナンス）」に関するガイドラインを定めたものです。企業がガバナンスを効かせることで日本の持続的成長が可能となるとの考えから，金融庁と東京証券取引所が有識者会議などを開催して検討を重ね，東京証券取引所が2018年に「コーポレートガバナンス・コード」を発表しました。その表紙の副題には，「会社の持続的な成長と中長期的な企業価値の向上のために」と書いてあります。

　また，企業は有価証券報告書などで財務情報以外の開示情報，いわゆる「記述情報」を公開しますが，その考え方や望ましい開示の仕方，取り組み方をまとめたものとして，「記述情報の開示に関する原則」が2020年に金融庁から公表されました。その中には次のような記述があります。「記述情報が開示されることにより，投資家と企業との建設的な対話が促進され，企業の経営の質を高めることができる。このため，記述情報の開示は，企業が持続的に企業価値を向上させる観点からも重要である」と。このように，最近，企業が目指すべき方向性として，「企業価値の向上」という言葉がよく聞かれるようになりました。

　企業価値とは何でしょうか。企業価値を高めることと，増収増益を確保することには違いがあるのでしょうか。そこで，本章では企業価値について学んでいきます（**図表11-1**）。

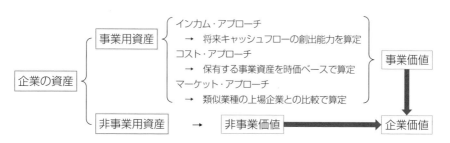

図表11-1　　　　　　　　　企業価値算定の考え方

　企業の資産には事業に供するための資産である「事業資産」と，直接事業に供するものではない，例えば，従業員の社宅やゴルフ会員権のような「非事業資産」があります。そして，事業資産によって生み出される価値を「事業価値」，非事業資産の価値を「非事業価値」とし，この2つの合計を「企業価値」と考えます。

　それでは事業価値をどのように計算するのでしょうか。それには3つの方法があります。第1は，「インカム・アプローチ」です。事業資産が生み出す将来のフリーキャッシュフローを予測し，それを現在価値に引き直して合計し，それを事業価値とする方法です。第2は，「コスト・アプローチ」です。これは，現在企業が保有する事業資産を時価ベースで評価し直し，その合計を事業価値と見なす方法です。そして第3は，「マーケット・アプローチ」です。これは，類似業種の上場企業と比較して，規模などの調整を行ってその企業の事業価値を求める方法です。

　この3つの方法にはそれぞれにメリット，デメリットがありますが，実務的に最も頻繁に用いられている手法はインカム・アプローチです。そして，インカム・アプローチによる事業価値算定の方法は「DCF（Discounted Cash Flow）法」といって，M&Aなどの際の買収企業の価値算定などによく用いられます。そこで，以下ではDCF法について詳しく見てみましょう。

(2)　DCF 法による企業価値算定

①　フリーキャッシュフローの予測

　DCF 法では，まずフリーキャッシュフローの将来見込みを算定します。フリーキャッシュフローとは第 5 章で説明したように，「営業キャッシュフロー＋投資キャッシュフロー」で計算します。フリーキャッシュフローは投資を含めた，広い意味での事業から生み出されたキャッシュフローのことですし，経営者・株主・債権者が自由に使うことができるキャッシュです。事業資産とそれによって生み出されるキャッシュフローから事業価値を算定するという意味からも，DCF 法で用いるキャッシュフローはフリーキャッシュフローが最も適しています。

　キャッシュフロー計算書が手元にあればフリーキャッシュフローは簡単に求められます。しかし，損益計算書しか手元にない場合，次のような計算式に当てはめてフリーキャッシュフローを計算します。

フリーキャッシュフロー ＝ 税引後営業利益 ＋ 減価償却費 － 運転資金増加額 － 投資

　上記の式にある「税引後営業利益」は，「NOPAT（Net Operating Profit After Tax）」といいます。この NOPAT をベースにフリーキャッシュフローを計算します。NOPAT，減価償却費，運転資金増加額は各々営業キャッシュフローを計算する際の主たる内訳項目です。また，投資は投資キャッシュフローの主たる項目ですので，このようにして求めたフリーキャッシュフローはキャッシュフロー計算書から求めるフリーキャッシュフローとほぼ等しくなります。

　次に，企業の事業価値算定のためにフリーキャッシュフローの予測を行います。具体的には，**図表11-2**の通りです。

　まず，1 年目から10年目までのフリーキャッシュフローを詳細に見積もります（この期間を「残存期間」といいます。特に10期でなくとも，見積もりができる任意の期間で可です）。次に残存期間以降のフリーキャッシュフローについて，一定の前提を置いて見積もります。残存期間以降の期間を，「継続期

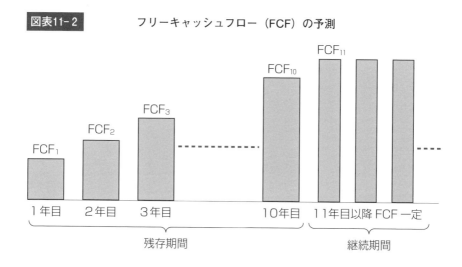

図表11-2　　　　　　フリーキャッシュフロー（FCF）の予測

「間」といいます。例えば，継続期間は一定規模のフリーキャッシュフローを維持するという前提や，フリーキャッシュフローが継続期間中も一定の率で拡大する前提などが想定されます。ここでは，一定規模を維持することを前提としています。

② 加重平均資本コスト（WACC）

第9章で学んだ現在価値と将来価値の関係，および，債券価格の計算方法を思い出してください。現在価値と将来価値は異なります。将来価値をある一定の割引率で割り引くことで現在価値を求めることができます。また，債券価格は，債券の利払いと償還金のキャッシュフローを期間金利で割り引いて現在価値を求め，それらを合計して求めます。その関係は以下の通りです（C はクーポンです）。

$$債券価格 = \frac{C}{(1+1年物金利)} + \frac{C}{(1+2年物金利)^2} + \frac{C+100}{(1+3年物金利)^3}$$

$$\downarrow \qquad\qquad \downarrow \qquad\qquad \downarrow$$

1年後クーポンの　　2年後クーポンの　　3年後クーポンと
　現在価値　　　　　　現在価値　　　　　償還の現在価値

　DCF法による事業価値の算定も債券価格の計算と原理は同じです。すなわち，年ごとに見積もったフリーキャッシュフローは将来価値ですので，それを割り引いて現在価値を求めます。そしてそれらの現在価値を合計して事業価値を求めるという流れになります。それでは，DCF法の場合，どのような割引率を使って将来価値を現在価値に引き直すのでしょうか。その際に使う割引率のことを，「加重平均資本コスト（WACC：Weighted Average Cost of Capital）」といいます。

　WACCとは，企業が資金調達に際して負担するコストレートのことです。企業の外部資金調達には，これまで見てきたように，株式発行によって資金を調達するエクイティファイナンスと，銀行借入や社債発行等によるデットファイナンスがあります。株式発行では第10章で見たように株主資本コストがかかります。また，デットファイナンスの場合には銀行や社債権者に対して支払う利息がコストとなります。このように，企業がエクイティであってもデットであっても，資金調達を行うにはコストがかかります。WACCとは，企業が資金調達する際に負担するトータルのコストです。このため，WACCは株主資本コストと，有利子負債コストの2つを加重平均して求めますが，計算式は以下の通りとなります。

$$WACC = r_E \times \frac{E}{E+D} + r_D \times (1-T_C) \times \frac{D}{E+D}$$

　　　r_E：株主資本コスト
　　　r_D：有利子負債コスト
　　　E ：株主資本（時価総額）
　　　D ：有利子負債額
　　　T_C：実効税率

　株主資本コストとは，株主が期待する投資収益率のことです。株主資本コストは，第10章で見たように，CAPMから次のように導くことができます。

　　　株式投資の期待収益率　＝　無リスク金利　＋　β×市場プレミアム

　株主が期待する投資収益率は，無リスク金利，市場プレミアム（市場ポートフォリオの期待収益率から無リスク金利を差し引いたもの），自社株式の β の3つの指標を上記の関係式に当てはめて求めることができます（詳しくは第10章を参照してください）。

　一方，有利子負債コストとは，外部負債調達を行う場合の支払金利のことです。現時点で新規に銀行借入を行う場合，借入金利が2％となるのであれば有利子負債コストは2％となります。なお，有利子負債の支払利息は損金算入が認められていますので，デットファイナンスには節税効果があります。第4章の損益計算書を思い出してください。税金計算の基礎となる利益は税引前純利益で，それは金利支払後の利益です。このことは，支払利息は損金として認められているためです。そのため，有利子負債による実質的な調達コストは，実効税率を加味する必要があります。それが，WACC の関係式の第2項で実効税率を調整する意味です。

　そして最後に，株主資本コストと有利子負債コストを加重平均します。なお，ここで用いる株主資本は，貸借対照表上の簿価ベースの純資産ではなく，「株式時価総額」を用います。株式時価総額とは，株価と発行済み株式数をかけ合わせて算出します。なお，有利子負債については簿価を時価に引き直すことが難しいので，便宜的に簿価ベースの有利子負債残高を用います。これで WACC を求めることができます。

③　企業価値の算定

　フリーキャッシュフローの見積もりと WACC を求めることができましたので，これで企業の事業価値を求めることができます。今求めようとしている事業価値は現在価値です。一方，将来のフリーキャッシュフローの見積もりは将来価値です。したがって，将来価値を現在価値に引き直すために WACC で割り引く必要があります。

　但し，残存期間のフリーキャッシュフローを現在価値に引き直すことは容易ですが，ちょっと厄介なのは継続期間のフリーキャッシュフローを現在価値に引き直すことです。これはどうすればよいでしょうか。ここでは，「永久年金法」と「割増永久年金法」の公式を使います。原理は無限等比級数の和の考え

方です。永久年金法では，1年後に受け取る年金額がCで，その年金額をそれ以降永遠に受給し続けるとき，割引率rで現在価値に引き直すとき，現在価値は C/r で計算することができます。また，割増永久年金法では，1年後に受け取る年金額がCで，その年金額をそれ以降成長率gで増やしながら永遠に受給し続けるとき，割引率rで現在価値に引き直すと，現在価値は C/（r-g）で計算することができます。この公式を使って継続期間の事業価値を求めます。

　それでは，順番に見てみましょう。1年目のフリーキャッシュフローをFCF₁とすると，それを（1+WACC）で割り引いて現在価値を求めます。2年目のフリーキャッシュフロー FCF₂も（1+WACC）²で割り引いて現在価値を求めます。このようにして1年目から10年目までの現在価値をそれぞれ計算し，それを合計します。この合計値が残存期間の事業価値となります。式で表すと次のようになります。

$$残存期間の事業価値 = \sum_{n=1}^{10} \frac{FCF_n}{(1+WACC)^n}$$

　次に，継続期間の事業価値を求めます。図表11-2の例で継続期間はFCF₁₁から一定としていましたので，永久年金法の公式を用いると，継続期間の事業価値は$\frac{FCF_{11}}{WACC}$となります（もし，gでの成長を見込むのであれば割増永久年金法で$\frac{FCF_{11}}{WACC-g}$となります）。ただし，これは11期時点の現在価値ですので，これをさらに現時点の現在価値に引き直す必要があります。これを式で表すと，次のようになります。

$$継続期間の事業価値 = \frac{FCF_{11}}{WACC} \times \frac{1}{(1+WACC)^{11}}$$

　そして，残存期間の事業価値合計と継続期間の事業価値合計を足したものが「事業価値」となります。この流れをまとめたものが**図表11-3**です。

　したがって，事業価値を式で表すと，次のようになります。

図表11-3　　　　　　事業価値の算定

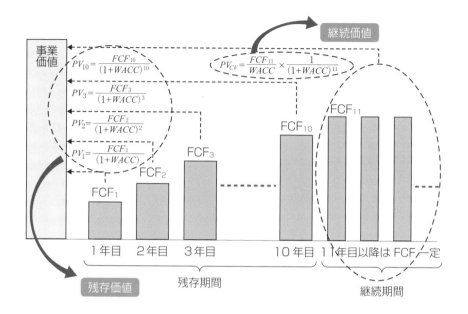

$$事業価値 = \sum_{n=1}^{10} \left\{ \frac{FCF_n}{(1+WACC)^n} \right\} + \frac{FCF_{11}}{WACC} \times \frac{1}{(1+WACC)^{11}}$$

　事業価値の算定は以上です。次に，企業にはフリーキャッシュフローの創出に直接寄与しない非事業資産があります。非事業資産にも価値はありますので，その分，すなわち「非事業価値」を事業価値に足すことで，最終的な「企業価値」を求めることができます。

　　　　　　企業価値　＝　事業価値　＋　非事業価値

　これで，企業価値の算定の流れは完了となります。基本的な流れとしては，①フリーキャッシュフローの見込みを策定する，②WACCを算定する，③フリーキャッシュフローの見込み値をWACCで割り返して現在価値を求める，④求めたすべての現在価値を合計して事業価値を算定する，⑤事業価値に非事

業価値をプラスして最終的な企業価値を求める，というものです。それでは，企業価値の算定についての理解を確かなものにするために，数値例を使って練習をしてみましょう。

(3)　数値例による企業価値算定フローの確認

①　WACC の算定

　A 社の発行済み株式数は20万株，現在の株価は2,500円，投資家の A 社株式に対する期待収益率は10％です。一方，銀行借入は 4 億円（社債発行はなし），現時点での借入金利は 3 ％です。実効税率を32％とした場合，A 社の WACC は何％でしょうか。それでは，WACC を求める式と，それに代入する変数を確認してみましょう。

$$WACC = r_E \times \frac{E}{E+D} + r_D \times (1-T_C) \times \frac{E}{E+D}$$

r_E　：　株主資本コスト　→　10％

r_D　：　有利子負債コスト　→　3 ％

E　：　株主資本（時価総額）→　20万株×2,500円＝ 5 億円

D　：　有利子負債額　→　4 億円

T_C　：　実効税率　→　32％

　これらの数値を WACC の式に代入すると，WACC は6.46％となります。

$$WACC = 10\% \times \frac{5億円}{5億円+4億円} + 3\% \times (1-0.32) \times \frac{4億円}{5億円+4億円} = 6.46\%$$

②　企業価値の算定

　B 社のフリーキャッシュフローの計画は**図表11- 4** の通りです。B 社の企業価値はいくらでしょうか。

　まず，表の中で空欄になっている税引後営業利益（NOPAT）とフリーキャッシュフローを埋めます。税引後営業利益は，営業利益から税金分を差し引いて求めます。また，フリーキャッシュフローは，税引後営業利益から投資と増加運転資金を差し引き，減価償却費を足して求めます。

図表11-4　　　　B社のフリーキャッシュフローの見積もり結果

（単位：百万円）

		第1期	第2期	第3期	第4期	第5期	第6期以降
売上高		10,000	10,500	11,100	12,200	13,000	13,200
営業利益		1,000	1,050	1,110	1,220	1,300	1,320
	税金（税率32%）	224	240	259	285	310	340
税引後営業利益（NOPAT）							
調整項目							
	設備投資	320	500	600	450	300	200
	減価償却費	300	310	315	320	300	200
	増加運転資金	0	50	50	50	50	0
フリーキャッシュフロー							

【前提条件】
WACCは10%。
6期以降はこの業容と利益水準を維持する。
非事業価値は100百万円。

　残存価値の計算ですが，まず，各年のDiscount Factorを計算しておきましょう。n期のDiscount Factorは（$1+WACC$）^{n}ですので，それをあらかじめ計算しておきます。そして，フリーキャッシュフローをDiscount Factorで割って，その年のフリーキャッシュフローの現在価値を求めます。そして，1期から5期までのキャッシュフローの現在価値を合計したものが残存価値になります。一方，継続価値の計算ですが，継続価値は6期以降のフリーキャッシュフローをWACCで除して，さらにその値を6期のDiscount Factorで割って求めます。

　このようにして求めた残存価値と継続価値の合計が事業価値です。そして最後に，事業価値と非事業価値を足して，B社の企業価値を求めます。このようにして計算した結果が図表11-5です。

図表11-5　　　　　　　　　　B社の企業価値算定

（単位：百万円）

		第1期	第2期	第3期	第4期	第5期	第6期以降
売上高		10,000	10,500	11,100	12,200	13,000	13,200
営業利益		1,000	1,050	1,110	1,220	1,300	1,320
	税金（税率32%）	224	240	259	285	310	340
税引後営業利益（NOPAT）		**776**	**810**	**851**	**935**	**990**	**980**
調整項目							
	設備投資（-）	320	500	600	450	300	200
	減価償却費（+）	300	310	315	320	300	200
	増加運転資金（-）	0	50	50	50	50	0
フリーキャッシュフロー		**756**	**570**	**516**	**755**	**940**	**980**
Discount Factor		1.10	1.21	1.33	1.46	1.61	1.77
FCF 現在価値		687.3	471.1	387.7	515.7	583.7	

残存価値　2,645	継続価値　5,532	非事業価値　100

企業価値　8,277

⑷　企業価値を重視することの重要性

①　会計上の利益と企業価値

　近年，市場参加者による企業の関心事は，増収増益かどうかということから，企業価値が向上しているかどうかに徐々に移行しているように思われます。ここでは，企業価値が重視される理由を考えてみましょう。

　会計の世界でよく聞かれる格言に，「利益は意見，キャッシュは事実」というものがあります。これは，「利益には，設備投資における減価償却費の計上方法や，有形固定資産に対する減損など，判断によって最終的な利益額が変わる場合がある。しかし，キャッシュの増減には判断の余地はない」という意味です。しかし，会計上の利益が重要でないということではありません。会計上

の利益は依然として重要な企業評価の指標ですし，税金計算も基本的には会計上の利益をベースに行われます（会計上の利益と税務上の利益は同一ではありません）。ただ，キャッシュフローは会計上の利益よりも単純であり，それゆえに透明性も高いという利点があります。その意味で，キャッシュフロー重視という姿勢は市場参加者にとっては合理的といえます。

　むしろ，大事なこととして会計上の利益は「過去の成果」であるのに対して，企業価値算定の根拠となるキャッシュフローの見積もりは「将来のキャッシュ創出能力」であるという点です。増収増益を何年続けてきたということをもって優良企業の証とする見方は今でもありますが，企業価値重視の見方はこれとは少し違います。企業には事業資産と非事業資産がどのくらいあり，事業資産は将来どの程度のキャッシュフローを創出するのかということを適切に市場参加者に開示することができれば，市場参加者は当該企業に対する理解をさらに深めることができます。さらに，WACCをベースとする資金調達コストを明示することによって，資金調達の容易さを定量的に示すことも可能となります。これらの情報をどの程度開示するかは企業の判断次第というところではありますが，優良企業の中には企業価値算定のプロセスを詳細に開示しようとする企業も出てきています。

　さらに，企業価値を社内でモニタリングすることの重要性も非常に大きいといえます。企業価値をいきなり社外に開示することのハードルは高いですが，まずはその有効性を社内で共有することは容易です。企業価値を社内で共有するために最大の問題はキャッシュフローの見積もりをどのように行うかということですが，そのスタート台は多くの企業で行っている3年ごとの中期計画となるでしょう。中期計画は基本的に会計上の利益を3年間引きのばして作成するケースが多いようです。キャッシュフローの見積もりは，中期計画で策定した数値に，いくつかの追加情報を織り込みながら計算します。キャッシュフローの見積もりが社内で共有できれば，あとはそれを活用して企業価値をモニタリングすることができるようになります。

　例えば，企業価値のモニタリングを財務部の主要な業務領域とすることにより，企業価値の情報をアップデートすることが可能となります。財務部は中期計画の進捗状況と資金調達コストの双方を知る立場にあります。そして，企業

価値を中心とした経営に舵を切っていく試みを財務部を中心に進めていくことができます。なお，このように企業価値をベースにいろいろな施策を検討する業務を，以下では「財務マネージメント」と呼びます。

②　企業価値を高めるための方策

　企業価値算定のプロセスを学んだことで，企業が企業価値を高めるためにどのようなことを行えばよいのかがイメージしやすくなってきたのではないかと思います。それはそれほど難しいことではありませんが，大きな柱は2つです。第1は，「将来キャッシュフローを増やす」ということと，そして第2は，「WACC を引き下げる（＝資金調達コストを下げる）」ということです。順を追って見てみましょう。

　第5章のキャッシュフローでも取り上げましたが，企業の営業部門は，大口の新規販売先を獲得し，売上でいくら，営業利益でいくらが見込まれると社内で報告し，評価を受けているかもしれません。しかし，企業価値中心の経営では，それだけでは評価として十分ではありません。なぜなら，その新規販売先がキャッシュフローの増加にどれほど貢献するのかという視点がないからです。例えば，新規販売先の代金回収が遅く，利益を上回る運転資金の増加が必要になれば，キャッシュフローは逆に減ってしまいます。新規販売先は確かに増収増益に寄与するかもしれませんが，将来キャッシュフローが減ってしまうことで企業価値は下がってしまいます。企業価値中心の経営を標榜する企業にとって，企業価値が低下するような営業成果を評価することはないでしょう。

　また，製造部門が設備投資を行う際の判断基準も変わってきます。従来であれば，設備投資を行うにあたって，新しい投資を行うことで減価償却費を上回る利益が見込まれるというような言い方で，企業はその投資案件を承認していたかもしれません。しかし，企業価値向上を目指す企業では，判断基準は変わってきます。企業価値の観点からは，減価償却費を上回るかどうかというよりも，当該設備投資がキャッシュフローの増加にどの程度寄与するか，また，設備投資のための資金調達を行うのであれば，調達コストを上回る利益が見込まれるのかどうかという点を吟味する必要があります。このように，「キャッシュフローを増やす」という視点から，営業部門や生産部門から上がってくる

投資案件や新規販売案件をこれまで以上に厳しく吟味することが必要になります。

　次に，「WACCを引き下げる」ということについて考えてみましょう。WACCを引き下げるために企業ができることは大きく2つあります。第1は，「IR活動の強化」，そして第2は，「資金調達の方法を工夫すること」です。第10章で，βは「個別株のリスクの程度」と説明しました。日経平均が10％上昇したときに20％上昇する株式は，βが2となり，リスクは高いと評価されます。一方，日経平均が10％上昇しても，5％しか上昇しない株式は，βが0.5で，リスクは低いと評価されます。そもそも証券投資におけるリスクとは，下方に向かう場合だけを指すのではなく，変動の大きさを表すものです。したがって，企業の自助努力でリスクを抑えれば，βは下がります。そして，βが下がればWACCを下げることができます。

　βを下げるための自助努力として，「IR活動」をあげることができます。投資家に対して，企業が適宜適切な情報開示を行うことで，投資家は安心することができます。そして，その結果として株価は安定し，βも下がることが期待されます。企業のIR活動は企業のCFOが中心になって行うケースや，別途IR担当の役員が行うなど，企業によって方法は異なります。もちろん，IR活動が唯一βを決める要因となるわけではありません。先進的な経営で企業業績を押し上げ，投資家に安定的な配当を支払うことができていることが投資家を安心させる最大の要因となるでしょう。その意味では，IR活動のβに対する影響度は限定的かもしれません。しかし，決算期ごとの投資家やアナリスト向け説明会やいろいろな機会で，投資家と直接コミュニケーションを取り，企業の現状を適切に開示し，説明することは重要です。IR活動のβ引き下げ効果は無視できないものと考えます。

　もう1つのWACC引き下げ対策は，資金調達の方法を工夫することです。このことの詳細は次章の「最適資本構成」で説明しますが，WACCの計算式を見ればわかるように，有利子負債の調達コストは節税効果分を調整しています。本来，資金調達の如何によって企業価値が影響を受けることはないのですが，現実的には有利子負債には節税効果があり，それを勘案すると財務レバレッジを引き上げることでWACCを引き下げることができます。その意味で，

資金調達を行う財務部は，企業全体の資金調達コストを見ながら最適な資金調達の割合を検討する必要があります。それによって WACC を引き下げることができ，企業価値の向上に貢献することができます。

③　財務部の役割，CFO の役割

　このように見てみると，「会計上の利益重視の経営」から「企業価値重視の経営」に移行することは時代の要請でもあり，そのために企業は将来キャッシュフローの創出能力を高めること，新規案件や投資案件を企業価値の観点からしっかりとスクリーニングすること，IR 活動を通じて株価の安定を図ること，資金調達の比率を工夫すること，といった新たなタスクに取り組む必要があります。これは，「従来型のコーポレートファイナンス」から「新時代のコーポレートファイナンス」への大きな転換といえます。そして，それを主導する役割を担う部署が財務部であり，財務部を統括する CFO の役割といえます。財務部と CFO は企業内で大変重い役割を担うことになります。

　財務部に期待される新たな役割としては，企業価値の概念を熟知し，社内で企業価値向上を主導していくための強いリーダーシップを発揮していくことです。従来型の価値観を転換していくことは大変なことかもしれません。例えば，先程示した新規販売先の獲得について，キャッシュフローを減じさせるような新規販売案件であった場合，担当営業部は「増収増益の新規案件を取ってきたのに文句をいうな」というでしょう。しかし，それでもこのようなケースの場合，企業価値の観点から疑義を唱えることが財務部の仕事になるわけです。企業の経営陣も営業担当のモチベーションを考えてそのような新規案件を許容する姿勢を示すかもしれません。しかし，財務部は勇気を持って企業価値向上に貢献しない案件には反対しなくてはいけません。

　さらに，これを可能にするには CFO のリーダーシップが欠かせません。CFO が担う役割や責任については第15章で説明しますが，企業価値を中心とする経営の中で，CFO は中心的な役割を担うことになります。そして，このような体制を構築できれば，企業は企業価値に基づく経営を力強く推進することができるようになります。

👀【取引銀行の視点】

　銀行は企業の信用力を判断する際，企業価値よりはむしろ，会計上の利益を重視しています。企業価値は将来のキャッシュフローの見積もりがベースとなっていますが，それ自体の確からしさを検証するのが難しいという面があります。それよりはむしろ，過去の利益や財務体力をしっかりと検証し，クレジットリスクを分析し，将来の元利金返済の可能性を銀行員の立場で予測するというスタンスを維持しています。

　ただ，最近は銀行もM&Aに関連して買収資金を融資するケースも増えてきています。M&Aでの被買収企業の価値算定はDCF法によって行うケースが多いので，この分野に精通した銀行員も増えています。銀行が企業に買収資金を融資する場合，2つの方法があります。1つは買収企業の信用力に依拠した融資です。そして，もう1つは買収目的会社（SPC）を設立し，被買収企業の将来キャッシュフローに依拠した融資（ノンリコースファイナンス）です。

　買収企業の信用力に依拠する融資は，もし被買収企業が十分に収益をあげられなくても，買収企業が最終的には元利金の支払いに責任を負います。このような融資は通常の運転資金や設備資金の融資と本質的には同じです。これに対して，ノンリコースファイナンスでは，主として被買収企業の将来キャッシュフローによって元利金が返済されますので，もし被買収企業が十分なキャッシュフローを計上できない場合でも，銀行は買収企業に元利金の支払いを請求することはできません。このため，ノンリコースファイナンスを行う場合，銀行は被買収企業におけるキャッシュフローの将来見積もりを精緻に行います。その意味で，銀行にとっても企業価値は身近な存在になっています。

　今後，企業価値向上を重視する経営者がさらに増加すれば，銀行の融資判断も企業価値をベースに行われる時代が来るかもしれません。そのときのために，銀行としても取引先企業にはしっかりと企業価値を重視して経営の舵取りを行ってほしいと思っています。

第12章

企業価値を高める

(1) 投下資本利益率（ROIC）をモニタリングする

① ROIC とは

　企業価値の観点から，企業はどのように個別の投資案件をスクリーニングすべきなのでしょうか。これに関連して，2019年6月17日の日本経済新聞に，「日立，攻めの投資　資本効率を重視」という記事が掲載されました。2019年5月に日立は中期経営計画を発表しましたが，その際，東原社長は次のような考えを表明しました。「利益水準や利益率だけを見ていたのでは世界のライバルと戦えない。これからは資本コストも重視する。そこで導入したのがROIC（投下資本利益率）だ。税引利益を株主資本と有利子負債の合計額で割った指標で，どれだけ効率的に資金を使っているかを示す。投資家などの期待リターンである加重平均資本コスト（WACC）を上回らなければ持続的に価値を創造できない。日立は今後3年で重点分野に最大2.5兆円を投資する計画だ。前期までの3年間（0.5兆円）から大幅に増やす。攻めの投資を企業価値の向上につなげるため，ROICを目安に財務規律を高める狙いだ」と。

　ROIC重視の姿勢を見せている優良企業は近年増加しているようです。多くの企業はこの記事のように，資金の効率的活用，WACCとの対比，企業価値の向上，というような目的でROICを重要な経営指標として位置づけています。そこで，本章ではまずROICについて解説し，その後でROICをどのように活用するかということを考えていきたいと思います。

　ROICとは，「投下資本利益率（Return on Investment Capital）」のことです。

ROIC は投下資本に対するリターンの概念で，WACC は投下資本のコストの概念です。その意味で，ROIC は WACC と対極の関係にあります。それでは，ROIC の算定方法について説明します。ROIC は次のように求めます。

$$ROIC = \frac{税引後営業利益（NOPAT）}{投下資本}$$

　分子の NOPAT は既に第11章で説明した通りですが，営業利益から税金分を差し引いたものです。そして，分母の投下資本についてですが，事業資産サイドから見るか，資金調達サイドから見るかで異なりますが，内容は以下の通りです。

　上記の投下資本を概念図として表したものが**図表12-1**です。投下資本は，貸借対照表から切り出したもので，事業資産サイドは純運転資本と固定資産の合計，資金調達サイドは借入金と株主資本の合計という建て付けです。但し，事業資産は利益という果実を生み出しますが，資金調達はコストがかかります。
　さらに，ROIC を求める式を少し変形すると，次のような関係を導くことができます。

$$ROIC \times 投下資本 = NOPAT$$

　一方，資金調達に対する実質的な調達コストが WACC でしたので，次のような関係を導くことができます。

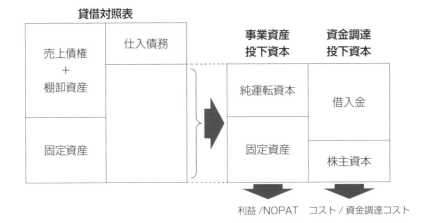

図表12-1　　　　　　投下資本の概念図

$$WACC \times 投下資本 = （実質的な）資金調達コスト$$

　NOPAT は投下資本からのリターンですので，これが投下資本の実質的な調達コストを上回れば，企業価値を継続的に増加させることができます。この差を，「企業の経済的付加価値（EVA：Economic Valued Added）」と呼び，次のように定義します。

$$EVA = NOPAT - 資金調達コスト = 投下資本 \times （ROIC - WACC）$$

　EVA がプラスであれば企業価値は増加します。そして，そのためには ROIC が WACC を上回らなくてはいけません。冒頭の日本経済新聞の記事で，「（ROIC が）投資家などの期待リターンである加重平均資本コスト（WACC）を上回らなければ持続的に価値を創造できない」というのは，このことです。
　このように，企業価値をモニタリングするにあたって，WACC を注視するのであれば，それに伴って ROIC にも意識を向け，自社の ROIC が WACC を上回っているかどうかをモニタリングする必要があります。そうすれば，

ROIC や EVA を検証することで企業価値が増えているかどうかを把握することが可能になります。これは，企業価値を経営判断の中心に据えようとする企業にとっては大事なポイントです。そして，そのような観点から，個別の投資案件についても，現状の ROIC よりも利益率が高くない場合，その投資案件は利益貢献があったとしても，企業価値の向上には貢献しないという評価になります。このように，企業価値向上を求める企業にとって，ROIC は大事な指標であるといえます。

②　数値例による ROIC 算定方法の確認

　図表12-2のような数値例を用意しました。上段では，左側の貸借対照表から投下資本額を導きます。資産サイドでも資金調達サイドでも，同じ10,000百万円という数字を導くことができます。下段では，損益計算書から NOPAT を導きます。営業利益から法人税等を差し引いた値が NOPAT になります。そして最後に，NOPAT を投下資本で除した値が ROIC になります。実際に計算して確かめてください。

⑵　個別の投資案件をスクリーニングする

①　NPV による投資案件の判定

　ROIC を基準に個別の投資案件をスクリーニングすることはできるでしょうか。ROIC の算定プロセスを見ていただいてわかる通り，ROIC はあくまで全社的な投下資本の効率性を把握する指標です。また，投下資本と NOPAT は単年度の貸借対照表と損益計算書から導き出した指標であることにも留意すべきです。一方，個別の投資案件の単年度収益貢献は，粗利増加から減価償却費を差し引いた分が利益の押し上げ効果になります。しかし，投資案件の効果は長期に及びますので，時間の経過を考慮して投資効果を測り，そのうえで投資実行の可否を決定する必要があります。このため，個別の投資案件をスクリーニングするには ROIC 以外の指標が必要です。

　そこで本節では，「正味現在価値法」を紹介します。自分の身近な例でもおわかりいただけると思いますが，投資をするかしないかを判断する場合，投下

図表12-2　　　　　　　　数値例による ROIC 算出例

（単位：百万円）

貸借対照表

資産合計	11,000
現預金	0
売上債権	3,000
棚卸資産	2,000
有形固定資産	6,000
負債合計	7,000
仕入債務	1,000
借入金	6,000
純資産合計	4,000
負債純資産合計	11,000

投下資本

資産サイド	10,000
純運転資本	4,000
売上債権	3,000
棚卸資産	2,000
仕入債務	-1,000
有形固定資産	6,000
資金調達サイド	10,000
借入金	6,000
純資産	4,000

損益計算書

売上高	12,000
原価・販売管理費	10,000
減価償却費	1,000
その他	9,000
営業利益	2,000
支払金利	500
税引前当期純利益	1,500
法人税等（税率30%）	450
当期純利益	1,050

NOPAT

営業利益	2,000
法人税等（税率30%）	450
NOPAT	1,550

ROIC 算定

NOPAT	1,550
投下資本	10,000
ROIC	0.155

資本に対してそのリターンがどうかを見定めます。リターンが投下資本を上回れば投資を行いますし，逆の場合は投資を見送ります。きわめて単純な原理ですが，正味現在価値法とはまさにこのような考え方に基づくものです。

正味現在価値（NPV：Net Present Value）は次のように定義されます。

NPV＝投資による将来キャッシュフローの現在価値合計 － 投資額の現在価値

　　　　　　　　　↓　　　　　　　　　　　　　　　↓

　　　　　　　リターン　　　　　　　　　　　　投下資本

　この考え方は DCF 法とほぼ同じです。投資による将来キャッシュフローを見積もり，それを一定の割引率を使って現在価値に引き直します。そして，その合計（リターン）が投下資本を上回っているかどうかを見ます。NPV がゼロよりも大きければ投資を行い，NPV がゼロ以下であれば投資は行いません。例えば，大学に行くべきかどうかを判断する場合，大学に通う 4 年間の授業料の現在価値と，大学卒業以降にもらえる生涯賃金のうち，大学卒業によって増えた分の現在価値合計を比較します。後者が前者を上回るのであれば大学に行くべきですし，下回るのであれば大学に行く必要はないわけです。

　さて，企業における投資判断で NPV を用いる場合，割引率は何を使えばよいでしょうか。もし，企業が企業価値を重視するのであれば，割引率はWACC を使うべきです。投資による将来キャッシュフローを WACC で現在価値に引き直せば，その分は企業価値の増加分ということになります。そして，それが投下資本を上回るのであれば，その投資は企業価値向上に資すると判断することができます。

　ところで，投資資金を銀行借入で調達し，その借入金利が 2 ％だったとします。生産部門の担当者は投資効率をよく見せるために NPV 算定に使う割引率を 2 ％にしてほしいというかもしれません。そのとき，財務部の担当者はどのように答えるべきでしょうか。確かにこのようなケースのように，投資と銀行借入が紐づいているケースは多いでしょう。しかし，企業全体の中で当該投資が企業価値向上に対してどうかという判断をするのであれば，割引率はWACC を使うべきです。むしろ，企業価値を増やす投資しか認めないという企業判断があるのであれば，WACC を上回る割引率を設定してもよいぐらいです。当該投資に対して 2 ％の借入で対応できるのも企業の信用力を背景にしているからであって，その企業における全体の調達コストが WACC である以上，WACC をベースに割引率を設定すべきです。

　それでは具体的に NPV を使って投資判断をどのように行っていくべきかを考えてみましょう（**図表12-3**）。ここでは設備投資を例にとっていきます。キャッシュフローの見積もり期間は設備の耐用年数に合わせて行います（減価償却費の計上期間も原則的にはこの耐用年数に合わせます）。ここでは耐用年数 5 年の設備とし，1 年から 5 年までのキャッシュフローを求め，さらに，見

図表12-3　　　　　　　　　NPVの数値例

（単位：百万円）

	投資時	1年目	2年目	3年目	4年目	5年目
キャッシュフロー	-1,000	300	300	300	300	300
残存価値						100
Discount Factor	1.00	1.10	1.21	1.33	1.46	1.61
現在価値	-1,000.0	272.7	247.9	225.4	204.9	248.4

NPV　　199.3

積もり期間終了時の設備の残存価値も算定します（なお，WACC＝10％とします）。

　図表12-3の例では，1,000百万円の投資を行い，キャッシュフローは1年目から5年目まで300百万円，5年目時点で残存価値100百万円としています。WACCで割り引いた現在価値が表の下段にある通りですので，リターンの現在価値合計から投資額を差し引いたNPVは199百万円となります。つまり，この投資案件はNPVがプラスになっていますので，企業価値向上に資する投資と判断できます。

②　内部収益率（IRR）

　NPVが理解できたところで，もう1つの概念として，「内部収益率（IRR：Internal Rate of Return）」を紹介します。IRRとは，NPVがゼロになる割引率のことです。上記の数値例では，割引率を10％（＝WACC）としてNPVを求めました。今度はNPVがゼロになる割引率がいくらかを計算するのです。**図表12-4**の表を参照してください。

　IRRの計算はExcelの関数を使って簡単に求めることができます。この表は図表12-3と同じ内容ですが，上記のようにキャッシュフローの将来価値に対して，「＝IRR」という関数を設定することで求めることができます。この結果から，IRRは17％とWACCの10％を上回っているので，投資を行ってもよいという判断を導くことができます。

| 図表12-4 | | IRR の計算 | | | | |

（単位：百万円）

	投資時	1 年目	2 年目	3 年目	4 年目	5 年目
キャッシュフロー	-1,000	300	300	300	300	300
残存価値						100
合計	-1,000	300	300	300	400

IRR　　17%

　NPV は金額として表すものですが，IRR は率で表すものです。NPV のほうが感覚的には理解しやすいような気がしますが，投資案件の収益性でほかの投資案件と比較するのであれば，IRR のほうが使い勝手がよいかもしれません。また，前述のように投資案件の判断基準として WACC を上回る割引率を設定するのであれば，過去の投資案件の IRR を見比べて，新たな割引率を決定するというような利用法もあるでしょう。いずれにせよ，どちらを使うかはその目的如何といえます。

(3)　財務レバレッジをコントロールする

　ここで，もう少し ROIC を使って企業価値の理解を深めていきましょう。NOPAT は税引後営業利益ですので，そこから税金調整後の支払金利を差し引くと税引後当期純利益となります。名目金利から実効税率を調整した「税引後金利」を i とすると，税引後当期純利益は次のように表すことができます（D は借入金）。

$$税引後当期純利益 = NOPAT - D \times i$$

　株主資本を E，ROE を「税引後当期純利益 ÷ 株主資本（E）」とします。また，ROIC × (E+D) = NOPAT ですので，この関係を ROE の式に代入すると，次のような関係を得ることができます。

$$ROE = \frac{NOPAT - D \times i}{E} = \frac{ROIC \times (E+D) - D \times i}{E} = \frac{E \times ROIC + D \times (ROIC - i)}{E}$$

$$= ROIC + (ROIC - i) \times \frac{D}{E}$$

　この関係式からどのようなことが読み解けるでしょうか。もし，ROIC が i よりも大きければ，$\frac{D}{E}$ を引き上げれば引き上げるほど，ROE は高くなります。$\frac{D}{E}$ は，「DE レシオ」，もしくは「財務レバレッジ」といいますが，この数値と ROE はプラスの相関関係があります。

　D は借入金，E は株主資本です。お金に色はないという考えに立てば，どちらも同じ資金調達です。しかし，両者に 1 つ大きな違いがあります。それは，これまで何度か説明していますが，借入金にかかる支払利息には節税効果があるということです。したがって，株主資本よりも借入を相対的に増やす，すなわち，財務レバレッジを引き上げることによって，節税効果を得ることができ，ROE を高めることができるのです。

　それでは，財務レバレッジを高めることによって，WACC はどのように変わるでしょうか。WACC の定義式をもう一度確認してみましょう。

$$WACC = 株主資本コスト \times \frac{E}{E+D} + i \times \frac{D}{E+D}$$

　通常の場合，税引後金利は株主資本コストレートよりも低いので，財務レバレッジを引き上げると，WACC を引き下げることになります。財務レバレッジを引き上げれば，ROE は高まり，WACC は下がるので，企業価値は高まります。それでは，企業は財務レバレッジをできるだけ高めようとするでしょうか。

　財務レバレッジを高めると，確かに WACC は低下します。しかし，ある一定程度の水準に来ると，今度は逆に，投資家が企業の倒産リスクを意識するようになります。財務レバレッジの高い企業は業績が悪化しても金利を払い続けなくてはいけませんので，財務レバレッジの低い企業に比べて，業績のぶれが

大きくなります。そうなると，株価の変動も大きくなります。結局，株主資本コストレートが β の上昇を通じて増加に転じ，上記の式の第 1 項が大きくなることで，WACC も上昇します。このような関係において，WACC を最も低い水準に留めることができる財務レバレッジが存在します。これを，「最適資本構成」といいます。

　企業価値という点から見ると，最適資本構成まで財務レバレッジを引き上げると，企業価値は増加します。しかし，最適資本構成以上に財務レバレッジを高めると，WACC の上昇を通じて逆に企業価値は減少に転じることになります。したがって，企業価値を最大化できる財務レバレッジの水準を見つけることがとても重要です。

　しかし，実務的に最適資本構成の水準を導くことは可能でしょうか。**図表12-5**に示したように，感覚的には WACC と財務レバレッジの関係で，WACC を最小にする財務レバレッジの水準（＝最適資本構成）が存在することは理解できますが，この水準が具体的にどれほどの水準なのかを計算して求めることは難しいです。それは，財務レバレッジに対して β がどの程度の感応度を持つかということが把握しにくいことに起因します。このため，企業は実務的には試行錯誤を繰り返して，最適資本構成を見つけていくことになります。

　財務レバレッジを調整する手段はいくつかあります。借入を意図的に増やす

図表12-5　　　　　　　　　**最適資本構成の考え方**

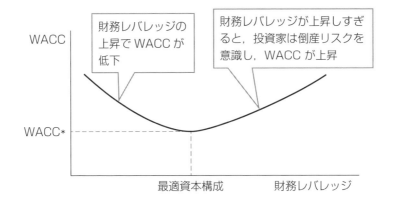

ことで財務レバレッジを引き上げることができます。借入によって自社株買いを行うことでも財務レバレッジを引き上げることができます（自社株買いは株式時価総額に対して中立的ですが，その原資を借入とすることで財務レバレッジは上がります）。これによって結果的に WACC を下げることができたら，企業は図表12-5の左側に位置していることになります。そうであれば，企業にとって財務レバレッジの引き上げは企業価値を高める手段であるといえます。一方，財務レバレッジの引き上げによって，WACC が上昇してしまったら，企業は右側に位置していることになります。この辺りの見極めは最も難しいといえます。

⑷　グループ子会社を管理する

　企業の中には多くのグループ子会社を抱えているところも多いでしょう。そして，事業多角化の名目で，さまざまな事業を子会社が担当している企業も多いと思います。その場合，企業としてグループ子会社の業績をどのように管理するかという問題は常に重要な経営課題です。これまでに説明してきた企業価値の考え方は連結ベースのものですが，統括会社としては各グループ子会社を適切に管理し，各子会社がグループ全体の企業価値向上に貢献しているのか，もしくは足を引っ張っているのかをしっかりと把握しなくてはいけません。そして，企業価値向上に十分な貢献ができていない子会社に対しては，適切な経営指導を行っていかなくてはいけません。

　社内的な管理の手法としては，まず第1に，グループ子会社の ROIC を算定し，それが連結ベースの ROIC を上回っているのか，下回っているのかを確認することです。上回っていれば，そのグループ子会社は全体の企業価値向上に貢献しているということになりますし，事業を現状通りに継続すべきでしょう。しかし，グループ子会社の ROIC が全体の ROIC を下回っている場合には，当該子会社が今後企業価値向上に貢献していけるかどうかを，しっかりと検証する必要があります。

　管理手法の第2としては，当該子会社の将来キャッシュフローをしっかりと見積もって，NPV や IRR を用いて事業継続の妥当性を検証することです。例

えば，事業を立ち上げたばかりのグループ子会社は，利益を計上できるまでに相応の期間が必要となります。統括会社はグループ子会社を設立して 3 年程度は赤字を許容するとしているかもしれませんが，子会社は自社の将来キャッシュフローを策定し，事業の現在価値を見積もります。NPV を使う場合，現在価値算定のための割引率をどのように設定すればよいでしょうか。子会社が統括会社から資金を調達する場合，資金繰り支援の観点から子会社が低利で借入を行えるようにしているケースが多いと思います。しかし，その資金も統括会社がグループ全体の信用力に基づいて調達したものですので，その際の調達コストは WACC です。したがって，グループ子会社を NPV で評価する場合も，割引率は WACC を使うべきでしょう。

　グループ子会社管理において重要なことは，統括会社とグループ子会社が評価の手法を共有しておくことです。統括会社はグループ子会社に対して，経営の目的は企業価値の向上にあることを徹底し，そのためのコンセプトをしっかりと伝える必要があります。それに対して，グループ子会社は自社の経営目標を策定する際に，グループ全体の企業価値向上に資するためにどのような数値目標を達成すればよいのかが明確になります。グループ子会社は統括会社から提供される資本金や借入金を低利な資金として認識し，それを与件として単体決算で最終利益を計上できればよいと思いがちです。しかし，そのような形で目標設定をしたとしても，企業価値に貢献できないようなケースもあり得ますので，グループ子会社管理の仕組みについては，しっかりと統括会社とグループ子会社の間で共有しておく必要があります。グループ子会社もどのような基準で自社が評価されているかを認識することで，より方向性が明確になるというメリットがあります。

　それでは，グループ子会社管理の手法を投資家や債権者に開示する場合に留意すべきことは何でしょうか。投資家向けに社内の管理資料の詳細を開示する必要はありません。しかし，投資家はグループ子会社が企業価値向上に貢献しているかどうかを知りたいと思っています。特に，事業多角化を推し進めている企業であればあるほど，投資家は子会社の状況を知りたいと思うでしょう。そのため，企業の投資家向け説明会では，子会社事業に関する質問が多く寄せられます。

　株主や投資家にとって，投資している企業の事業多角化は自らの投資方針に対するかく乱要因になる場合があります。投資家は投資している企業の主たる事業の成長性に確信を持つことで投資を行いますが，多角化している事業がグループ全体のリスクファクターになるようであれば，投資判断に迷います。これに対して企業が行う自助努力としては，IR活動を通じて多角化している事業がグループ全体にシナジー効果を持っていることを丁寧に説明する必要があります。例えば，子会社で行う事業活動によって，別の子会社へ顧客紹介ができ，結果として事業拡大に貢献しているとか，子会社の事業活動によって蓄積したマーケティング上のノウハウを，別の子会社に適用することができている，などの事例が有効です。その説明が納得できれば，投資家は安心するでしょうし，納得できなければ不安に駆られ，結果的にβが上昇します。

　もう1つの自助努力としては，子会社管理のプロセスを投資家にしっかり説明することです。上記のようなROICやNPVを使って，子会社の状況を定期的にモニタリングしていることを投資家に対して説明することも有効な情報開示の手段になります。その際，子会社の事業が企業価値の向上に貢献しないと判断した場合のいわゆる「Exitルール」を明確化しておくことも有効です。例えば，3年間の事業立ち上げ期間で十分なキャッシュフローを創出し，最終的にIRRがWACCを上回ることを事業継続の基準とする。そして，それが達成できない場合には当該事業から撤退する，などのルールを設定します。投資家は多角化事業がブラックボックス化してしまうことを嫌いますので，そうならないように統括会社がしっかりと管理していることを投資家に伝えることが必要です（図表12-6）。

⑸　配当政策で企業価値の向上を狙えるか

　第6章の財務分析で，配当性向とは「年間配当金額を当期純利益で割ったもの」と説明しました。当期純利益のうち，どれだけを配当に回し，どれだけを内部留保にするかということは，最終的に株主総会で決議することになりますが，配当性向をどのレベルに設定するかについては，まずは企業の内部で議論されます。ところで，当期純利益のうち，配当を支払うことによって企業価値

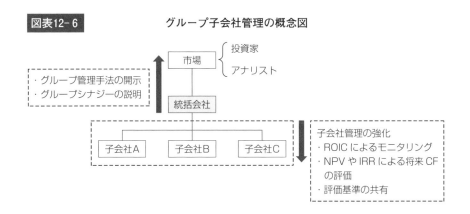

図表12-6　　　　グループ子会社管理の概念図

はどのように変化するでしょうか。言い換えると，企業価値の向上を企図する企業にとって配当政策はそのためのツールになり得るでしょうか。

　株主の立場から見ると，株式投資のリターンは配当とキャピタルゲインです。もし，企業が配当を増やすとすると，投資家は喜ぶでしょうか。一般的な答えとしてはNoです。配当を増やしてリターンを手にすることで満足を得る投資家もいるでしょう。しかし，理論的には，配当を増やしたらその分株主価値は減少しますので，株価は下がり，キャピタルゲインは低下します。したがって，配当を増やそうが減らそうが，株主にとってトータルのリターン，すなわち配当とキャピタルゲインの合計は変わりません。

　それでは，企業によって配当性向が異なるのはなぜなのでしょうか。配当性向ゼロの企業は，当期純利益の全額を内部留保とし，その内部留保を使って将来の成長のための投資に資金を回します。特に，成長著しい企業であれば，その傾向が強いでしょう。内部留保を将来に向けての設備投資に振り向け，さらなる成長とそれによる投資家のキャピタルゲイン引き上げを狙います。一方，成長余地の乏しい企業の場合，内部留保よりはむしろ，配当性向を高めて株主還元を行おうと考えます。最近の日本企業を巡る論調の中で，企業は内部留保をため込んでいてけしからんという批判があります。確かに，企業が内部留保を現預金にリザーブし，将来のための設備投資に資金を回していないとすれば，株主に還元すべきという批判も当たります。ただ，企業はその成長ステージに

よって配当に対するスタンスが違います。このため，一概に内部留保を批判するわけにはいきません。

　それでは，企業の立場から見るとどうでしょうか。既に来期の投資計画が固まり，そのための資金調達の目処が立っていたとします。そのような中，株主から配当性向の引き上げが要求され，配当を増やすとその分株主資本は減少します。一方，既に策定された投資計画を遂行するために，企業は配当で失った資金に相当する額を何らかの形で調達しないといけません。負債で調達する方法もありますが，財務レバレッジを維持したいと思えば，企業は不足分を増資によって補うことになります。そうなると，増資によって株主資本が増加しますので，配当支払いによる株主資本の減少分を相殺することになります。結局，配当を増やしても企業価値には影響を与えないことになります。しかし，この問題は単純なものではないかもしれません。例えば，増資には株主資本コストがかかりますので，WACC を引き上げることになるかもしれません。そうなると，企業価値は逆に低下する可能性があります。

　いずれにせよ，配当政策と企業価値には必ずしも明確な相関があるわけではありません。但し，配当政策を検討するのであれば，WACC への影響を十分に考慮する必要があります。

👀【取引銀行の視点】

　銀行は近年，企業価値向上に向けてのコンサルティングを行うことがあります。グループ内のコンサルティング企業と連携しながら，企業向けに企業価値向上のための施策について提案型営業を行います。

　企業価値向上をどのように進めるべきかを多くの上場企業が考えるようになったのは最近のことです。市場参加者の意向に沿う形で，東京証券取引所や金融庁が掛け声をかける形で進められてきましたが，具体的にどのようにすれば企業価値が向上し，その成果を市場参加者にどのように伝えればよいのかは，これから試行錯誤を重ねながら進んでいくものと思われます。銀行としても取引先企業による IR 活動を含めて企業価値向上に向けての具体的な方策を見守っているというのが実情です。

　個々の投資案件やグループ子会社について，それが企業価値向上に資するかどうかを吟味することは重要なプロセスだと思います。特に，コーポレートガバナンスの観点からも重要で，例えば企業が ROIC や NPV・IRR を用いて投資案件やグループ子会社を適切に管理していることが明らかになれば，銀行の企業に対する信頼感は高まります。

　また，銀行としてはグループ子会社との取引をどのように進めるべきかを模索し続けています。子会社が 100％出資会社であれば親会社と同等とみなすことはできますが，グループ子会社の中には出資比率の低い先もありますので，親会社の実質的なグリップに合わせて取引内容を是々非々で検討します。その意味で，統括会社のグループ子会社に対する管理については銀行としても関心があります。特に，グループ子会社の多い企業は，統括会社による利益管理をどのように行っているか，グループ子会社のシナジー効果はどの程度なのか，既存事業の Exit ルールはどうなっているのか，などの情報を把握したいと考えています。

　また，グループ子会社の資金管理をどうしようとしているかについても銀行は関心を持っています。国内については CMS，海外についてはグローバル CMS というサービスの提供がありますので，それらを活用してもらって事務の効率化を進めてもらえればとも考えています。

　銀行の接点はどうしても統括会社が中心となりますので，個々のグループ子会社との取引にまで拡大する余裕がないのが実情なのですが，例えば，ビジネスマッチングや M&A 情報の提供を通じて，取引間口をグループ子会社に広げていく努力を重ねていきます。

第13章

ESG 金融で社内を啓発する

(1)　企業にとっての新たな経営目標

①　ESG とは

　これまで，企業価値について説明してきました。企業と市場の対話において，企業は自らの企業価値向上を積極的にアピールする必要があります。このため，経営者は企業価値を意識し，自社の企業価値を高めていくためにどのような措置を取ればよいのかを真剣に考えなくてはいけません。但し，企業を巡る価値観は多様化しています。企業にはさまざまなステークホルダーといわれる関係者がいます。それは，株主や債権者だけでなく，従業員，取引先，地域コミュニティーなどです。企業はこのような多様なステークホルダーと良好な関係を維持しながら，事業の継続性を確かなものにしていくことが求められています。

　ところで，最近の経済ニュースを見ていると，「ESG」という言葉を目にする機会が増えました。企業活動と ESG は関係ないと思っている人が多いのではないでしょうか。そのような人は，自らの考えを少し改めたほうがよいかもしれません。ここ数年の動きを見ていると，ESG は企業活動，特に金融と急接近しています。日本はこの分野でやや遅れているようですが，世界的に見ると，特にアメリカやヨーロッパでは ESG に配慮しない企業は金融の世界から締め出されかねないような雰囲気があります。そこで，この章では ESG について概観したうえで，企業として知っておくべき ESG のポイントを整理し，最後に ESG 金融への対応について考えてみましょう。

　「ESG」とは，「環境，社会，ガバナンス（Environment, Social, Governance）」

の英語の頭文字を取った言葉です。この3つは，企業がさまざまなステークホルダーと良好な関係を維持しながら，企業の長期的な価値向上を実現するうえで特に留意しなくてはいけない事柄と位置づけられています。

　第1は「環境（E)」です。環境への配慮は企業が事業を継続していくうえで今や欠かせない要素となっていますし，環境への配慮を欠いた企業は存続が危ぶまれるリスクを抱えることになるでしょう。ここでいう環境には，気候変動，大気汚染，水質汚濁，廃棄物，水使用，生物多様性などが含まれます。特に，最近は気候変動が注目されています。二酸化炭素などの温暖化ガスが大気中に放出されることで，地球上に熱がこもり，温暖化が進行するとの認識が広く共有されるようになっています。温暖化が進むことによって，海水温が上昇し，これに伴って台風の頻度が増し，自然災害が起きやすくなっています。また，南極や北極の永久凍土がとけだすことで海水面が上昇し，海抜の低い島などが水没する危険に瀕しているといった問題がニュースなどでよく聞かれます。日本政府は2050年までに温暖化ガス排出をゼロにするという目標を打ち出していますが，今後は官民が協力してこの温暖化問題に積極的に取り組んでいくことになるでしょう。なお，パリ協定では，世界の平均気温上昇を産業革命以前に比べて2度未満に抑えることを目標とし，さらに，1.5度に抑えるために努力することとしています。これを実現するために，温暖化ガスの排出を2050年までに大幅に削減しなくてはなりません（各国の削減目標は自主的に策定することとされています）。

　第2は「社会（S)」です。企業にはさまざまなステークホルダーがいますが，それらの人々に配慮すべき問題としてこれが認識されています。特に，職場における人権問題への取り組みは重要です。従業員やビジネスパートナーとの関係において，企業は多様性への配慮を欠くことはできません。ジェンダー，人種，年齢，宗教，障害の有無，性的指向などによって企業がこれらの人たちを差別するようなことがあってはなりません。従業員が差別のない，ハラスメントのない職場で活力を持って仕事をしている企業こそが価値のある企業であるとみなされる風潮が徐々に強まっています。それ以外にも，顧客に対して自社製品の品質や安全性に対して配慮することも必要ですし，地域コミュニティーに対して役職員が積極的にボランティアや寄付などの貢献を行うことも重要で

す。

　第3は，「ガバナンス（G）」，いわゆる「コーポレートガバナンス」です。これは，企業がステークホルダーの立場を理解し，透明・公正・迅速・果断な意思決定を行う仕組みのことです。簡単にいえば，企業が健全な経営を維持・継続するということで，法令順守やさまざまなステークホルダーに関わるリスクマネージメントが中心となります。例えば，業績悪化に直結するような不祥事を事前に回避することはいうまでもなく，適切な情報開示や市場とのリスクコミュニケーションといった要素も含まれます。

　企業を見る社会の視線は，ESG重視に大きく舵を切っています。環境面では，2021年にアメリカ大統領に就任したバイデン氏はパリ協定への復帰を果たし，景気対策としてクリーンエネルギー関連の環境インフラに巨額の資金を投じることとしています。また，イギリス政府は2030年にガソリン車とディーゼル車の販売を禁止することにしています。日本では，金融庁と東京証券取引所が企業，市場関係者などとの有識者会議を開いて，2021年にコーポレートガバナンス・コードを改定する作業を進めていますが，その中で，ジェンダー平等や国際的な多様性確保の観点から，企業に対して管理職への女性・外国人の登用を増やす方向で議論を進めています。

　このように，ESGはここ最近，企業が目指すべき方向性という意味で重要なキーワードとなっています。

②　SDGsとは

　ところで，ESGと似た概念としてSDGsという言葉も広く聞かれるようになりました。ESGとSDGs，両者とも世界が目指すべき目標であるという点においては共通なのですが，成り立ちが異なります。そこで，ここで少しSDGsについて見ておきましょう（**図表13-1**）。

　SDGsとは，「持続的な開発目標（Sustainable Development Goals）」のことで，2015年の国連サミットで採択されました。もともとの議論の出発点は1972年に設立された「国連人間環境会議」に遡ります。この会議では，環境保全を主張する先進国と，環境よりも経済発展を優先すべきとする途上国の間で意見が対立しました。この対立は，なかなか決着しませんでしたが，1987年に「環

図表13- 1　　　　　　　　SDGsの内容

項番	内　　容
1	貧困をなくそう
2	飢餓をゼロに
3	すべての人に健康と福祉を
4	質の高い教育をみんなに
5	ジェンダー平等を実現しよう
6	安全な水とトイレを世界中に
7	エネルギーをみんなにそしてクリーンに
8	働きがいも経済成長も
9	産業と技術革新の基盤を作ろう
10	人や国の不平等をなくそう
11	住み続けられるまちづくりを
12	つくる責任つかう責任
13	気候変動に具体的な対策を
14	海の豊かさを守ろう
15	陸の豊かさも守ろう
16	平和と公正をすべての人に
17	パートナーシップで目標を達成しよう

（資料）国際連合広報センター HP をもとに作成

境と発展に関する世界委員会」が，「われら共有の未来」という報告書を公表
し，その中で「持続可能な開発（sustainable development）」という考え方を
提唱しました。開発をするにしても持続的でなくてはいけないという考え方で
す。それを受けて，1992年に「地球サミット」が開催され，ここで環境と開発
の在り方が議論されました。そして，この流れを受けて，2000年に「国連ミレ
ニアムサミット」が開催され，世界が解決すべき課題として8つの目標，21の
ターゲットが決められました。これが，「ミレニアム開発目標（MDGs：
Millennium Development Goals）」です。この中には，貧困の撲滅，初等教育
の充実，男女平等の実現，環境の持続可能性の確保，などの目標が設定されて
いました。しかし，MDGs の期限が2015年だったこともあり，これを延長す

る形で国際社会は2016年から2030年までに取り組む目標を示しました。これが
SDGs です。SDGs には17の目標と169のターゲットがあり，MDGs を包含する
形で決められました。

　SDGs は国家が目指すべき目標のように見えますが，そうではありません。
企業にとっても SDGs は重要な目標であり，また，これまでの事業領域を拡大
するチャンスとなるかもしれません。逆に SDGs に取り組まないことがリスク
となることも考えられます。現在でもよく耳にする言葉に，「企業の社会的責
任（CSR：Corporate Social Responsibility）」がありますが，CSR を重視する
企業は SDGs を重視します。その意味で，企業は SDGs への取り組みを強化し
ていくものと思われます。

　なお，SDGs は ESG ともオーバーラップしています。SDGs の目標のうち，
気候変動（目標13）をはじめとして，安全な水資源とトイレの普及（目標6），
クリーンエネルギー（目標7），海洋資源の保全（目標14）などは，ESG の環
境と重複します。また，SDGs 目標のうち，ジェンダー平等（目標5），働き
方（目標8）等は，ESG の社会と重複します。

③　国連による責任原則

　SDGs は先進国による環境優先と，途上国による開発優先の対立から生まれ
た考え方ですが，これに対して ESG の起源をたどると，それは国連主導で公
表された原則にたどり着きます。まず，2006年に「責任投資原則（PRI：
Principles for Responsible Investment）」が公表されました（**図表13-2**）。こ
れは，企業に責任ある行動を求める「国連グローバル・コンパクト」と，金融
機関に環境配慮行動を求める「国連環境計画金融イニシアティブ（UNEP
FI）」が共同で作業し，公表したものです。この PRI の中で，アセットオー
ナーや資産運用業者などの機関投資家には投資先の分析や評価を行う際，その
投資先が ESG 課題に積極的に取り組んでいるかどうかをよく見て，投資の意
思決定に組み込むことが求められています。また，投資先の株主として ESG
課題への取り組みや開示を促すことを求めています。

　PRI は投資家が投資先企業の背中を後押しする形で ESG 課題への積極的な
取り組みを促し，改善を求めていくような内容となっています。これを契機に，

図表13-2　　　　　責任投資原則（PRI）の6つの目標

項番	内　　容
1	投資家は，ESG（環境，社会，コーポレートガバナンス）課題を投資分析と意思決定のプロセスに組み込む
2	投資家は，能動的な株主になり，ESG課題を株主としての所有方針と所有実務に組み込む
3	投資家は，投資先に対してESG課題に関して，適切な情報開示を求める
4	投資家は，資産運用業界において，PRI原則が受け入れられ，採用されるよう促す
5	投資家は，PRI原則の実施にあたって，効果が高まるように相互に協力する
6	投資家は，PRI原則の実施に関する活動と進捗について報告する

（資料）藤井（2020）をもとに作成

「ESG投資」が急速に普及しました。なお，PRIは単なる文書を公表するにとどまらず，それに同意する機関投資家に署名を求めますが，2015年に日本の「年金積立金管理運用独立行政法人（GPIF）」がPRIの署名機関になったことが大きく報じられましたので，ご存じの方も多いと思います。

　さらに，国連環境計画金融イニシアティブは，2019年に「責任銀行原則（PRB：Principles for Responsible Banking）」を発表しました。内容は**図表13-3**の通りです。PRBについても，各銀行は賛同を表明し，賛同表明後18カ月以内に実施状況を報告することが求められます。日本の銀行は，既にメガバンクや地方銀行数行が賛同を表明しています。

| 図表13-3 | 責任銀行原則（PRB）の6つの目標 |

項番	内　容
1	〈整合性〉 銀行は，ビジネス戦略をSDGsやパリ協定，国ごとの個人や社会の目標と整合させ，貢献する
2	〈影響と目標設定〉 銀行は，提供する商品等が人や環境に与えるポジティブな影響を増やし，ネガティブな影響を減らすよう，目標を設置し，リスクを管理する
3	〈顧客と取引先〉 銀行は，顧客や取引先と共同し，サステナブルな慣行を促し，現在・将来世代に繁栄をもたらす
4	〈ステークホルダー〉 銀行は，社会の目標を達成するために，関連するステークホルダーと協力，連携を行う
5	〈ガバナンスと企業文化〉 銀行は，効果的なガバナンスと責任ある企業文化を通じてPRB原則にコミットする
6	〈透明性と説明責任〉 銀行は，PRB原則に対する定期的なレビューを行い，透明性と説明責任を果たす

（資料）藤井（2020）をもとに作成

　ここで重要なことは，銀行がSDGsやパリ協定と整合的な目標を設置していることにあります（項目1，2）。つまり，銀行は融資先企業がESG課題に積極的に対応することで融資に応じることをコミットするのです。PRBが軌道に乗り，賛同銀行が増えれば，企業のESG課題への取り組みはさらに進むことが期待されます。そして，PRBに則って銀行が業務を推進するようになれば，例えば，脱炭素に消極的な企業やプロジェクトに対して融資を控えるといった動きが顕在化してくるかもしれません。

⑵　金融が企業の ESG を促進する

①　ESG 投資

　PRI からスタートした ESG 投資ですが，これについてもう少し見てみましょう。PRI では，機関投資家による投資の意思決定として投資先の ESG への取組姿勢を投資判断の材料に組み込んでいます。そもそも，ESG への取り組みとは，投資先に求める行動規範のような類のものなのでしょうか。いえ，そうではありません。水口（2020）によれば，企業の ESG への対応と企業パフォーマンスの相関について研究した論文では，堅実な ESG 活動を行っている企業ほど優れたパフォーマンスをあげているという結果を示しています。このことから，機関投資家が投資先の ESG 対応を考慮することには，機関投資家の投資パフォーマンスを高めるうえで合理的であるといえます。

　ESG には「財務的要素」と「非財務的要素」の 2 つの面があります。財務的要素とは，ESG への対応が企業業績や資産・負債の状況に影響を及ぼすという側面です。そして非財務的要素とは，環境や社会へ配慮することは倫理的な問題であるという側面です。もともと ESG 投資は非財務的要素としてスタートしました。しかし，最近では ESG の財務的要素にスポットが当たっています。かつて，ESG が倫理的な問題であって，財務的要素がないのであれば，機関投資家が ESG を重視して投資先を選別することは受託者責任に反するのではないかという意見がありました。これに対して，イギリスの法制委員会による「投資仲介者の受託責任」という報告書や，アメリカ労働省による「受託責任の解釈に関する通知」では，社会的問題が投資の経済的価値に結びつく中で機関投資家が ESG を重視することは受託者責任の一部であるという見解を示しています。

　このように，企業の ESG 活動に対する財務的要素に徐々にスポットが当てられています。昔であれば，気候問題，長時間労働，ジェンダーの問題などへの対応は，業績と無関係と見なされていましたが，今は ESG への対応不足は経営上のリスクになるという考え方が広がっています。その結果，機関投資家は投資先の ESG 対応を重視するようになっています。

　現在，ESG 投資については主に次のような投資手法がとられています。第
1 は，ネガティブスクリーニングです。これは，ESG に積極的でない企業や
セクターを投資対象から外す方法です。例えば，化石燃料事業の事業割合の多
い企業には投資しない，もしくは投資資金を引き上げる（ダイベストメント）
というような動きです。第 2 は，ポジティブスクリーニングです。これは，
ESG に関するスコアリングを行い，その結果に基づいて投資銘柄を選定する
ような方法です。それ以外にも，環境破壊や人権侵害などの国際規範を基準と
して投資対象を選別するようなことも行われています。また，このような流れ
を踏まえて，企業の環境問題や ESG 全般への取り組みを格付する機関なども
あり，徐々にインフラが整いつつあります。

②　グリーンボンド，ソーシャルボンド

　近年，急速に注目を集めるようになった分野としては，ESG を資金使途と
して発行する債券，例えば，「グリーンボンド」，「ソーシャルボンド」，「サス
テナビリティボンド」といったものがあり，人気を博しています。

　グリーンボンドとは，地球温暖化対策や再生可能エネルギーなど環境事業へ
の取り組みのための資金調達を目的に発行される債券のことです。環境省の
HP によれば，社債発行者はグリーンボンドの発行によって環境分野への取り
組みを市場参加者にアピールすることができます。また，環境事業のキャッ
シュフローやそれに伴う利払いや償還を明らかにすることによって，環境事業
に精通した投資家などから評価を受け，比較的好条件で資金を調達することも
できます。但し，グリーンボンドと認定されるためには，ICMA（International
Capital Market Association）が定めた「グリーンボンド原則」に則って発行
された債券である必要があります。グリーンボンド原則には，資金使途，プロ
ジェクトの評価と選定プロセス，調達資金管理，定期報告の 4 つの基準があり，
それに適合していないといけません。

　なお，環境省はグリーンボンドの資金使途として，次のような例を示してい
ます。①再生可能エネルギーに関する事業，②省エネルギーに関する事業，③
汚染の防止と管理に関する事業，④自然資源・土地利用の持続可能な管理に関
する事業，⑤生物多様性保全に関する事業，⑥クリーンな運輸に関する事業，

図表13-4　グリーンボンド発行額，発行件数

（資料）環境省HPに基づき作成

⑦持続可能な水資源管理に関する事業，⑧気候変動に対する適応に関する事業，⑨環境配慮製品，環境に配慮した製造技術・プロセスに関する事業，⑩グリーンビルディングに関する事業。このように，グリーンボンドはグリーンプロジェクトを推進するための債券です。**図表13-4**が示すように，最近ではグリーンボンドの発行額，発行件数は増加傾向が続いています。

　ソーシャルボンドとは，社会的課題に取り組むためのプロジェクトに関する資金調達を目的に発行される債券のことです。投資資料館HPによれば，ソーシャルボンドと認定されるためにも，グリーンボンドと同じようにICMAが定めた「ソーシャルボンド原則」に則って発行され，なおかつ第三者評価機関からソーシャルボンド原則に適合していることを確認してもらう必要があります。ソーシャルボンドの対象となる社会課題とは次のような内容です。①基本的インフラ設備（例えば，クリーンな飲料水，下水道，衛生設備，輸送機関，エネルギー，等），②必要不可欠なサービス（例えば，健康，教育および職業訓練，健康管理，資金調達と金融サービス，等），③手ごろな価格の住宅，④中小企業向け資金供給およびマイクロファイナンスによる潜在的効果を通じた

雇用創出，⑤食糧の安全保障，⑥社会経済的向上，などです。なお，これ以外にもソーシャルボンド原則にはいくつかの要件があります。

　グリーンボンドとソーシャルボンドの要件のいずれか一方，もしくは両方を満たす債券を「サステナビリティボンド」といいます。グリーンボンド，ソーシャルボンド，サステナビリティボンドの3つを合わせて「ESGボンド」ということがあります。このようなESGに関するプロジェクトを資金使途とする債券市場が今後拡大すれば，金融面からESGを促進することができるでしょう。

⑶　環境要因を評価する動き

　「気候関連の財務情報開示に関するタスクフォース（TCFD：Task Force on Climate-related Financial Disclosures）」というものがあります。これは，G20傘下の「金融安定理事会（FSB）」が，気候関連の情報開示および金融機関がどのように対応すべきかを検討するため設立されたものです。藤井（2020）によれば，TCFDは，気候変動リスクに対する企業の情報開示が不十分な場合，投資家や金融機関が企業の評価を誤り，その結果として資本配分を誤る可能性が高まることを危惧しています。そのため，すべての企業が年次財務報告で気候変動関連の財務情報を開示すべきと提言しています。このタスクフォースの主たる目的は，気候関連のさまざまなリスクを，貸借対照表，損益計算書，キャッシュフロー計算書などの財務諸表にどのように反映させていくかを検討することにあります。例えば，今後脱炭素社会に移行することになりますが，気候変動に対する対応が不十分な企業は，訴訟リスクや法的なリスクを抱えることになりかねません。

　TCFDは気候関連の情報開示にあたって，そのリスクと機会を示しています。リスクとして，第1は「移行リスク」です。今後，低炭素社会に移行するにあたって，例えば，新たな技術革新に乗り遅れることはその企業をリスクにさらすことになります。第2は「物理的リスク」です。台風や洪水で建物や施設が損傷し，サプライチェーンが寸断されるようなことがあれば，これも企業にとっては重大なリスクとなります。一方，機会も少なくありません。エネル

ギー効率を引き上げる技術が開発されれば，コスト低減が実現するかもしれません。また，再生可能エネルギーにシフトすることで，競争優位に立てる可能性もあります。このようなリスクと機会を総合的に判断し，TCFD は企業にそのインパクトを財務諸表に適切に反映させることを求めています。このように，気候変動リスクへの取り組みを定量化する動きは既に始まっています。

これに関連して，藤井（2013）は，金融機関が企業の環境への取り組みを格付し，その格付をもとに融資する「環境金融」の重要性を早くから主張しています。同書では，2004年に日本政策投資銀行が独自に開発した「環境格付」によって優遇金利での融資を行った事例が紹介されています。環境格付付与のポイントは次の3点でした。それは，①経営全般（環境マネージメントなど，企業による環境リスクガバナンスを評価），②事業関連事項（業種特性に応じて，取引先やリサイクルまで幅広く評価），③パフォーマンス関連事項（企業活動に伴う環境負荷を定量的に評価し，その改善度合いを判断），というものです。そして，環境格付で高い評価を得られた企業は優遇金利を享受し，低利での借入が可能になるというものでした。

このように，金融面から ESG を促進する動きはさまざまな領域で進んでいます。このような状況の中で，企業も ESG に無関心ではいられません。将来的には，ESG に適切に対応しないことがリスクとみなされる時代がすぐそこまで来ています。これらの動きを踏まえると，企業の ESG 活動は今後もさらに進むでしょうか。答えは Yes です。特に，環境問題は大きく加速することが見込まれます。2020年，みずほフィナンシャルグループは環境 NPO である「気候ネットワーク」から，気候変動問題への対処方針を開示するよう株主提案を受けました。これは6月の株主総会で否決されましたが，海外の投資家が議決権を行使して気候変動問題への関与を求めてきた事案として注目を集めました。その後，日本の3メガバンクは，そろって温暖化ガスの排出が多い石炭火力発電所向けの融資残高をゼロとする目標を掲げました。また，自動車産業も，脱炭素社会への潮流が世界的に加速する中で，ガソリンエンジン車から電動車へという技術の転換を積極的に進めています。このように，脱炭素の動きに向けて，産業界が大きく舵を切ってきた印象があります。さらに，社会問題やガバナンスに対しても，世間は企業に対して厳しい目を向けるようになって

きています。このように，ESGは投資領域にとどまらず，今後さらに加速するでしょう。

⑷　ESG金融で資金を調達する

これまで多くの紙幅を使ってESGを説明してきましたが，確実なことはESGが今後の日本の企業にとって重要な経営課題になるということです。そして，金融を通じてESGを促進する流れが加速する可能性があるということです。そのような動きを先取りし，企業はESG対応を促進し，ESGを重視する企業風土を作るべきではないかと考えます。日本の銀行は取引先企業のESGを促進するための融資や私募債を提供しています。そのような融資を活用して資金を調達することで，企業は自社のESG活動をさらに活性化し，社内を啓発することができるでしょう。企業のESG対応は今後その重要性を高めることはあっても低めることはあり得ないだけに，できるだけ早い段階で，企業はESGに対する意識を高めていく必要があります。

3メガバンクによるESG金融のスキームを以下で説明します（**図表13-5**）。

これらのスキームで，融資の主体は銀行ですが，取引先のESG対応の評価については銀行グループ内のコンサルティング企業（シンクタンク）が担当します[8]。まず，コンサルティング企業が事前調査として，開示資料などから企

図表13-5　　　　　3メガバンクによるESG金融

銀行名	商品名
三菱UFJ銀行	ESG経営支援ローン グリーンローン，ソーシャルローン，サステナビリティー・リンク・ローン，他
三井住友銀行	ESG/SDGs評価融資 環境配慮評価融資，SMBC働き方改革融資，SDGs推進融資，他
みずほ銀行	環境配慮型融資商品「みずほESGローン（エコロ）」 ハートフル企業向け融資制度「みずほESGローン（ハートフルロ）」

（資料）各銀行のHPより作成

業の ESG 対応に関して事前調査を行います。そして，それが終了した段階で，
コンサルティング企業が面談し，事前調査での不明な事項や確認を要する事項
をヒアリングによってつぶしていきます。この 2 つのステップを経て，コンサ
ルティング企業は企業の ESG 活動を評価します（なお，最終評価の前には，
監査法人などと連携をして確認を行います）。一方，融資実行については通常
通り，銀行は企業との間で資金使途や返済可能性の確認を行います。企業が
ESG を資金使途とする融資申し出であったとしても，返済に疑義があれば審
査の段階で融資に応じられないということもあり得ます。そして，審査で無事
承認された段階で融資は実行されます。それと同時にコンサルティング企業に
よる最終評価の結果を企業にフィードバックします（**図表13-6**）。

　ここまでの流れですと，通常の融資にコンサルティング会社の評価サービス
が付いただけの融資スキームのようで，企業はあまりメリットを感じないかも

図表13-6　　　　　　　**ESG 評価型融資のスキーム**

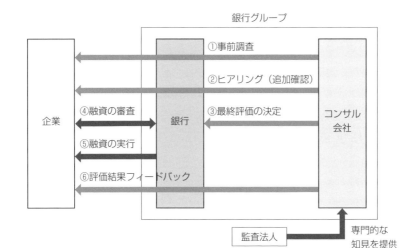

（資料）三井住友銀行 HP，「ESG/SDGs 評価融資」スキームをもとに作成

8　三菱 UFJ 銀行では「三菱 UFJ リサーチ＆コンサルティング」，三井住友銀行では「日本総合研究
　所」，みずほ銀行では「みずほリサーチ＆テクノロジーズ」が担当します。

しれません。スキームとしてはコンサルティング会社の評価によって融資が受けられないということはないようです。しかし，実はもう1つこの商品には重要なインセンティブがあります。銀行によって扱いは異なるかもしれませんが，企業が希望すれば，銀行はHP上でその企業がESG金融で資金調達したことをプレスリリースすることができます。企業はESGに注力していることを関係者に知らしめることができますので，広報的な価値は高いものといえます。

　筆者は上記メガバンクのうちの1行からESG金融で資金調達を行い，それと同時に社内にESGプロジェクトが立ち上がり，ESGに対する意識が社内で高まっていくプロセスを実際に体験しました。まずは，資金調達の条件として従来の借入条件と遜色がないことを確認したうえで，コンサルティング会社からの評価を受けることのメリット，デメリットを総合的に検討しました。事務的な負担は増えるものの，コンサルティング会社から企業のESGへの取り組みを評価してもらうこと，およびその結果をプレスリリースで開示できることのメリットは大きいと考え，ESG金融をスタートさせました。

　コンサルティング会社からのヒアリングは詳細に及びました。そして，質問にはエビデンスをもって回答していく形で進められました。企業としてはESGへの取組にある程度の自信はありましたが，外部の目からどのように評価されるのかを知る機会はなかったことから，社内啓発という意味では大変価値のあるプロセスだったと思います。最終的には自社のESG課題への取り組みが評価され，高い評価ポイントを得ることができました。これにより，銀行HPと自社HPの両方でプレスリリースを行い，ESGに対する自社の取り組みやコンサルティング会社の評価内容，レーティングを公開しました。

　このようにESG金融を活用することで，コンサルティング会社からの助言を取り入れながら，自社のESG活動をさらに活性化していくことができます。コンサルティング会社による外部評価によって，企業は自社のESG活動を客観視することができ，今後の改善に繋げていけることには意味があります。そして，さらに高い評価を得ることができれば，それを対外的に開示することで社内のモチベーションも高めることができます。

　資金調達を担当する財務部やCFOにとって，このようなESG金融を使って社内を啓発し，活性化させることは，財務マネージメントの観点からも重要

です。これまで見た通り，企業価値を向上させるという観点で，今後企業価値に ESG 対応という要素が加わってくる可能性があります。ESG に真摯に対応することを対外的にアピールすることで企業価値を高めることができるのであれば，企業はその取り組みに早めに着手する必要があるでしょう。

👀【取引銀行の視点】

　銀行は，ESG 課題への積極的な取り組みをしている企業を応援しています。そのために，銀行は ESG や SDGs 支援のための融資や私募債を提供しています。

　また，銀行自体も PRB の観点から，融資判断として取引先の ESG 課題への取り組みを今後重視せざるを得なくなるかもしれません。特に，環境問題への取り組み如何で，企業向け融資の対応が変わってくる可能性はあり得ます。また，将来的に TCFD の活動がさらに進むと，企業も環境リスクの財務的影響を財務諸表に織り込む必要が出てくるでしょう。このような流れから，取引先企業には早めに ESG 対応に着手してほしいです。

　ESG については今後より精緻な対応が求められてくる可能性があります。その意味で，銀行としてはグループのコンサルティング会社を活用してもらい，ESG 対応のノウハウを社内で共有してもらうことには意味があると思います。ESG 対応で外部評価を上げるためには，短期間では無理です。課題を洗い出し，それに向けてどのような時間軸で，どのような体制で取り組むかをじっくり検討する必要があります。その意味で，ESG 金融を使って社内でプロジェクトを立ち上げてもらうことができればよいと思います。

　本来であれば，企業もグリーンボンドやソーシャルボンドを発行し，それによって環境にやさしい企業であることを社会的に認知してもらうことが望ましいです。しかし，公募債の発行はハードルが高いので，まずは銀行が提供する ESG 金融で慣らし運転をしてもらうことが現実的な対応だと思っています。

第14章
M&A で企業価値向上を図る

(1)　M&A の手法

　企業の資金調達に関して，その資金使途として運転資金と設備資金の２つを専ら扱ってきました。企業が資金調達を行う理由としてはこの２つが最も多いので，当面の資金調達への対応としてはこれだけでも十分です。しかし，最近は企業買収という形で，企業が他社，もしくは他社の特定部門を買収するようなケースが多く見られます。このようなケースでは当然資金調達も検討の俎上に乗ってきますので，財務部も買収プロジェクトに参加し，一定の役割を担うことになります。そのため，本章では企業買収，いわゆる M&A（Mergers & Acquisitions）について，基礎的な知識を押さえておきましょう。

　M&A には，複数の企業が「合併」して統合するケースと，ある企業が他の企業や部門を「買収」するケースがあります（**図表14-1**）。合併には，１つの企業が他の企業の権利関係などを吸収して存続会社となり，権利関係を譲り渡した企業は吸収されたあとに消滅する方法があります。これを「吸収合併」といいます。これに対して，新しい企業を設立して，そこに関係する企業の権利関係などを移転させ，それが完了した段階ですべての企業を消滅させる方法があります。これを，「新設合併」といいます。合併では，合併される企業は消滅することになり，存続会社や新設会社にその権利関係等は引き継がれることになりますが，会社が消滅することによって，消滅会社が行っていたこれまでの人事関係等の手続きをどのように継承していくかなどを検討する必要があります。

　また，後者の「買収」についてですが（これ以降，買収する企業のことを「買収企業」，買収される企業のことを「被買収企業」といいます），最もオーソドックスな方法は，買収企業が被買収企業の株主から被買収企業株式の50%超を現金で買い取る方法です。これを，「株式譲渡」といいます。株式を買い取る方法には，株式公開買付け（TOB：Take Over Bid）や，直接大株主から相対で買い取る方法などがあります。ただ，TOBには「義務的公開買付け」というものがあり，株式取得後の持ち株比率が3分の1を超える場合にはTOBで株式を取得しなくてはならないなどの規制があります。また，それ以外にも被買収会社が第三者割当増資で買収会社に新株を割り当て，買収会社がその新株を引き受ける形で買収する方法などがありますが，いずれにしても，これらは現金を対価とする買収ですので，買収企業はその資金をどのように調達するのかを検討する必要があります。

　また，株式を対価として買収する方法もあります。買収企業が被買収企業の株主に対して，被買収企業の株式と引き換えに買収企業の株式を割り当てます。これを，「株式交換」といいます。これによって，買収企業は被買収企業を

図表14-1　　M&A の類型化

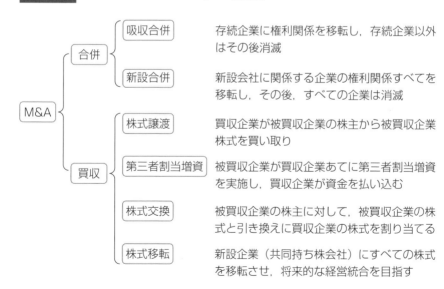

100％子会社とすることができます。また，「株式移転」という方法もあります。これは，複数の企業が新たに新設する企業（共同持ち株会社）にすべての株式を移転し，その傘下に入るという方法です。株式交換と株式移転の違いは，親会社が既存の企業か，新設の企業かという点にあります。株式移転は，共同持ち株会社の傘下に関係する企業が入ったのちに，最終的にそれらの企業が経営統合を行う場合によく用いられます。

　なお，M&A には企業が保有する事業や資産のみを買収するケースも含みます。この場合，被買収企業は事業に関する資産と負債を分割し，それらをまとめて買収企業に譲渡します。事業買収の場合，株式の移転を伴いません。

⑵　M&A の流れ

　資金調達という観点からは，企業を買収するケースが検討対象となります。そこで，本節では具体的な企業買収の流れを見ていきましょう。

　M&A を行う前に必要なプロセスは，なぜ企業を買収しなくてはいけないのかを明確にし，それを社内で共有しておくことです。M&A は手段であって，目的ではありません。M&A の目的は，社内に必要なリソースがなく，それを育成するよりはむしろ，買収によって外部のリソースを取得することで事業戦略の遂行，企業価値の向上を実現することです。このような認識があって初めて M&A を実行することになります。M&A は企業を買収するわけですから，それを実行するためには秘匿性が求められます。しかし，特定の担当者だけが常に M&A を取り仕切っているような状況ですと，M&A を行う目的が形骸化してしまう可能性があります。そうならないためにも，ある程度メンバーを流動化させながら，M&A の目的を常に意識しておく必要があります。

　M&A 実行の意思決定が行われれば，次に買収先のターゲットを絞り込みます。自社に足りないリソースは何か，そのためにどのような企業を買収すべきか，被買収企業の規模はどの程度が望ましいか，買収にはどの程度の予算を組めるのか，などです。しかし，M&A の場合，企業が思い描いているような道筋通りに進むことは稀です。M&A の実務ではまず自社を売りたい先を見つけないと話は先に進みません。このため，被買収候補先を見つけることが重要で

す。企業はM&A仲介会社や金融機関を利用し，自社の要望を伝え，要望に沿った売り先を見つけてもらうことになります。そして，M&A仲介会社などからロングリストが提出されれば，それをもとにいくつかの候補先を選択することになります。

　運よく候補先が見つかったら，ここから先は専門家の助けを必要とするステージに入ります。税務，会計，法務，労務などの専門家とアドバイザリー契約を結び，適切な助言を受けるようにします。M&A仲介会社が具体的なアドバイザリー契約の仲介を行うケースもあります。弁護士，公認会計士がアドバイザーとなるケースが多いですが，財務面や資金面に関して助言を行うフィナンシャルアドバイザー（FA）として金融機関が助言を行うケースもあります。いずれにせよ，アドバイザリー契約にはコストもかかりますので，予算との兼ね合いでどこまで外部に依存するかを決めます。

　これでようやく具体的なアクションに入っていくことになります。まずは，被買収候補先との間で「秘密保持契約（NDA：Non-Disclosure Agreement）」を締結し，基本的な情報を入手し，交渉をスタートさせます。この段階で，企業は被買収候補先の値踏みを行います。M&Aにおける企業評価については，「企業価値評価（バリュエーション）」と「デューデリジェンス」の2つがあります。企業価値評価とは，これまでに見たDCF法などを用いて企業価値を算定する作業です。これに対して，デューデリジェンスとは，被買収候補先の経営上の重要事項を洗い出し，買収するかどうかを最終的に判断するための総合的な精査です。この2つは被買収企業を調べるということにおいては同じですが，調査の方法や実施のタイミングが異なりますので混同しないようにしましょう。まずは企業価値評価を通じて被買収候補先の企業価値を大まかに把握します。

　さらに，M&Aのスキームの検討も進めます。図表14-1で示したように，M&Aにはいくつかの手法がありますので，今回のM&Aでどのような手法を採用するのかということを被買収候補先とあらかじめ交渉します。スキーム検討の段階では，企業価値評価も明らかになっているでしょうし，被買収候補先の要望なども踏まえてスキームを検討していきます。なお，この段階ではトップ同士の面談も行われます。トップ間の信頼関係の醸成がM&Aにとっては

成功のカギともなりますので，このプロセスも重要です。

　交渉の段階で双方が合意できそうな状況になれば，「基本合意書」を締結します。この基本合意書は最終合意ではありませんが，デューデリジェンスをスタートさせるために必要です。基本合意書では最終合意に至るまでのスケジュールなどが記載されますので，その間にデューデリジェンスを完了させることになります。デューデリジェンスはM&Aを実行するにあたって最終的な精査ですので，法務，財務，税務，その他の事業や環境面等について詳細に行われます。ただ，時間に限りがある場合が多く，デューデリジェンスで発見されたもの以外，例えば，不良債権や滞留債権の存在が買収後に明らかになった場合について，最終合意でその取扱いを明確化するなどの措置を講じます。そして最後に，「買収契約書」を締結します。買収契約書に基づいて最終的に被買収企業が買収企業の傘下に入った段階でM&Aのプロセスは完了となります（**図表14-2**）。

　但し，この流れは，被買収候補先を1社に絞り込んで交渉を進める「個別交渉方式」と呼ばれるものです。実際にはそれ以外にも，「オークション方式」といって，被買収候補先の名前を伏せて広く買収候補先を募る方法もあります。

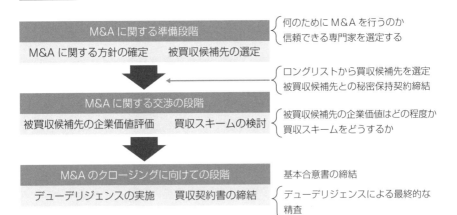

図表14-2　　　　　　　　　　**M&A の一般的な流れ**

| M&A に関する準備段階 |
| M&A に関する方針の確定　　被買収候補先の選定 |

何のために M&A を行うのか
信頼できる専門家を選定する

ロングリストから買収候補先を選定
被買収候補先との秘密保持契約締結

| M&A に関する交渉の段階 |
| 被買収候補先の企業価値評価　　買収スキームの検討 |

被買収候補先の企業価値はどの程度か
買収スキームをどうするか

| M&A のクロージングに向けての段階 |
| デューデリジェンスの実施　　買収契約書の締結 |

基本合意書の締結
デューデリジェンスによる最終的な
精査

⑶　M&A における買収価格決定のポイント

　さて，M&A プロセスでは被買収先の企業価値評価（バリュエーション）を行い，買収価格がどの程度になるかを算定しますが，その際の考え方を整理しておきましょう。ここでは，DCF 法をベースに考えます。

　復習を兼ねて，もう一度 DCF 法をおさらいしてみましょう。DCF 法による企業価値算定は将来キャッシュフローの見込み値をベースに行います。残存期間（**図表14-3** では10年としてあります）のフリーキャッシュフローを見積も

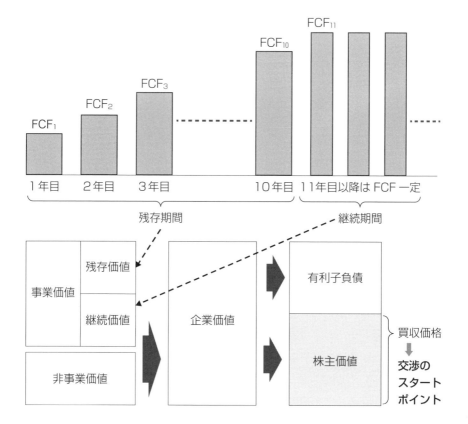

図表14-3　　　　M&A における企業価値評価

り，それぞれを現在価値で割り引いて合計した「残存価値」を算定します。また，継続期間のフリーキャッシュフローについても現在価値に割り引いて「継続価値」を算定します。残存価値と継続価値の合計が「事業価値」となります。そして，事業価値と非事業価値を合計したものが「企業価値」となります。

　M&Aにおいて企業価値評価を行う目的は買収価格を見積もることです。このようにして求めた企業価値について，有利子負債を差し引いて「株主価値」を求めますが，この株主価値がM&Aにおける企業の買収価格を検討するにあたってのスタートポイントになります。

　しかし，ここで算定した株主価値が最終的な買収価格になることはありません。通常，買収企業はM&Aを行うことによって被買収企業のキャッシュフローが買収企業とのシナジー効果によってさらに増加する，もしくはコストが低減することを期待します。シナジー効果が期待できないのであればM&Aなど行わないでしょうから，これは合理的な考え方といえます。したがって，このようなシナジー効果を買収企業はキャッシュフローに上乗せしますので，その分買収価格は上がります。

　買収価格の修正はデューデリジェンスを行った後です。デューデリジェンスを行うことによって，被買収企業の営業権などを詳しく精査すれば，シナジー効果の見積もりをさらに精緻なものとすることができます。例えば，被買収企業が持つ顧客基盤，技術力，従業員の勤勉さなどが明らかになれば，さらにシナジー効果を上乗せすることもあり得ます。また，デューデリジェンスによってこれまで見えていなかったマイナスの要因が出てくるかもしれません。そのような場合，シナジー効果を引き下げることもあり得ます。そして，それらを考慮して再度買収価格を見直すことになります。

　このようにして，買収企業は買収提示価格を決めていきます。買収提示価格が決まれば，それから先は被買収企業との交渉になります。交渉は，アドバイザーを介して専門的に行うことになります。ここで重要なことは，買収企業として買収金額をいくらまで出せるかという上限を決めておくことです。一般的なオークションのように買収価格が吊り上げられて，最終的に高い買物となってしまう例はいくらでもあります。そのため，これ以上は出さないという「引き込み線」をあらかじめ設定しておくことは大事です。

図表14-4　　　　　　　　　　　　**買収価格の決定**

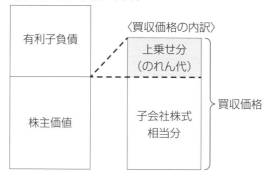

　このような経緯を踏まえ，最終的には被買収企業の株主価値を上回る形で買収価格は決められることになります。買収価格が株主価値を上回る分を「のれん代」といいます。これに関する会計処理については後で触れます。そして，買収企業には被買収企業の買収のために調達した負債とのれん代，そして被買収企業の有利子負債が買収企業の貸借対照表に付加されます（**図表14-4**）。

(4)　M&A のための資金調達

　M&A を行うために資金が必要になります。このため，企業としては買収資金を何らかの形で調達します。これまで見た通り，資金調達の方法には，内部資金を活用する方法，エクイティファイナンス，すなわち増資によって資金を調達する方法，およびデットファイナンス，すなわち借入や社債発行によって資金を調達する方法の3つがあり，このいずれかを用いることになります。

　内部資金，すなわち手持ちの現預金によって買収を行う方法が最もシンプルでコストも手間もかかりません。但し，現預金が減少し，被買収企業の有利子負債が負債勘定にオンされますので，一時的には財務体力が低下します。ただ，余剰資金があり，M&A によって現預金が適正水準になるのであれば，むしろ現預金を使ったほうが株主は評価するかもしれません。

　買収資金をエクイティファイナンスで調達する方法もあります。増資については，公募増資，株主割当増資，第三者割当増資の３種類がありますが，そのメリット，デメリットは既に見た通りですので，買収資金をエクイティファイナンスで調達する際には十分な検討が必要です。第三者割当増資については，被買収企業が買収企業あてに新株を発行することもあります。被買収企業が買収企業に対して発行済み株式数の過半数を保有させるように第三者割当増資を行うことで，買収のプロセスを完了させることができます。ただ，その際も，買収企業は被買収企業の株式を引き受けるための資金を調達しないといけません。また，買収企業が第三者割当増資を行う場合，既存の株主は希薄化の影響を受けますので，既存株主の意向に十分な配慮が必要となります。

　買収資金をデットファイナンス，ここでは銀行借入で資金を調達する方法を見てみましょう。まずは，買収資金を通常の銀行借入で調達する方法です。借り手である買収企業は借入金の返済を被買収企業のキャッシュフローに限定せずに，全社的なキャッシュフローから返済していきます。その意味で，これは買収企業が借入金の返済に責任を持つスキームです。銀行も被買収企業の信用力よりはむしろ，買収企業の信用力に依拠して融資を行います。

　これに対して，「LBO（Leveraged Buyout）」と呼ばれる資金の調達方法があります。これは，被買収企業の資産や将来キャッシュフローを担保として銀行から資金を調達する方法です。Leverage とは「てこ」を意味しますので，手元に資金が少なくても大きな企業を買収することができます。LBO についての具体的なスキームは**図表14-5**の通りです。

　LBO による企業買収の場合，まず，買収企業は特別目的会社（SPC：Special Purpose Company）を設立し，出資を行います。次に，銀行は被買収企業の資産と将来キャッシュフローを担保に SPC に融資を行います。なお，銀行は融資の返済を買収企業に求めることはありません。このような融資を「ノンリコースローン」といいます。そして，融資完了後に，SPC は被買収企業の株主から株式を譲渡され，そして，買収が完了した後，SPC と被買収企業は合併し，被買収企業は自らのキャッシュフローから銀行に返済を行います（合併によって SPC は役割を終え，消滅します）。

　通常の銀行借入と LBO では，返済する企業が異なります。通常の銀行借入

図表14-5　　　　　　銀行借入による M&A のスキーム

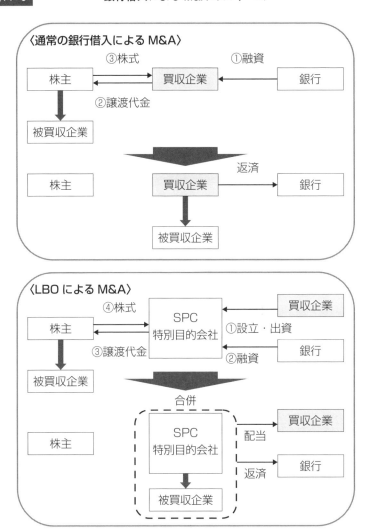

の場合，買収企業が借入金の返済を行いますが，LBO の場合は被買収企業が借入金の返済を行います。このように見ると，買収企業にとって LBO による買収は，少ない資金（SPC に対する出資金）で大規模な企業買収を行うこと

ができるというメリットがあります。一方，融資をする銀行にとっては，被買収企業のキャッシュフローと資産だけが返済原資となりますので，融資の可否を検討するハードルは高いものとなります。銀行は将来キャッシュフローを厳密に見積もり，返済可能性を十分に分析しなくてはならないからです。このため，銀行は通常の融資よりも高めの金利水準を設定します。

　このように，M&A の買収資金をどのように調達するかは重要な検討項目になります。それでは，資金調達方法を決めるにあたってどのような点に注意したらよいでしょうか。ここでは，M&A 単体の利益と，M&A 実施後の企業グループ全体の財務戦略という 2 つを考えてみましょう。M&A 単体という観点からは，例えば，被買収企業の 5 年後の株主価値を予測し，そこから借入と利払いを差し引いたものが買収企業にとっての利益となります。但し，5 年後の株主価値がそれらを下回ればその分は損失となりますので，企業は被買収企業の事業を早期に軌道に乗せ，想定されたシナジー効果をなるべく早く実現できるように，買収後のマネージメントを適正に行う必要があります。

　また，企業グループ全体では，例えば，最適資本構成の観点からグループ全体の財務レバレッジの水準を上げたいという意向があれば，借入で M&A を行うことも十分合理的な判断となります。M&A による買収資金を借り入れで賄うことでその分の借入額を増やすことができるだけでなく，被買収企業の有利子負債も連結決算に取り込むことになりますので，財務レバレッジを引き上げることができます。財務レバレッジを引き上げれば WACC は低下することになりますが，有利子負債を増やすことによる倒産リスクを株主が意識するようだと WACC は上昇します。そこはまさに，財務戦略としての腕の見せ所です。

(5)　M&A における会計処理

　M&A では，会計処理で押さえておかなくてはいけない問題があります。それは，「のれん代」に関わる処理についてです。のれん代は営業権ともいわれ，企業に超過収益をもたらす源泉と見なされ，資産に計上されます。ただ，評価が難しいことから，現在では買収など有償で企業を取得した際にのれん代の計

上が認められています。具体的には，買収価格と被買収企業の純資産の差がのれん代となります。図表14-4で，買収価格のうち，被買収企業の純資産を上回る分を上乗せ分としましたが，その分がのれん代です。

　日本の会計基準では，のれん代を計上してから20年以内に規則的に償却しなくてはいけないことになっています（**図表14-6**）。のれん代の償却は固定資産の減価償却と同じく費用化されますので，利益の圧迫要因となります。このため，大規模なM&Aを行うと，のれん代の償却が利益のダウンサイド要因になることがあります。また，買収後に被買収企業の利益が思ったほど上がらず，のれん代を回収できないような場合，のれん代の価値を見直し，帳簿価格との差を損失として計上することになります。これを，「のれん代の減損」といいます。今後，日本企業が国際財務報告基準（IFRS：International Financial Reporting standards）に移行すると，のれん代の償却は不要となります。しかし，のれん代の減損の可能性を毎期判定しなくてはいけないことから，企業は被買収企業

図表14-6　　M&Aの会計処理（買収資金を全額借入で調達する場合）

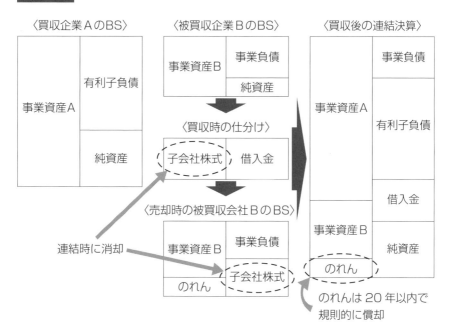

の減損を回避するための努力を継続しなくてはなりません。

　一方，買収価格が被買収企業の純資産よりも小さいことがあります。これは「負ののれん代」といいます。買収後に負ののれん代は一括して利益として計上されます。負ののれんを計上する M&A はそれほど多くはありませんが，実際にはいくつか事例があります。買収価格は相対での交渉で決まりますので，被買収企業の純資産よりも高くなる場合もあれば，低くなる場合もあります。M&A をすることで利益を計上するというのは，ちょっと不思議な感じがしますね。

⑹　M&A の後にやるべきこと

　M&A ではデューデリジェンスを通じて買収企業は被買収企業の内容をしっかりと精査し，それを踏まえたうえで買収契約書に調印することになります。しかし，デューデリジェンスにかけられる時間は限られているため，被買収企業内部の問題すべてを認識できるとは限りません。当然，被買収企業と買収企業では企業文化も異なりますし，買収企業が買収時に目論んだシナジー効果を実現できるかどうかも，買収後の努力にかかっています。買収後の初期段階において，経営統合の阻害要因をあぶりだし，それらを除去しながら想定したシナジー効果をできるだけ早く実現するようなマネージメントのことを，PMI（Post Merger Integration）といいます。

　PMI は次の 3 つのポイントを意識して進めていく必要があります。第 1 は，「アップサイドの側面」です。一言でいえば，統合効果によって売上や利益をどのように伸ばしていくかということです。例えば，M&A の検討段階で，被買収企業が持つ技術力や顧客基盤などを活用してシナジー効果が狙えると判断したのであれば，その効果をできるだけ早い段階で具体的なアクションに落としていくことが必要です。被買収企業の顧客基盤を活用するのであれば，新たな顧客層に対する販売方針を具体的に策定していく必要があります。また，被買収企業の技術力を活用するのであれば，技術スタッフによるノウハウ交換を早期に行う必要があります。それらを通じて，相互の信頼感を醸成し，営業面や生産面におけるシナジーの具現化に注力していきます。

　第2は,「ダウンサイドの側面」です。これは,統合効果でコストをいかに減らしていくかということです。被買収企業と買収企業とも会社組織を維持するために保有していたシステムや間接部門,そしてそこで働く人員や経費などがあります。それらを早急に見直し,コストの削減を実現していく必要があります。ダウンサイドの側面はアップサイドの側面よりも困難を極めます。被買収企業であれ,買収企業であれ,人は長年慣れ親しんだやり方を変えることには大きな抵抗感を覚えます。しかし,そのような抵抗感からシナジー効果の具現化が遅れるようなことがあってはいけません。PMIで最も困難で,しかも最も短時間で効果を上げなくてはいけない分野が,このダウンサイドの側面といっても過言ではありません。

　そして第3は,「リスク管理の側面」です。新しい企業文化をどのように構築するか,新たな人事評価システムをどのように作り上げていくか,人心の離反やキープレーヤーの離職をどのように防ぐか,新たな社内管理体制をどうするかなど,数え上げればきりがありません。それらはスタッフよりもむしろ役員の仕事です。トップダウンでリスク管理体制の充実を図ることで,さらにM&Aの推進力は増していくことになります。なお,ここでいうリスクは,経営管理全般に関するリスクですが,もう1つ意識すべきは経営統合が進まないリスクを含みます。また,内部監査体制やコンプライアンス体制等をこの際にさらに充実させることも,重要な統合効果になるかもしれません。

　このように,M&Aのプロセスにおいて,PMIはM&Aを成功させられるかどうかに重要な役割を占めます。日本企業が海外の企業を買収してもなかなか効果が上がらない理由は,このPMIが十分に成果を上げられないからといわれています。言葉の問題や物理的な距離の問題を言い訳にして時間を浪費してはいけません。そのようなハードルがあるのであれば,本社の役職員を現地に常駐させ,コミュニケーションを取りながら地道にPMIを進めていく必要があるでしょう。また,これは国内でも同様です。M&Aで買収契約書に調印した翌日から期限を切って,集中的にPMIに特化することが肝要です。

　また,PMIと同様に重要なこととして,シナジー効果が十分見込めない場合の「Exitルール」を事前に定めておくことです。これは,例えば,統合後2年間でシナジー効果が実現しない,もしくは実現する見込みがない場合に,

経営統合を解消する，もしくは事業再編により整理統合を行うといった，社内的なルールを事前に共有しておくことです。これがあれば，PMI の時間軸もより明確になるでしょうし，社内に統合推進力が高まることが期待できます。また，シナジー効果が表れないまま何ら具体的な方策を取らないというような，時間の浪費を防ぐ意味でも重要です。

　Exit の時間軸を示しておけば，Exit の仕方にはいくつかの方法があります。買収後に被買収企業の事業から撤退する場合，会社分割をして事業を売却する方法があります。会社分割とは，ある事業に関する権利義務の全部もしくは一部をほかの企業に承継させるための組織再編のことです。売却事業を既存の企業に承継させる方法が「吸収分割」です。これに対して，新たに設立された企業に当該事業を承継させる方法が「新設分割」です。いずれにせよ，買収企業は被買収事業から撤退することになるのですが，売却先を社外とし，完全に事業から撤退する方法もありますし，例えば企業グループ内での組み合わせを変えることで事業シナジーが見込まれるのであれば，子会社に承継させることも1つの方策と考えられます。

　但し，Exit は M&A を行うよりもさらに事務的な手続きや調整といった負担が大きくかかります。そのため，やはり M&A を行う際の検討プロセスが重要です。Exit をしなくてはいけないような状況を招かないためにも，しっかりとした検討やデューデリジェンスを行い，買収すると決めた事業から当初想定したようなシナジー効果を実現できるように努力することが大切です。その意味で，M&A，PMI といった一連の流れについて，トップ主導で一気呵成に被買収企業との一体化を図っていく必要があります。日本企業が大規模な M&A において当初想定したようなシナジーや収益拡大を実現できないまま，Exit してしまったケースがあります。会計的にはこのようなケースではのれん減損で多額の損失を計上することになります。そうなれば，株主は失望するでしょうし，企業存続の危険に瀕するようなケースもあります。M&A はくれぐれも慎重に進めるようにしましょう。

👀✨【取引銀行の視点】

　銀行はM&Aについて売り情報，買い情報の双方を企業に提供しています。銀行が提供したM&Aの情報が実際に検討の俎上に上り，FAの選定や資金調達面で役割参入ができれば，大きな資金益や手数料益を確保することができます。このため，銀行は企業への情報提供については積極的に行っています。

　ただ，銀行が提供する情報が成約に至る確率は低く，人によっては1,000件に3つ程度の確率（「センミツ」ともいわれます）と揶揄する人もいて，かなりハードルは高いです。これは，企業のM&Aにおける真のニーズがどこにあるのかを探ることが難しく，それを掴むことができても，それに合致するような買い先，売り先を見つけてくることがさらに難しいためです。

　銀行内にはM&Aを専門に取り扱う部署があります。M&Aでは情報の秘匿性が大変重要なため，売り情報，買い情報の間にしっかりとしたファイアーウォールを設定しなくてはいけません。例えば，取引先から事業を売りたいという情報を入手した場合には，それを厳重に管理して，たとえ銀行内であってもその情報にアクセスできないようにします。その意味で，銀行は企業に対してむやみにM&A情報を提供することができないという事情もあります。

　最近では，中小企業の経営者から事業承継の関係で企業を売却したいというニーズをよく聞きます。ただ，上場会社の場合，M&Aについてはほとんどが買いニーズですので，売り先の情報をいかに多く保有しているかが成約のポイントです。大事なことは，買いにしても売りにしても，企業のニーズがどこにあるのかを正確に把握することです。その意味で，銀行は取引先との会話を通じて，M&Aニーズに常にアンテナを張っています。

　銀行の立場からすると，大口のディールで，しかも複雑なスキームの案件のほうが大きな収益を収受できるのですが，クレジットに余裕のある企業であれば買収のための融資も機動的に対応することができます。どんな案件でも，銀行はM&Aに積極的に関わりたいと思っています。そのために，日々の情報提供は継続的に行っていきます。

第15章
財務マネージメント遂行のための
組織論

(1)　財務部の守備範囲

　本書では企業の立場から，資金をどのように管理すべきか，資金を管理することがなぜ重要か，資金を調達するためにどのような点に注意すればよいか，企業価値とは何か，企業価値をどのように高めていけばいいのか，といった問題を説明してきました。これらは企業にとって重要な問題であり，資金管理，財務管理，資金調達，ファイナンス理論，財務マネージメントについて，より実務的な立場で理解してもらうことを目的にそのエッセンスを記してきました。しかし，企業としてこれらを実践していくために，どのような組織対応をしていけばよいのかは大変難しい問題で，一律に決められるものではありません。企業ごとに既にこれらの業務には何らかの形で対応しています。また，企業によって資金管理や財務管理に対する考え方は違うでしょうし，人材の質も違うので，自ずと対応も異なります。本書では資金に関する管理は，「財務部」が一元的に担うという前提でさまざまなテーマを説明してきましたが，実際の企業組織やそれを束ねる CFO の役割については触れてきませんでした。そこで，本書の最後に，企業の中での財務部の位置づけや，財務部スタッフに求められる資質，および財務・経理部門を束ねる CFO の役割などを考えていきましょう。

　昆・大矢・石橋（2020）は，米国 GE の財務部門における組織上の役割を紹介しています。その概要は**図表15-1**の通りです。米国 GE には，本社と事業ユニットにそれぞれ CFO が配置されています。本社の CFO は IR を中心に外部

への財務報告の責任を担っていて，事業ユニットの CFO が担当事業部門の中期計画，予算，計画の進捗状況等をモニタリングします。また，本社の CFO が管轄する組織の中に，「FP & A（Financial Planning & Analysis）」という組織があります。FP&A は日本企業の中ではあまりなじみのない組織ですが，これは CFO にレポートしながら，かつ事業部門と密接にコミュニケーションを取り，戦略設定，予算配布，実績モニタリングなどを行います。一般的な日本企業では，このような機能を経営企画部門などが担っているケースが多いと思われますが，CFO 傘下に FP&A を置くことによって，事業部門の状況をいち早く把握し，その情報を財務諸表に反映することができます。また，対外的な情報開示においても，現場の状況を正確かつタイムリーに把握し，市場参加者に伝えることができます。さらに，事業部門も，常に財務や会計を意識した業務運営を行うことができるほか，そのような視点から事業部門の人材育成を行うことができるなど，多くのメリットがあります。FP&A に所属するスタッフは現場のオペレーションに精通していて，なおかつ会計や財務の知識も豊富でなくてはいけません。このような組織が期待通りに成果を上げることができれば，企業価値向上に向けて効率的な経営を実践できるでしょう。

図表15-1　　**CFO 傘下の組織の建て付け（GE のケース）**

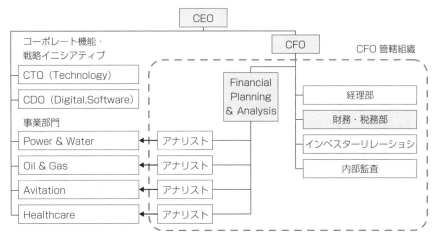

（資料）昆・大矢・石橋（2020）98 頁の図表に加筆して作成

　本書における財務部の位置づけも上記GEの組織を参考にしています。具体的には**図表15-2**の通り，CFOの傘下には，財務部のほかに，経理部，IR部，財務企画部があります。財務企画部は事業部門をモニタリングしながら管理会計を通じて事業の進捗状況や投資案件の精査などを行う役割を想定しています。その意味では，GEのFP＆Aに近い役割を想定しているのですが，経理・財務側により近い立場で事業部門をモニタリングしていくような位置づけにしています。なお，内部監査についてはCFO傘下にすると経理・財務部門に対して十分にチェック機能を果たせない可能性がありますので，これについてはCFO傘下から外しています。内部監査部門によるチェック機能のことを「牽制機能」といいます。企業によっては，「CAO（Chief Auditing Officer）」という役職を設けて，CAOが監査部門だけを統括し，社内のすべてのオペレーションに対して牽制機能を発揮するような建て付けにしている企業もあります。

　本書で説明してきた財務部の組織の建て付けと役割について，ここで今一度整理をしておきましょう。以下の図表15-2を見てください。

　財務部はCFO傘下の部署としています。役割としては，①支払事務（国内送金・海外送金），②資金管理（資金繰り状況の把握と報告，キャッシュマ

| 図表15-2 | 本書での財務部の位置づけと役割 |

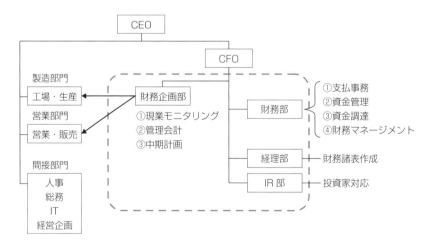

ネージメント），③資金調達（資金調達に関する企画と実施），④財務マネージ
メント（企業価値のモニタリング，および企業価値向上のための企画立案），
の４点です。それぞれの役割における基本的な考え方は本書の中で説明した通
りですが，財務部は企業の資金に関するあらゆる分野の管理・オペレーション
全般に責任を持つことになります。本書のテーマは企業における資金管理の重
要性ということですので，それは言葉を換えれば財務部が有効に機能するかど
うかということです。

　但し，財務部だけでこの４つの役割を完結することは容易ではありません。
企業は通常，多くの国内子会社や海外子会社を抱えていて，それらの子会社も
独自に資金に関するオペレーションを行っています。それらの子会社が適正に
日々のオペレーションを実行するために，子会社を指導し，監視する役割を財
務部が担うことになります。そうなると，財務部の守備範囲もかなり広くなり
ます。実際には，CFO 傘下の他の部署との連携，もしくはそれ以外の管理部
門との連携によって業務を進めていくことになります。さらに，支払事務や資
金調達を行うにあたっては取引銀行とのコミュニケーションや関係性を良好に
維持しておく必要があります。資金に関連する自社の状況と今後の見通しに関
して，例えば，支払事務などのオペレーション上の課題や資金繰りの現状など
を取引銀行に説明し，時に支援を仰ぐ必要があります。

　また，財務マネージメントについては市場からの要請に基づき各企業はこれ
まで以上に企業価値重視の経営を行うことが求められています。本書ではファ
イナンス理論の基礎に沿って将来キャッシュフローに基づいて企業価値を算定
していますが，実際の企業価値にはそのような手法では測れない価値がありま
す。第14章で触れましたが，企業にはさまざまな無形資産やノウハウ等，例え
ば，顧客基盤，スタッフの技術力や販売力，知的財産，などがあります。それ
らは企業買収の際に「のれん代」という形で顕在化しますが，事業が継続され
ているうちはそのような非財務的な価値を企業価値として認識する機会はあり
ません。しかし，企業価値を経営の主軸に据えるのであれば，このような観点
から企業価値を見直す必要も出てくるかもしれません。財務マネージメントは，
このようなことも含めて，企業価値を高めていくための企画立案をする役割が
あります。

⑵　財務部スタッフに必要とされる知識と資質

　このように財務部の業務は広範囲に及びますが，財務部で仕事を遂行していくにあたって，そのスタッフに必要とされる知識や資質にはどのようなものがあるでしょうか。本節では，財務部スタッフに求められる３つの知識と３つの資質について説明します。

　知識については，まず第１に，「会計に関する基本的な知識」です。経理部が行っているような個々の取引に関して仕訳を行うわけではありませんが，基本的な会計原則，例えば，貸借対照表上の貸方・借方とそれぞれの勘定科目の意味，損益計算書における段階利益の意味，キャッシュフローとは何かなどについて，原理原則を理解している必要があります。さらに，財務諸表を活用した財務分析やキャッシュフロー分析など，財務諸表を利用して企業が置かれている状況を分析する力も必要になります。

　第２に，「企業金融に関する基本的な知識」です。企業金融に関しては，企業が行う資金調達の在り方を理解し，実践することが求められます。基本的なエッセンスは本書第Ⅱ部で説明した通りですが，これらの知識を使って実際に取引銀行との間で資金調達の実務を安定的に遂行できるかどうかが問われます。また，資金調達の実務に関する知識だけでなく，金融市場に関しての知識も必要となります。例えば，金利水準が現状高いのか低いのか，今後半年程度で金利は上昇するのか下落するのか。これらを理解するためには，国内外のマクロ経済状況に対する正しい理解と認識が必要です。もし，今後金利が下がると予想するのであれば，資金調達のタイミングを少し遅らせるというような判断もできるようになります。

　そして第３に，「ファイナンス理論に関する基礎的な知識」です。これについても本書第Ⅲ部で説明した通りですが，ファイナンス理論に関する理解は今後ますます必要になるでしょう。基本的に企業価値を重視した経営とは，自社の資金調達コストを意識した経営ということです。ファイナンス理論はもともとアメリカで開発され，実務への導入も日本以上にアメリカが進んでいます。そのため，日本企業の経営者は企業価値やファイナンス理論にはなじみが薄い

かもしれません。しかし，市場参加者は企業に企業価値向上を求めてきていますので，それに応えるための体制整備にはすぐにでも着手しなくてはいけません。その意味で，財務マネージメントを担う財務部スタッフはそのような流れをいち早く捉え，ファイナンス理論を身に付ける必要があります。

　さて，業務を遂行するために，財務部スタッフに求められる資質についてはどうでしょうか。第1は，「好奇心を持って学び続けられる力」です。財務部スタッフは会計や金融などの最新の知識を習得する必要があります。本書で説明した内容も，常に新しい内容に更新され続けています。例えば，会計制度について，日本の従来の会計制度は徐々に国際会計基準であるIFRSに移行しつつあります。また，本書では説明していませんでしたが，例えばM&Aや組織再編に関しては，会計上の問題だけでなく，税務面に関する検討も必要になります。このように，財務部の業務範囲は相当広範囲ですので，知識の習得やその更新が常に必要です。その意味で，好奇心を持って学ぶ姿勢が財務部スタッフには求められます。

　第2は，「コミュニケーション能力」です。財務部スタッフは社内のほかの部署や取引銀行と円滑なコミュニケーションを取る必要があります。例えば，CFO傘下の他の部署である経理部，IR部，財務企画部などと常時円滑な情報交換を必要とします。また，国内子会社や海外子会社とは，資金に関するオペレーションについて，指導をしたり相談に乗ったりと，さまざまな場面で双方向のコミュニケーションが必要です。さらに，取引銀行とのコミュニケーションは，振込事務や資金調達に関してだけでなく，自社の経営状況や資金繰りに関して適切な内容，適切なタイミングでの伝達が必要となります。このように，他部門，取引銀行との折衝や相談において，コミュニケーション能力は重要です。

　そして第3は，「経営マインド」です。財務部スタッフは，自分の行っている業務が経営に直結し，貢献していると認識し，意欲的に業務を遂行するマインドを持つことが必要です。財務部は従来よりも戦略的な部署になっていますので，業務遂行にあたっては自らの業務が企業を支えているという自負と誇りを維持していく必要があります。経営マインドとは，自分が経営者だったらどのように判断するかを常に意識することです。財務部スタッフがこのような意

| 図表15-3 | 財務部スタッフに必要な知識と資質 |

3つの知識	3つの資質
会計に関する基本的な知識 会計についての基本的な知識を有しているか，財務分析を駆使して仕事を進めることができるか	**好奇心を持って学び続けられる力** 会計や企業金融について新しい知識や考え方を意欲的に取り入れられるか
企業金融に関する基本的な知識 企業金融についての基本的な知識を有しているか，金融市場の動向を正しく認識することができるか	**コミュニケーション能力** 他部署や取引銀行と円滑なコミュニケーションを実現しながら，業務を遂行することができるか
ファイナンス理論に関する基礎的な知識 企業価値について理解できているか	**経営マインド** 自分が経営者だったとして，という高い目線から業務を遂行できるか

識を持って日々の業務に携わっていけるかどうかが，今後の財務部の戦略性をさらに高めることになります（**図表15-3**）。

(3)　財務部以外の CFO 傘下の部署

①　経理部

　経理部の主たる役割は決算と財務諸表の作成です。年に1回の本決算だけでなく，最近では四半期決算や社内向け月次決算を行っている企業もありますので，経理部は決算作業と財務諸表の作成を継続的に行います。経理部が作成する財務諸表は常に正確性が求められます。財務諸表に基づいて納税額を計算し，上場企業の場合は投資家向けに財務諸表をベースに企業の財務状況や利益状況を報告します。そのベースとなる財務諸表が間違っていては大変なことになりますので，財務諸表の正確性を維持することには最も神経を使います。

　ただ，最近は経理の分野でも RPA や AI を活用して，自動化や省力化を進めています。RPA は定例的な事務作業を自動で行うことができるソフトウェ

アのことで，従来，判断業務を伴わないが人手に頼っていた事務作業を自動化することができます。また，AI は判断業務について人手からの解放を将来的に可能にするものです。現時点で，このような自動化・省力化技術は大幅な進展を見せていますが，企業ごとにその進捗にはばらつきがあります。しかし，将来的には経理業務はかなり省力化が進むでしょう。

　ただ，経理業務には省力化できない分野も数多く残っています。特に，企業規模が大きくなるにつれ，決算の際に検討すべき内容も多岐にわたります。例えば，国内・海外子会社のすべての決算内容を統合して連結決算を行いますが，連結の作業は相当複雑です。また，決算期にはのれん代や固定資産の減損を行う必要があるかどうかの検討を行う必要があります。このような高度な判断業務を行う必要もありますので，経理部は業務面では大きな転換期を迎えています。

　このような中にあって，経理部のスタッフには会計に関する専門知識が求められます。簿記資格を保有している人や会計士を目指している人たちが経理部には数多くいますが，会計に関する専門知識が求められる部署であることには間違いありません。また，判断業務を統括するには監査法人等との円滑なコミュニケーションも求められます。

②　IR 部

　IR 部は IR（Investors Relationship）を統括する部署で，いわゆる投資家対応を主たる業務としています。投資家から個別に質問や面談を求められた場合，まずは IR 部のスタッフが対応します。投資家の質問に答えたり，投資家との面談に応じたりと，個別に投資家からの要求に応えるための窓口機能となります。また，決算期において投資家やアナリスト向けの決算説明会などを主催することも IR 部の重要な業務となります。決算説明会でわかりやすい説明や決算に関する詳細な説明資料があれば，それだけで投資家は十分に理解してくれるかもしれません。

　IR 部の重要な目的は，投資家が安心して自社に投資できる環境を醸成することです。投資家にはいくつかの種類があります。短期売買を繰り返すデイトレーダーのような投資家もいれば，中長期的な投資を目指し，安定株主となり

得る投資家などもいます。企業としてはできるだけ株主には安定株主になって欲しいと願います。数多い株主にいかに安定株主になってもらうかがIR部の腕の見せ所といえます。投資家に対して適切な情報開示を行い，その情報に投資家が納得すれば，安心して投資を続けることができます。その前提として企業業績が安定していなくてはいけませんが，IR部が投資家と真摯に向き合うことで，投資家は株式を長期に保有してくれる可能性が高まります。財務マネージメントの観点では，それによって β が下がり，株式発行による資本コストが引き下げられれば，企業価値も向上します。

　投資家からの質問はさまざまですが，特に，決算内容に関するものや，業務内容・方針に関わるものが多いでしょう。そのため，IR部のスタッフは，自社の決算内容や業務に関して投資家に答えられるだけの情報を持ち，なおかつそれを説明できるだけの知識や経験を持ち合わせていなければいけません。その意味で，IR部のスタッフには，会計や業務に関する知識が求められます。また，投資家との良好な関係を維持するために，プレゼンテーション能力やコミュニケーション力も求められます。さらに，決算説明会ではわかりやすい資料を作成する必要がありますので，資料の作成能力も必要でしょう。海外の投資家から質問を受けることがあるかもしれませんので，それに対しては英語力も必要とされるかもしれません。このように，IR部スタッフには高い能力が求められます。

③　財務企画部

　財務企画部は製造部門や販売部門に対するFR&Aとしての機能を発揮しつつ，管理会計や中期計画の策定・モニタリングを通じて業績の取りまとめ，企業価値の向上を図るための戦略部署と位置づけています。ただ，財務企画部の業務で最も難しいことは，製造部門や販売部門との立ち位置でしょう。もし，財務企画部が現場よりの立ち位置を取りすぎた場合，現場に理解を示しすぎるあまり，牽制を十分に効かせることが難しくなるかもしれません。逆に財務企画部がCFO寄りの立ち位置を取りすぎた場合，現場から疎んじられることになり，本来期待される役割を果たせなくなる恐れがあります。その意味で財務企画部は難しいポジションにあります。

　本書では，財務部は財務企画部と連携して現場の設備投資案件や新規の販売先獲得に対して，企業価値の観点からしっかりとモニタリングすることにしています。財務企画部はより現場に近い立場で，そして財務部は全社的な財務マネージメントの立場で，しっかりと現場をチェックすることを想定しています。しかし，財務企画部が上記のような形で十分に機能しないとすると，第Ⅲ部で説明したような企業価値を低めてしまうような投資案件や新規の販売先獲得に牽制を効かせることができなくなってしまいます。そうならないように，財務企画部には現場に対して強い物言いができることが重要です。

　財務企画部のFR&A以外の機能として重要なものとして，「管理会計」があります。管理会計は経理部が作成する財務諸表とは異なり，あくまで社内向けの管理資料です。多くの企業では，売上と営業利益によって予算を策定し，その達成状況を月次でフォローするような建て付けとなっています。しかし，このような従来型の管理会計には企業価値やキャッシュフローといった概念は含まれていません。このため，企業価値を中心とする経営に移行する過程で，管理会計は徐々に見直していかざるを得ないかもしれません。どのように見直すのかは，財務企画部の企画力に委ねられます。

　また，中期計画の策定も財務企画部の大事な業務といえます。多くの上場企業は中期計画を開示し，その達成状況を決算期ごとに報告しています。そのため，中期計画の達成は経営者にとっては大事な経営課題です。また，企業価値の算定にも中期的なキャッシュフロー計画が必要ですので，その意味で詳細な中期計画の策定はどうしても必要です。現場の状況を踏まえて，より現実味のある中期計画を策定することが財務企画部には求められます。

　このような財務企画部のスタッフに求められるスキルはどのようなものでしょうか。第1は，現場経験と知識です。FR&A機能を発揮するためには，現場の状況を正確に理解し，アドバイスする必要があります。その意味で，この要件は必須です。第2は，会計についての知識です。CFO傘下の戦略部門として，会計についての深い知識と洞察力が日々の業務の中で求められますので，これについても欠かせないところです。そして第3は，対外折衝力です。財務企画部は現場との折衝等を含めて，外部とのやり取りの多い部署です。その意味で，物おじせずに折衝できる人材が必要です。

(4)　CFO に求められる役割と資質

①　CFO の役割

　経理・財務部門を束ねる CFO の役割について考えてみましょう。CFO は経理・財務部門の統括責任者ですので，CFO 傘下の部署に関する最終意思決定者という立場です。但し，すべての業務において CFO が関与することはできません。その意味で，CFO は CFO でなくてはできない業務に特化し，全体的な経理・財務部門のパフォーマンスを最大化していくことが求められます。それでは，その中での優先順位づけをどのように考えればよいでしょうか。ここでは，次の 5 点を指摘しておきます。

　まず，第 1 は，「CEO との人的関係性の構築」です。CFO の最大の役割は経理・財務部門の長として CEO に対して適切な意見具申を行い，企業経営を正しい方向に導くことにあります。その意味では，CFO は CEO から信頼を得て，CFO の意見に CEO が真摯に耳を傾けるような関係性を構築しておくことが重要です。CFO は CEO にとっての重要な懐刀として，企業価値を高めるという目的に向かって注力する姿を常に見せていく必要があります。

　第 2 は，「株主・投資家対策」です。CFO が業務計画や財務内容について，強いメッセージを対外的に発信できるかどうかは企業価値向上の観点からも重要です。担当部署としては IR 部ですが，CFO はより高位のレベルで株主や投資家から信頼を得られるような発信力が求められます。そのためには，CFO にはスタッフ以上に会計や業務内容に関する知見と見識が求められます。

　第 3 は，「経理・財務部門の業務推進のためのインフラ機能」です。CFO 傘下の部署の役割課題はこれまで説明してきた通りで，多岐にわたっています。それらの役割を各部署が円滑に遂行できるよう，業務遂行状況を常に把握し，良好な形で管理・監督を行うことが CFO として重要な役割です。特に，人事的な対応は重要で，上記の通りに各部署では必要とされるスタッフのスキルや素養に違いがあります。そのような違いを把握したうえで，最適な人材を最適な部署に配置することが業務遂行のカギとなります。また，CFO がリーダーシップを取って進めるべき問題も多くあります。財務部が主管する資金調達に

おいては，取引銀行との関係性を維持，強化していくことが重要ですが，これは財務部スタッフだけでなく，CFO も高位レベルで取引銀行との人的関係を強化していく必要があります。財務部スタッフが取引銀行の次長や調査役レベルと関係を維持しているのであれば，CFO は役員や部長との関係を良好にしておく必要があります。また，定期的に銀行役員に CEO を引き合わせて情報交換を行うことも重要となります。

　第 4 は，「財務マネージメントの方向性」を CFO のリーダーシップで打ち出していくことです。企業価値向上に関する施策は，必ずしもあるべき方向性が確立している分野ではありません。どのように企業価値向上に向けて社内をリードし，どのような情報を投資家向けに発信すればよいのか。これは，CFO が考えをまとめていく分野です。また，それ以外にも財務面におけるリスクマネージメントという要素も重要です。例えば，企業が抱える事業リスクに対して，財務的にどのような施策を講じることができるのか。例えば，外部環境の変化に対して事業が一時的にストップするような事業リスクを強く認識したとして，企業が事業を継続していくために現預金をどの程度確保しておけばよいのか，コミットメントラインをどの程度準備しておけばよいのか，といったことがこの範疇に入ります。このような，前向き，後ろ向き，すべてを含めて，CFO は財務マネージメントに関する企画立案を行うことになります。

　そして第 5 は，「業務効率化の推進」です。優秀な人材を無尽蔵に経理・財務部門に配置できる企業はそれほど多くはありません。そうであれば，やはり業務効率の推進はどうしても外せません。経理部の業務内容でも説明しましたが，RPA や AI による業務効率化はすでに多くの企業が取り組んでいます。担当レベルでは，自分の仕事は重要なので業務効率化にはなじまない，といった主張をする人たちもいるでしょう。そうなると，業務効率化はトップダウンで進めていかなくてはいけません。CFO が業務の棚卸を行い，業務効率化を進める業務とそうでない業務を見極め，効率化を進める業務については徹底的に効率化していくべきです。また，既存の業務の効率化だけでなく，新たにシステムを導入しながら，新しい管理手法を取り入れていくような検討も必要です。例えば，既に説明しましたが，グローバル CMS を導入して，海外子会社の資金管理を国内で一括して行うことも重要な検討課題です。海外子会社にお

ける「資金の見える化」は各企業で検討している重要な経営課題です。そのようなテーマについても，CFOのリーダーシップが必要とされます。

　図表15-4のように，CFOが行うべき業務は相当広範囲に及びます。また，上記のような内容に限定されることなく，経営環境の変化に応じて，CFOの守備範囲は柔軟に見直されていくことも考えられます。CFOはどのような経営環境であっても，企業の発展と継続に向けて，強いリーダーシップを発揮できる人物でなくてはなりません。

②　CFOに求められる資質

　それでは，CFOに求められる資質としては，どのようなものでしょうか。CFO傘下の部署のスタッフに求められる知識や素養については，会計やファ

図表15-4　　　　　　　　　　　　　**CFOの主な役割**

項　目	内　容
CEOとの人的関係性の構築	CEOと良好な関係性を構築し，よき参謀として財務・経理分野，企業価値向上等に関してCEOに助言を行い，企業経営を強力にサポートする
株主・投資家対策	IR部よりも高位のレベルで投資家・株主対応を行う。そのためには，財務状況や業務運営に関する情報・知識の習得が必要となる
経理・財務部門の業務推進のためのインフラ機能	経理・財務部門の人事的な措置を適切に行うとともに，業務運営の観点から高位レベルでの外部（取引銀行等）との人的関係構築に注力する
財務マネージメントの方向性構築	企業価値向上を企業運営の中心に据えるべく，その具体的な方策を検討し，社内をリードする。また，リスク管理に関しても，日ごろから十分な検討を進める
業務効率化の推進	RPAやAIを活用し，業務の効率化を図るとともに，新たな管理ツール（グローバルCMS等）を導入し，管理スキルやレベルの引き上げを図る

イナンスの知識，コミュニケーション能力等が主なものでしたが，CFO はこれらをすべてカバーしている必要はありません。組織の統括者として十分な経営管理能力があり，CFO 傘下の部署を適切に運営することができれば，通常の経理・財務部門の運営は円滑に進んでいくでしょう。

これに加えて，対外的な関係性の構築力，例えば，CEO との関係性，株主・投資家とのコミュニケーション，取引銀行との良好な信頼関係が構築できることが重要となります。対外的な関係性構築は，CFO 以外に委ねることができない分野ですので，このために必要なコミュニケーション能力や対外交渉力等はむしろ欠かせない資質といえます。

財務マネージメントの分野では，企業価値をどのように高めていくかという点についてまだ確固たる管理手法が固まっていないだけに，この分野に関しては今後社内で議論を深めていく必要があります。その意味で CFO にはこれに関する議論をリードし，実践していくだけの行動力が求められます。当然，ファイナンスに関する理解も必要となります。いずれにせよ，この分野は未開拓の分野ですので，いかに実りあるものにしていくことができるか，CFO としての気概が問われることになります。

これ以外にも，リスク管理，内部統制，合理化，システム化，人事管理，コンプライアンス，情報管理，等について CFO として関与することが求められます。CFO は管理者でありながら，一面ではプレーヤーとしての振る舞いが求められます。これまで，取引銀行の出身者が企業の CFO として転籍したり出向したりするケースが多かったようですが，CFO は現場とのやり取りが求められますので，むしろ現場での業務を経験した人が CFO に就任するようなケースが増えているかもしれません。しかし，現場経験以外にも，会計，財務，ファイナンス，税務，法務等の知識装備は必要ですので，その意味で CFO は負担の大きいポストだといえるかもしれません。

企業にとっては CFO が十分に活躍し，資金を適正に管理し，企業価値を向上させることによって企業の継続性がより担保されることになります。その意味で，CFO への期待は今後もさらに高まることが予想されます。

👀【取引銀行の視点】

　銀行は，財務経理部門が充実し，CFO が強いリーダーシップを発揮して，自ら企業価値を高めていくという流れを作っている企業に対しては，信頼感を持ちます。銀行にとって，企業との取引で最も回避すべきは倒産リスクです。倒産によって貸出金が回収困難になることは，預金者保護の観点から何としても避けなくてはなりません。その意味で，取引先企業が自ら前向きに事業リスクを認識し，リスク管理を徹底し，さらに企業価値を高めようと努力することは，銀行の利害とも一致します。

　企業がどのように資金管理を行い，それを通じて企業価値を高めていくかという問題は大変奥の深い問題です。銀行としてもそれに向けてどのようなサポートができるかは難しい課題ですが，企業の資金調達，振込事務，キャッシュマネージメントなど，銀行の機能を提供して企業価値向上を側面支援できる分野は数多くあります。常日ごろのコミュニケーションを通じて企業が認識する課題を共有してもらえれば，銀行としても有効なソリューションを提供できるのではないかと考えています。

　銀行は，ビジネスマッチングなどを通じて，企業の営業協力なども積極的に行っています。また，M&A では買収候補先を紹介するなどして，企業価値向上に資するようなサポートも行っています。企業に銀行を大いに活用してもらうことを期待しています。

　近年，日本企業の資金需要は長く低迷してきました。銀行と企業の関係性も，バブル期のものとは一変し，よりビジネスライクなものに舵を切ってきています。かつてのメインバンクの地位は安定的でしたが，最近では銀行としての提案内容の質が問われるようになってきました。銀行もストック商売にあぐらをかいていることはできず，良質な提案を常に行っていかなくてはいけない状況にあります。その意味で，銀行間の健全な競争関係ができつつあるのかもしれません。

　銀行としては，日々のオペレーションで財務部と連携し，そして経営面では CFO と情報交換しながら，よりよい銀行取引関係を築いていきたいと考えています。銀行も企業に真に役立つ提案を続けていきます。

参考文献

〈会計全般〉

久野三朗（2012）『新版簿記論テキスト』，同文舘出版

日沖健（2018）『ビジネスリーダーが学んでいる会計＆ファイナンス』，中央経済社

國貞克則（2016）『財務3表図解分析法』，朝日新書

千賀秀信（2020）『管理会計の基本』，日本実業出版社

岩谷誠治（2018）『会計の基本』，日本実業出版社

〈金融論・企業金融全般〉

岩田規久男（2018）『テキストブック金融入門』，東洋経済新報社

小野有人（2007）『新時代の中小企業金融』，東洋経済新報社

渡辺努・植杉威一郎（2008）『検証中小企業金融』，日本経済新聞出版社

中島真志（2019）『入門企業金融論』，東洋経済新報社

大久保豊・尾藤剛（2013）『ゼロからはじめる信用リスク管理』，金融財政事情研究会

〈ファイナンス理論〉

田村俊夫（2017）「企業経営とバリュエーション—企業価値創造の羅針盤」『資本市場
　　リサーチ2017年秋季』，みずほ証券・日本投資環境研究所

朝倉祐介（2018）『ファイナンス思考』，ダイヤモンド社

田中慎一・保田隆明（2019）『コーポレートファイナンス戦略と実践』，ダイヤモンド
　　社

日本FP協会（2019）『CFP資格標準テキスト・金融資産運用設計』，日本FP協会

松田千恵子（2017）『コーポレートファイナンス実務の教科書』，日本実業出版社

〈ESG・環境金融全般〉

藤井良広（2013）『環境金融論—持続可能な社会と経済のためのアプローチ』，青土社

水口剛（2020）『ESG投資—新しい資本主義の形』，日本経済新聞出版

黒田一賢（2019）『ESGの教科書－英国の戦略に学べ』，日経BP

佐渡友哲・信夫隆司・柑本英雄（2019）『Next教科書シリーズ国際関係論』，弘文堂

藤井健司（2020）『金融機関のための気候変動リスク管理』，中央経済社

〈M&A・組織再編〉

宮口徹（2018）『M&A・組織再編スキーム発想の着眼点』，中央経済社

シテイユーワ法律事務所（2016）『組織再編（コンパクト解説会社法5）』，商事法務

〈組織論・CFO〉

松尾美枝（2016）『CFO のためのグローバル経理・財務プロジェクト』，中央経済社

昆政彦・大矢俊樹・石橋善一郎（2020）『CFO 最先端を行く経営管理』，中央経済社

【ホームページ】

全国銀行資金決済ネットワーク　https://www.zengin-net.jp/

国税庁（BEPS プロジェクト）
　　https://www.nta.go.jp/taxes/shiraberu/kokusai/beps/index.htm

みずほ銀行　https://www.mizuhobank.co.jp/

三菱 UFJ 銀行　https://www.bk.mufg.jp/

三井住友銀行　https://www.smbc.co.jp/

法人企業統計（財務総合政策研究所）
　　https://www.mof.go.jp/pri/reference/ssc/index.htm

証券保管振替機構　https://www.jasdec.com/

日本証券業協会　https://www.jsda.or.jp/

三菱 UFJ 銀行「ESG 関連ローン」　https://www.bk.mufg.jp/houjin/info/

みずほ銀行「ESG 関連ローン」
　　https://www.mizuhobank.co.jp/corporate/finance/growing_field/eco_shibosai/
　　index.html

三井住友銀行「ESG/SDGs 関連ローン」
　　https://www.smbc.co.jp/hojin/financing/sustainability/

環境省「グリーンボンド発行促進プラットフォーム」
　　http://greenbondplatform.env.go.jp/greenbond/about.html

投信資料館「ソーシャルボンドとは？」
　　https://www.toushin.com/faq/other-faq/socialbond/

TCFD Consortium　https://tcfd-consortium.jp/about

索　引

【著者紹介】

小林　俊之（こばやし　としゆき）

博士（国際経済学）
帝京平成大学人文社会学部経営学科教授
青山学院大学地球社会共生学部非常勤講師
フィナンシャル・プランナー（AFP 認定者）
1985年慶応義塾大学経済学部卒業，2009年青山学院大学国際政治経済学研究科博士後期課程修了
1985年富士銀行（現みずほフィナンシャルグループ）入行，国内支店，欧州部（ロンドン駐在）勤務。
1994年から富士総合研究所（現みずほリサーチ＆テクノロジーズ）でエコノミストとしてアジア経済
を 9 年間担当。2003年からみずほ銀行事業調査部等でアナリストとして企業リサーチを 8 年間担当。
2012年みずほ銀行欧州資産監査室長（ロンドン駐在)，2017年株式会社パソナグループ財務経理部担当
部長，2020年帝京平成大学教授（現職)，2021年青山学院大学非常勤講師（現職)。
著書に『中小企業と地域再生（日本中小企業学会論集28)』（同友館，2009年，共著)，『現地取材版ア
ジア経済2003』（中央経済社，2003年，共著)，『アジア経済がよくわかる本』（中央経済社，2001年，
編著)，『Exchange Rate Policies in Emerging Asian Countries』（Routledge，1999年，共著)，『ユー
ロと円』（日本評論社，1998年，共著）他。

実践！ コーポレートファイナンス

―強いCFOと財務部が企業価値を高める

2021年11月25日　第1版第1刷発行

著　者　小　林　　俊　之
発行者　山　本　　　継
発行所　㈱中　央　経　済　社
発売元　㈱中央経済グループ
　　　　　パブリッシング

〒101-0051　東京都千代田区神田神保町1-31-2
電話　03 (3293) 3371 (編集代表)
　　　03 (3293) 3381 (営業代表)
https://www.chuokeizai.co.jp

ⓒ 2021
Printed in Japan

印刷／文　唱　堂　印　刷　㈱
製本／㈲　井　上　製　本　所

＊頁の「欠落」や「順序違い」などがありましたらお取り替えいたし
ますので発売元までご送付ください。(送料小社負担)
ISBN978-4-502-39841-4　C3034

米国大学の講義内容をそのまま提供！
バイリンガルで学ぶ好評シリーズ
本合　暁詩 [著]

対訳 英語で学ぶ
コーポレート
ファイナンス入門
（第2版）

A5判・304頁

- -

対訳 英語で学ぶ
バリュエーション
入門

A5判・272頁

- -

対訳 英語で学ぶ
財務会計入門

A5判・220頁

中央経済社